KB235137

상황별로 뽑아 쓰는

쏙쏙 중국어 1

상황별로 뽑아 쓰는

정명숙 지음

"어느 순간 중국어 말문이 터집니다"

다른 외국어와 마찬가지로, 중국어 학습법의 기본은 많이 듣고(多听) 읽고(多读) 말하고(多说) 써보는(多写) 것입니다.

이 가운데 중국어회화는 '말하는 것'에 해당하며 '듣는 것'과도 관련이 있습니다. 중국어를 듣고 말을 할 수 있게 되면 원어민이나 중국어 구사자들과 자유롭게 의사소통을 할 수 있게 됩니다.

그러면 어떻게 하면 중국어를 유창하게 말할 수 있을까요?

저자의 경험에 따르면, 단어와 어휘를 많이 외우는 것도 중요하지만 여러 상황에서 주고받는 중국어회화 문장(文章)을 활용하여 실제로 연습해보는 것이 효과적입니다.

이 책은 저자가 2003~2009년까지 경향신문에 연재했던 회화 칼럼을 엄선해서 정리한 것입니다. 총 876편의 중국어회화를 19개 상황별로 분류해서 1, 2권으로 나누어 수록했습니다.

EBS 방송강의, KBS 동시통역사, 사이버강의, 대학강의 등 저자의 실무 및 현장경험을 살려 풍부한 일상생활 상황들을 회화 문장으로 정리한 것이 큰 특징입니다.

중국 격언에 "不怕慢, 只怕站(느린 것은 허물이 아니지만 포기하는 것은 허물이 된다)"이라는 말이 있습니다. 중국어학습이 더디게 진척되고 단번에 큰 성과가 나타나지 않는다고 하더라도 결코 포기하지 마십시오.

쉽고 풍부한 내용으로 꾸며진 『상활별로 뽑아 쓰는 쏙쏙 중국어 1, 2』를 손에 잡고 매일, 조금씩, 꾸준히 연습해 나간다면 분명히 어느 순간 중국어 말문이 터질 것입니다.

2011년 9월

저자 정명숙

■ 제1장~제19장, 각 장의 목차는 '가나다' 순으로 나열했습니다.

■ 876개 각 편의 내용은
－핵심문형과 어휘 설명
－오늘의 회화
－해석
－단어정리 순으로 구성했습니다.

■ 예:

1. 가족

'我看~'은 '내가 보기에는 ~하다'라는 말입니다.] 핵심문형

A: 我看你挺好的吗?
Wǒ kàn nǐ tǐng hǎo de ma?] 오늘의 회화

A: 보아하니 자네 아주 잘 지내고 있는 것 같은데?] 해석

단어정리
看 kàn(칸): 보다] 단어정리

■ 본문을 읽기 전 먼저 본문에 등장하는 핵심문형과 어휘를 읽고 넘어가십시오.

■ 본문 아래에 한어병음을 표기했습니다.

■ 본문 다음의 한글해석은 마지막에 확인 차 읽어보십시오.

■ 본문에 사용된 단어설명은 한어병음과 한글발음을 함께 표기했습니다.

CONTENTS

CHAPTER 01 가정 / 친구 • 17

CHAPTER 02 감정표현 • 61

CHAPTER 03 경제 / 금융 • 113

CHAPTER 04 교육 / 학교 • 145

CHAPTER 05 날씨 / 의복 • 193

CHAPTER 06 레스토랑 / 요리 • 237

CHAPTER 07 문화 / 미디어 • 283

CHAPTER 08 병원 / 의료 • 319

CHAPTER 09 사랑 / 결혼 • 373

CHAPTER 10 쇼핑 / 선물 • 425

Chinese

中國語會話

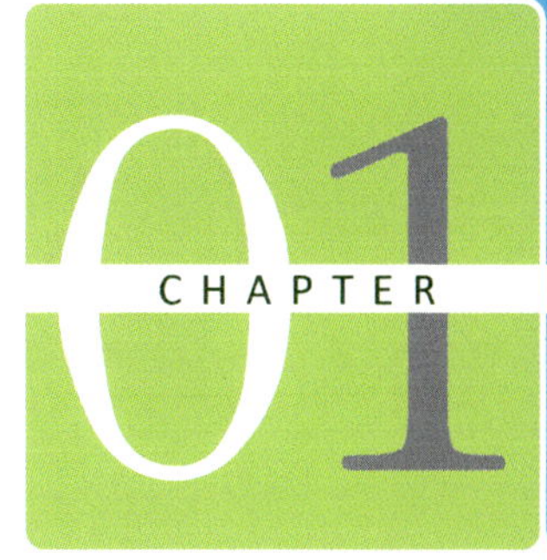

가정 / 친구

01 가 족

'我看~'은 '내가 보기에는 ~하다'라는 말입니다.

'저는 그 사람이 참 좋은 사람인 것 같아요'라는 말은 '我看他挺好的'로 표현합니다.

A: 我看你挺好的吗?
Wǒ kàn nǐ tǐng hǎo de ma?

家人也都好吧?
Jiā rén yě dōu hǎo ba?

B: 他们都很好。
Tā men dōu hěn hǎo.

您是什么时候回国的?
Nín shì shén me shí hou huí guó de?

A: 보아하니 자네 아주 잘 지내고 있는 것 같은데?
가족들도 건강하시고?

B: 모두 안녕하십니다. 언제 귀국하셨어요?

단어정리

看 kàn(칸): 보다
你 nǐ(니): 당신
挺 tǐng(팅): 매우
好 hǎo(하오): 좋다
家人 jiārén(쨔런): 식구들
也 yě(예): ~도
都 dōu(떠우): 모두
他们 tāmen(타먼): 그들
您 nín(닌): 당신
什么 shénme(선머): 무엇
时候 shíhou(스허우): 때
回国 huíguó(회이궈): 귀국하다

부부싸움 02

'是不是~?'는 '~한 것 아니에요?'이고 '跟+사람+吵架'는 '~와 싸우다'라는 뜻으로 본문의 '跟老婆吵架'는 '부인과 싸우는 것'을 말합니다.

A: 你有什么事吗?
Nǐ yǒu shén me shì ma?

今天脸色不太好。
Jīn tiān liǎn sè bú tài hǎo.

B: 我没事!
Wǒ méi shì!

A: 是不是在家跟老婆吵架了?
Shì bu shì zài jiā gēn lǎo po chǎo jià le?

A: 무슨 일 있니? 안색이 안 좋아.
B: 나 아무렇지도 않아.
A: 집에서 부인이랑 한바탕 한 거 아냐?

단어정리

有 yǒu(여우): 있다
什么 shénme(선머): 무엇
事 shì(스): 일
今天 jīntiān(찐티엔): 오늘
脸色 liǎnsè(리엔쓰어): 안색
在 zài(짜이): ~에서
家 jiā(쟈): 집
跟 gēn(껀): ~과
老婆 lǎopo(라우풔): 아내, 부인
吵架 chǎojià(차오쨔): 싸우다

03 야 단

'被+사람+骂了一顿'은 '~에게 한차례 야단을 맞다'라는 말입니다.

또 '叫+사람+동사'는 '~에게 … 하도록 시키다'라는 뜻입니다.

A: 今天你心情不好吗?
Jīn tiān nǐ xīn qíng bù hǎo ma?

B: 早上被妈妈骂了一顿。
Zǎo shang bèi mā ma mà le yí dùn.

A: 为什么?
Wèi shén me?

B: 我妈妈叫我赶快嫁人。
Wǒ mā ma jiào wǒ gǎn kuài jià rén.

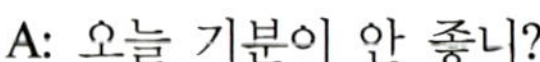

A: 오늘 기분이 안 좋니?

B: 아침에 엄마한테 야단을 맞았어.

A: 왜?

B: 엄마가 나보고 빨리 시집가래.

단어정리

今天 jīntiān(찐티엔): 오늘
心情 xīnqíng(신칭): 기분
早上 zǎoshang(자오상): 아침
被 bèi(뻬이): ~에 의해
妈妈 māma(마마): 엄마
骂 mà(마): 야단치다, 욕하다
一顿 yídùn(이뚜언): 한 차례
叫 jiào(짜오): ~하게 하다
赶快 gǎnkuài(간콰이): 어서
嫁人 jiàrén(짜런): 시집가다

방 정리 04

'又~又~'는 '~하고 ~하다'라는 뜻으로 본문의 '又乱又脏'은 '지저분하고 더러움'을 나타낸 것입니다.

A: 你的房间好乱。
Nǐ de fáng jiān hǎo luàn.

我来帮你收拾吧。
Wǒ lái bāng nǐ shōu shi ba.

B: 我的房间又乱又脏的,
Wǒ de fáng jiān yòu luàn yòu zāng de,

是个单身汉家庭现象。
shì ge dān shēn hàn jiā tíng xiàn xiàng.

A: 방이 참 지저분하네요. 제가 정리해 드릴게요.

B: 제 방은 지지분하고 더러워요, 혼자 사는 총각 집이라서 그래요.

단어정리

房间 fángjiān(팡찌엔): 방
乱 luàn(루안): 지저분하다
帮 bāng(빵): 돕다
收拾 shōushi(서우스): 정리하다
又 yòu(여우): 또
脏 zāng(짜앙): 더럽다
单身汉 dānshēnhàn(딴선한): 싱글
家庭 jiātíng(짜팅): 가정
现象 xiànxiàng(씨엔샹): 현상

05 부 엌

부엌일을 도와주려는 남편과 이를 말리는 아내의 이야기입니다.

A: 你现在干什么?
Nǐ xiàn zài gàn shén me?

B: 我在做饭。
Wǒ zài zuò fàn.

A: 走开啦!
Zǒu kāi la!

男人怎么会在厨房呢?
Nán rén zěn me huì zài chú fáng ne?

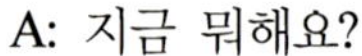

A: 지금 뭐해요?

B: 나 지금 밥하는 중이야.

A: 비키세요! 남자가 왜 부엌에 있어요?

단어정리

现在 xiànzài(씨엔짜이): 지금
干 gàn(깐): 하다
什么 shénme(선머): 무엇
在 zài(짜이): ~에서, ~하는 중이다
做饭 zuòfàn(쭤판): 밥하다
走开 zǒukāi(저우카이): 비키다
男人 nánrén(난런): 남자
怎么 zěnme(쩐머): 어째서
会 huì(회이): ~할 것이다
厨房 chúfáng(추팡): 부엌

주 방 06

부부의 이야기를 들어봅니다.

'在+동사'는 동작의 진행을 나타내고 '在+장소'는 '~에 있다' 입니다.

A: 老婆! 你在干什么?
Lǎo po! Nǐ zài gàn shén me?

B: 我在厨房呢。
Wǒ zài chú fáng ne.

A: 我有点饿了。
Wǒ yǒu diǎn è le.

B: 要不要吃点什么?
Yào bu yào chī diǎn shén me?

A: 여보! 당신 지금 뭐해?

B: 주방에 있어요.

A: 나 좀 출출한데.

B: 뭐 좀 먹을래요?

단어정리

老婆 lǎopo(라오풔): 아내
你 nǐ(니): 당신
在 zài(짜이): ~에서, ~하는 중이다
干 gàn(깐): 하다
什么 shénme(선머): 무엇
厨房 chúfáng(추팡): 주방
有点 yǒudiǎn(여우띠엔): 약간
饿 è(으어): 배가 고프다
要 yào(야오): 원하다
不 bù(뿌): 아니다
吃 chī(츠): 먹다

07 요리 삼매경

저녁식사가 완성되기만을 기다리는 허기진 남편과 요리 삼매경에 빠진 부인의 이야기를 들어봅니다.

A: 还早了吗?
Hái zǎo le ma?

我快饿扁了。
Wǒ kuài è biǎn le.

B: 等一下嘛!
Děng yí xià ma!

A: 已经等了将近一个小时了。
Yǐ jīng děng le jiāng jìn yí ge xiǎo shí le.

A: 아직 멀었어? 배가 등가죽에 붙을 지경이야.
B: 좀 기다려 봐요 글쎄!
A: 벌써 거의 한 시간 째 기다리고 있는걸.

단어정리

还 hái(하이): 아직도
早 zǎo(짜오): 이르다
快 kuài(콰이): 빨리
饿 è(으어): 배고프다
扁 biǎn(삐엔): 납작하다
等 děng(떵): 기다리다
一下 yíxià(이샤): 잠시
已经 yǐjīng(이찡): 벌써
将近 jiāngjìn(장찐): 거의
小时 xiǎoshí(샤오스): 시간

동창회 08

초등학교 동창모임에 대해 이야기하는 두 친구의 이야기입니다.

'记下来'는 '적다'를 뜻합니다.

A: 这个星期六有同学会。
Zhè ge xīng qī liù yǒu tóng xué huì.

B: 是吗? 什么时候?
Shì ma? Shén me shí hou?

A: 周六晚七点开同学会。
Zhōu liù wǎn qī diǎn kāi tóng xué huì.

B: 我得记下来。
Wǒ děi jì xià lái.

A: 이번 주 토요일에 동창회 있다.

B: 그래? 언제?

A: 토요일 저녁 일곱 시에 동창회를 연데.

B: 적어둬야겠다.

단어정리

这个 zhège(쯔어끄어): 이것
星期 xīngqī(싱치): 요일
同学会 tóngxuéhuì(동쉬에회이): 동창회, 동창 모임
时候 shíhou(스허우): 때
周六 zhōuliù(저우려우): 토요일
晚 wǎn(완): 저녁
开 kāi(카이): 개최하다, 열다
得 děi(데이): ~해야 하다
记 jì(찌): 기억하다, 기록하다

09 새해맞이

새해를 앞두고 찬장 정리에 한창인 부인과 남편의 이야기입니다.

'快要~了'는 '곧 ~이 되다'라는 뜻입니다.

A: 几点了还不睡觉?
Jǐ diǎn le hái bú shuì jiào?

B: 我在整理橱柜。
Wǒ zài zhěng lǐ chú guì.

快要新年了嘛!
Kuài yào xīn nián le ma!

A: 新年就新年, 整理什么呢?
Xīn nián jiù xīn nián, zhěng lǐ shén me ne?

A: 몇 시인데 아직도 안 자?
B: 지금 찬장 정리하고 있는 중이야. 이제 곧 새해잖아.
A: 새해면 새해지 뭘 정리까지 하고 그래?

단어정리

几点 jǐdiǎn(찌띠엔): 몇 시
还 hái(하이): 아직도
睡觉 shuìjiào(쉐이쨔오): 잠을 자다
在 zài(짜이): ~하는 중이다
整理 zhěnglǐ(정리): 정리하다
橱柜 chúguì(추꿰이): 찬장
新年 xīnnián(씬니엔): 새해
就 jiù(쪄우): ~이면
什么 shénme(선머): 무엇
呢 ne(너): 어감을 부드럽게 함

대청소 10

새해를 앞두고 대청소로 분주한 가족, 형과 동생의 이야기를 들어봅니다.

'忙着~'은 '~하느라 바쁘다'라는 뜻입니다.

A: 又在干什么?
Yòu zài gàn shén me?

怎么动不动就打扫啊?
Zěn me dòng bu dòng jiù dǎ sǎo a?

B: 你也过来帮忙。
Nǐ yě guò lái bāng máng.

全家人忙着筹备过年。
Quán jiā rén máng zhe chóu bèi guò nián.

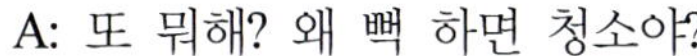

A: 또 뭐해? 왜 뻑 하면 청소야?

B: 너도 와서 거들어. 온 식구가 새해 준비에 바쁘잖아.

단어정리

又 yòu(여우): 또
在 zài(짜이): ~하는 중이다
干 gàn(깐): 하다
动 dòng(똥): 움직이다
打扫 dǎsǎo(따사오): 청소하다
过来 guòlái(꿔라이): 건너오다
帮忙 bāngmáng(빵망): 돕다
全 quán(취엔): 전부
家人 jiārén(짜런): 식구
筹备 chóubèi(처우뻬이): 준비하다
过年 guònián(꿔니엔): 설을 쇠다

11 빨래

주말 아침 맞벌이 부부가 나누는 이야기입니다.
'把+사물+拿出去'는 '~을 꺼내다'는 뜻입니다.

A: 出太阳了。
Chū tài yáng le.

把被子拿出去晒晒太阳。
Bǎ bèi zi ná chū qù shài shai tài yáng.

B: 昨天洗的衣服也拿去晾。
Zuó tiān xǐ de yī fu yě ná qù liàng.

A: 你又忘晾衣服啦?
Nǐ yòu wàng liàng yī fu la?

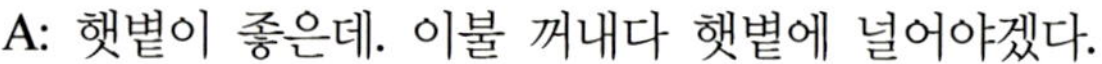

A: 햇볕이 좋은데. 이불 꺼내다 햇볕에 널어야겠다.
B: 어제 빤 옷도 가져다 널어.
A: 또 빨래 너는 것 잊어버렸어?

단어정리

出 chū(추): 나오다	洗 xǐ(시): 씻다, 빨다
太阳 tàiyáng(타이양): 태양	衣服 yīfu(이푸): 옷
把 bǎ(빠): ~을	晾 liàng(량): 널다
被子 bèizi(뻬이즈): 이불	又 yòu(여우): 또
晒 shài(사이): 햇볕에 말리다	忘 wàng(왕): 잊다
昨天 zuótiān(줘티엔): 어제	

오 빠 12

미국에서 온 오빠를 만나기 위해 일찍 퇴근하는 여성의 이야기입니다.

'早点'은 '조금 일찍'이라는 뜻입니다.

A: 哥哥从美国回来了。
Gēge cóng Měi guó huí lái le.

今天我得早点回去。
Jīn tiān wǒ děi zǎo diǎn huí qù.

B: 是吗?
Shì ma?

那你赶快走吧。
Nà nǐ gǎn kuài zǒu ba.

A: 미국에서 오빠가 와서요, 오늘 좀 일찍 가보겠습니다.

B: 그래요? 그럼 어서 들어가 보세요.

단어정리

哥哥 gēge(끄어끄어): 형, 오빠
从 cóng(총): ~로부터
美国 Měiguó(메이궈): 미국
回来 huílái(회이라이): 돌아오다
今天 jīntiān(찐티엔): 오늘
得 děi(데이):~해야 한다
回去 huíqù(회이취): 돌아가다
那 nà(나): 그렇다면
赶快 gǎnkuài(간콰이): 어서
走 zǒu(저우): 걷다

13 이 사

이사 할 새집으로 하루빨리 들어가고 싶어 하는 가족의 이야기입니다.

'早一点'은 '조금 일찍'이라는 뜻입니다.

A: 我们什么时候搬家?
Wǒ men shén me shí hou bān jiā?

B: 急什么呢?
Jí shén me ne?

等天气暖和了再搬家吧。
Děng tiān qì nuǎn huo le zài bān jiā ba.

A: 我想早一点搬进新居。
Wǒ xiǎng zǎo yì diǎn bān jìn xīn jū.

A: 우리 언제 이사가?

B: 뭐가 급해? 날씨가 따뜻해지면 그때 이사하자.

A: 빨리 새 집으로 들어가고 싶어.

단어정리

时候 shíhou(스허우): 시간, 때
搬家 bānjiā(빤쟈): 이사하다
急 jí(찌): 서두르다
等 děng(떵): 기다리다
天气 tiānqì(티엔치): 날씨
暖和 nuǎnhuo(놘훠): 따뜻하다
想 xiǎng(샹): ~하고 싶다
搬 bān(빤): 옮기다
进 jìn(찐): 들어가다
新居 xīnjū(씬쮜): 새집

우정 14

진한 우정을 자랑하는 친구들의 대화 내용입니다.
'有话直说'은 '단도직입적으로 말하다'라는 뜻입니다.

A: 我们已经太熟了，
Wǒ men yǐ jīng tài shú le,

没有那么多顾及的。
méi yǒu nà me duō gù jí de.

B: 你想说什么?
Nǐ xiǎng shuō shén me?

有话直说没关系。
Yǒu huà zhí shuō méi guān xi.

A: 우리는 너무 친해서 서로 뭐 그다지 신경 쓸 게 없잖아.
B: 무슨 말이 하고 싶은 거야? 할 말 있으면 어서 해.

단어정리

已经 yǐjīng(이찡): 이미
熟 shú(수): 익다
那么 nàme(나머): 그토록
多 duō(뚸): 많다
顾及 gùjí(꾸지): 걱정하다
想 xiǎng(샹): ~하고 싶다
说 shuō(숴): 말하다
有 yǒu(여우): 가지고 있다
话 huà(화): 말
关系 guānxi(꽌씨): 관계

15 어버이날

어버이날 하루 전 꽃집에서 하는 엄마와 아들의 전화통화 내용입니다.

'在家'는 '집에 있다'라는 뜻입니다.

A: 妈你明天在家吗?
Mā nǐ míng tiān zài jiā ma?

B: 在呀! 怎么啦?
Zài ya! Zěn me la?

A: 我想送你康乃馨。
Wǒ xiǎng sòng nǐ kāng nǎi xīn.

B: 送什么花? 送钱就好啦。
Sòng shén me huā? Sòng qián jiù hǎo la.

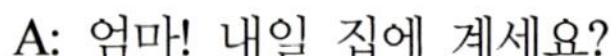

A: 엄마! 내일 집에 계세요?
B: 있어. 왜?
A: 카네이션 좀 보내려고요.
B: 꽃은 무슨? 돈 부치면 되지.

단어정리

妈 mā(마): 엄마
明天 míngtiān(밍티엔): 내일
在 zài(짜이): 있다, ~에 있다
怎么 zěnme(쩐머): 왜
想 xiǎng(샹): ~하고 싶다
送 sòng(쏭): 보내다
康乃馨 kāngnǎixīn(캉나이신): 카네이션
什么 shénme(선머): 무엇
花 huā(화): 꽃
钱 qián(치엔): 돈

동창 16

동창의 소식을 전해들은 친구의 이야기입니다.
본문의 '~了没有?'는 '~하셨습니까?'라는 뜻입니다.

A: 你跟他还联系吗?
Nǐ gēn tā hái lián xì ma?

B: 我们一直保持联系。
Wǒ men yì zhí bǎo chí lián xì.

A: 他结婚了没有?
Tā jié hūn le méi yǒu?

B: 他说暂时没有结婚的打算。
Tā shuō zàn shí méi yǒu jié hūn de dǎ suan.

A: 아직도 걔랑 연락하고 지내?
B: 계속 연락하고 지내고 있어.
A: 걔 결혼했니?
B: 당분간은 결혼할 계획이 없대.

단어정리

跟 gēn(껀): ~와
还 hái(하이): 아직도
联系 liánxì(리엔씨): 연락하다
一直 yìzhí(이즈): 줄곧
保持 bǎochí(바오츠): 유지하다
结婚 jiéhūn(지에훈): 결혼하다
说 shuō(쉬): 말하다
暂时 zànshí(잔스): 당분간, 잠시
没有 méiyǒu(쉬): 말하다
打算 dǎsuan(따수완): 계획

17 소 개

자신의 남자친구를 친한 친구에게 소개하는 내용입니다.
'介绍介绍'는 '소개를 좀 하다'라는 뜻입니다.

A: 我跟我男朋友一起来了。
Wǒ gēn wǒ nán péng you yì qǐ lái le.

我来介绍介绍。
Wǒ lái jiè shao jiè shao.

B: 我想听你男朋友的声音,
Wǒ xiǎng tīng nǐ nán péng you de shēng yīn,

让他来自我介绍。
ràng tā lái zì wǒ jiè shao.

A: 나 남자친구랑 같이 왔어. 내가 잠깐 소개할게.
B: 네 남자친구 목소리가 듣고 싶은데, 혼자 하시라고 그래.

단어정리

跟 gēn(껀): ~와
男 nán(난): 남자
朋友 péngyou(펑여우): 친구
一起 yìqǐ(이치): 함께
介绍 jièshao(찌에샤오): 소개하다
想 xiǎng(샹): ~하고 싶다
听 tīng(팅): 듣다
声音 shēngyīn(성인): 목소리
让 ràng(랑): ~로 하여금
自我 zìwǒ(쯔워): 자기

과일 18

과일 깎는 일을 돕는 친구의 이야기입니다.
'坐着+동사'는 '앉아서 ~을 하다'는 뜻입니다.

A: 我来削苹果,
Wǒ lái xiāo píng guǒ,

你坐着休息吧。
nǐ zuò zhe xiū xi ba.

B: 水果在冰箱里面,
Shuǐ guǒ zài bīng xiāng lǐ mian,

小心你的手。
xiǎo xīn nǐ de shǒu.

A: 내가 사과 깎을게. 너는 앉아서 쉬도록 해.
B: 과일은 냉장고 안에 있어. 손 조심해.

단어정리

来 lái(라이): 동작의 적극성을 표현
削 xiāo(샤오): 깎다
苹果 píngguo(핑궈): 사과
坐 zuò(쭤): 앉다
休息 xiūxi(셔우시): 쉬다
水果 shuǐguo(쉐이궈): 과일
冰箱 bīngxiāng(삥샹): 냉장고
里面 lǐmian(리미엔): 안
小心 xiǎoxīn(샤오신): 조심하다
手 shǒu(서우): 손

19 조 카

조카를 데리고 외출한 사람의 이야기입니다.
'~们'은 복수를 나타냅니다.

A: 他们是谁?
Tā men shì shéi?

B: 是我的侄儿们。
Shì wǒ de zhír men.

A: 好可爱!
Hǎo kě ài!

都几岁了?
Dōu jǐ suì le?

A: 얘네들은 누구에요?
B: 우리 조카들이에요.
A: 정말 귀엽다! 몇 살이에요?

단어정리

他们 tāmen(타먼): 그들
是 shì(스): ~이다
谁 shéi(세이): 누구
的 de(떠): ~의
侄儿 zhír(쩌얼): 조카
好 hǎo(하오): 매우
可爱 kěài(크어아이): 귀엽다
都 dōu(떠우): 모두
几 jǐ(찌): 몇
岁 suì(쒜이): 살

부부동반 20

부부동반 모임에 혼자 나온 남편의 이야기입니다.
본문의 '一个人'은 '한 사람', '혼자'라는 뜻입니다.

A: 你怎么一个人来呢?
Nǐ zěn me yí ge rén lái ne?

你老婆不来吗?
Nǐ lǎo po bù lái ma?

B: 她出国去了。
Tā chū guó qù le.

出差去中国了。
Chū chāi qù Zhōng guó le.

A: 왜 혼자 나오니? 와이프는 안 와?
B: 그 사람 외국 갔어. 중국에 출장 갔어.

단어정리

你 nǐ(니): 당신
怎么 zěnme(쩐머): 어째서
老婆 lǎopo(라오풔): 부인
来 lái(라이): 오다
她 tā(타): 그녀
出国 chūguó(추궈): 출국하다
去 qù(취): 가다
出差 chūchāi(추차이): 출장
中国 Zhōngguó(쫑궈): 중국

21 술자리

술자리로 늦게까지 밖에 있는 남편과 아내와의 전화통화 내용입니다.

본문의 '可'는 강조의 뜻입니다.

A: 几点了还不回来?
Jǐ diǎn le hái bù huí lái?

十二点以前不回来,
Shí èr diǎn yǐ qián bù huí lái,

你可死定了。
nǐ kě sǐ dìng le.

B: 我现在不能回去。
Wǒ xiàn zài bù néng huí qù.

A: 몇 시인데 아직도 안 들어와? 열두 시 전까지 안 들어오면 각오해.

B: 나 지금 못 들어가.

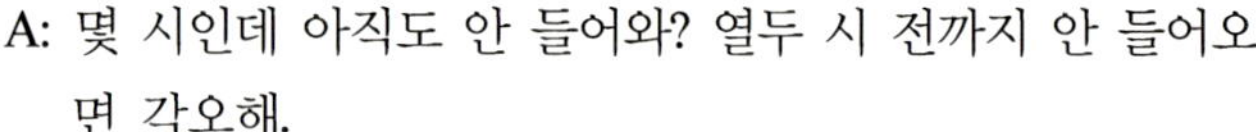

단어정리

几 jǐ(찌): 몇
点 diǎn(띠엔): 시
还 hái(하이): 아직도
回来 huílái(회이라이): 돌아오다
以前 yǐqián(이치엔): 전에
死 sǐ(스): 죽다
定 dìng(띵): 확실하다
现在 xiànzài(씨엔짜이): 지금
能 néng(넝): ~할 수 있다
回去 huíqù(회이취): 돌아가다

청소 22

대청소를 하기 위해 아이들을 깨우는 엄마 아빠의 이야기입니다.

'别~了'는 '~하지 마라'라는 뜻입니다.

A: 别再睡了。
Bié zài shuì le.

赶快叫醒孩子。
Gǎn kuài jiào xǐng hái zi.

我们来大扫除。
Wǒ men lái dà sǎo chú.

B: 快起来! 别睡觉了!
Kuài qǐ lái! Bié shuì jiào le!

A: 잠 그만 자요! 어서 애들 깨워요. 우리 대청소해요.

B: 어서 일어나! 잠 그만 자고!

단어정리

再 zài(짜이): 다시
睡 shuì(쒜이): 자다
赶快 gǎnkuài(간콰이): 어서
叫 jiào(쨔오): 부르다
醒 xǐng(싱): 깨우다
大扫除 dàsǎochú(다사오추): 대청소
快 kuài(콰이): 어서, 빨리
起来 qǐlái(치라이): 일어나다
睡觉 shuìjiào(쉐이쨔오): 잠을 자다

23 방

방청소에 관한 이야기입니다.

'동사+过'는 '~을 한 적이 있다'라는 뜻으로 경험을 나타냅니다.

A: 你的房间怎么这么脏?
Nǐ de fáng jiān zěn me zhè me zāng?

B: 我刚打扫过, 怎么会呢?
Wǒ gāng dǎ sǎo guo, zěn me huì ne?

A: 刚刚清理过的房间
Gāng gāng qīng lǐ guo de fáng jiān

怎么还这么脏?
zěn me hái zhè me zāng?

A: 방이 왜 이렇게 지저분하니?

B: 방금 청소했는데 그럴 리가?

A: 방금 치운 방이 왜 이렇게 지저분해?

단어정리

的 de(떠): ~의	刚 gāng(깡): 막, 방금
房间 fángjiān(팡찌엔): 방	打扫 dǎsǎo(따사오): 청소하다
怎么 zěnme(쩐머): 왜	清理 qīnglǐ(칭리): 청소하다
这么 zhème(쯔어머): 이토록	还 hái(하이): 아직도
脏 zāng(짱): 더럽다	

일어나요! 24

주말에 쉬고 싶어 하는 남편과 잔소리하는 아내의 모습입니다.
'别再~了'는 '더 이상 ~하지 마라'는 뜻입니다.

A: 打扫一下房间吧。
Dǎ sǎo yí xià fáng jiān ba.

B: 难得休息一天,
Nán dé xiū xi yì tiān,

你别再唠叨了，好不好?
nǐ bié zài lāo dao le, hǎo bu hǎo?

A: 赶快起来啦!
Gǎn kuài qǐ lái la!

A: 방 청소 좀 해요.

B: 모처럼 하루 쉬는데, 잔소리 좀 그만 하지그래?

A: 어서 일어나요!

단어정리

打扫 dǎsǎo(따사오): 청소하다
一下 yíxià(이샤): ~을 좀 하다
房间 fángjiān(팡찌엔): 방
难得 nándé(난떠): 모처럼 ~하다
休息 xiūxi(셔우시): 쉬다
一天 yìtiān(이티엔): 하루
唠叨 lāodao(라오따오): 잔소리 하다
赶快 gǎnkuài(간콰이): 어서
起来 qǐlái(치라이): 일어나다

25 돌잔치

아기 돌잔치인데도 연락을 하지 않은 친구와의 대화 내용입니다.

'办周岁酒'는 '돌잔치를 하다'라는 뜻입니다.

A: 你怎么这样?
Nǐ zěn me zhè yàng?

B: 我怎么了?
Wǒ zěn me le?

A: 宝宝办周岁酒怎么不叫我?
Bǎo bao bàn zhōu suì jiǔ zěn me bú jiào wǒ?

B: 真不好意思。
Zhēn bù hǎo yì si.

A: 너 왜 그러냐?
B: 내가 뭘?
A: 아기 돌잔치 하는데 왜 나를 안 불러?
B: 정말 미안하다.

단어정리

怎么 zěnme(쩐머): 왜
这样 zhèyàng(쯔어양): 이러하다
宝宝 bǎobao(바오바오): 아기
办 bàn(빤): 처리하다
周岁 zhōusuì(저우쉐이): 돌
酒 jiǔ(쪄우): 술
叫 jiào(쨔오): 부르다
真 zhēn(쩐): 정말로
意思 yìsi(이스): 의미, 뜻

방귀 26

텔레비전을 보다가 방귀를 뀐 아빠와 엄마의 이야기입니다.
'臭死我了'는 '냄새 나 죽겠네!'라는 뜻입니다.

A: 这什么味道?
Zhè shén me wèi dao?

臭死我了。
Chòu sǐ wǒ le.

B: 味道重吗? 真不好意思。
Wèi dao zhòng ma? Zhēn bù hǎo yì si.

A: 你想臭死我吗?
Nǐ xiǎng chòu sǐ wǒ ma?

A: 이게 무슨 냄새야? 냄새 나 죽겠네!
B: 냄새가 심해? 미안해.
A: 나를 질식시키려고 그래?

단어정리

这 zhè(쩌어): 이
什么 shénme(선머): 무엇
味道 wèidao(웨이따오): 냄새
重 zhòng(쫑): 심하다
真 zhēn(쩐): 정말로
不好意思 bùhǎoyìsi(뿌하오이스): 미안하다
想 xiǎng(샹): ~하고 싶다
臭 chòu(초어우): 냄새가 지독하다

27 주 말

주말인데도 늦잠을 못 자게 하는 아내와 그 남편의 이야기입니다.

'拜托你'는 '제발 부탁이에요'라는 뜻입니다.

A: 拜托你,
Bài tuō nǐ,

今天让我好好休息一天。
jīn tiān ràng wǒ hǎo hāo xiū xi yì tiān

难得在家休息。
Nán dé zài jiā xiū xi.

B: 赶快起来呀。
Gǎn kuài qǐ lái ya.

A: 제발 부탁이야. 오늘은 하루 좀 푹 쉬게 해줘.
간만에 집에서 쉬는데.

B: 어서 일어나요.

단어정리

今天 jīntiān(찐티엔): 오늘
让 ràng(랑): ~로 하여금
好好 hǎohāo(하오하오): 잘
休息 xiūxi(쎠우시): 쉬다
一天 yìtiān(이티엔): 하루
难得 nándé(난떠): ~하기 어렵다
在 zài(짜이): ~에서
家 jiā(쨔): 집
赶快 gǎnkuài(간콰이): 어서
起来 qǐlái(치라이): 일어나다

친 구 28

술 모임에 나오지 않으면 친구로 여기지 않겠다는 사람의 이야기입니다.

본문의 '要是~的话'는 '만약 ~하다면'이라는 뜻입니다.

A: 晚上你来一下。
Wǎn shang nǐ lái yí xià.

B: 今晚有事去不了了。
Jīn wǎn yǒu shì qù bu liǎo le.

A: 要是你不来的话,
Yào shì nǐ bù lái de huà,

我就不把你当朋友了。
wǒ jiù bù bǎ nǐ dāng péng you le.

A: 밤에 잠깐 좀 와라.

B: 오늘 밤에 일이 있어서 못 가.

A: 만약에 너 안 오면 앞으로는 친구로 생각하지 않을 거야.

단어정리

晚上 wǎnshang(완상): 밤
来 lái(라이): 오다
一下 yíxià(이샤): 잠시, 잠깐
今晚 jīnwǎn(찐완): 오늘 밤
有 yǒu(여우): 있다
事 shì(스): 일
去不了 qùbuliǎo(취부랴오): 갈 수 없다
当 dāng(땅): 삼다
朋友 péngyou(펑여우): 친구

29 진공청소기

진공청소기를 사자고 말하는 부부의 이야기입니다.
본문의 '出问题'는 '기계가 고장 나다'라는 뜻입니다.

A: 老婆!要换吸尘器了。
lǎo po! Yào huàn xī chén qì le.

B: 都用了十年了,
Dōu yòng le shí nián le,

性能也该出问题了。
xìng néng yě gāi chū wèn tí le.

A: 这次买台最新的。
Zhè cì mǎi tái zuì xīn de.

A: 여보! 진공청소기 바꿔야겠어.
B: 10년을 사용했으니 성능에 문제가 생겼을 거야.
A: 이번에는 최신제품으로 사자.

단어정리

要 yào(야오): ~해야 한다
换 huàn(환): 바꾸다[換]
吸尘器 xīchénqì(시첸치): 진공청소기[塵]
都 dōu(떠우): 모두
用 yòng(용): 사용하다
年 nián(니엔): 해, 년
性能 xìngnéng(싱넝): 성능
该 gāi(까이): 마땅히 ~해야 한다[該]
次 cì(츠): 번
新 xīn(씬): 새롭다

욕실 30

축축하고 냄새나는 욕실에 대해 이야기하는 친구들의 대화 내용입니다.

'有臭味'는 '냄새가 나다'라는 뜻입니다.

A: 浴室有些潮湿有臭味。
Yù shì yǒu xiē cháo shī yǒu chòu wèi.

B: 那是因为经常有水气。
Nà shì yīn wèi jīng cháng yǒu shuǐ qì.

A: 那么要不要放个除臭剂?
Nà me yào bu yào fàng ge chú chòu jì?

看看会不会好一点。
Kàn kan huì bu huì hǎo yì diǎn.

A: 욕실이 축축하고 냄새가 나는 것 같아.

B: 늘 물기가 있어서 그런 거야.

A: 그럼 방향제를 놓아볼까? (공기가) 좀 좋아지는지 보자.

단어정리

浴室 yùshì(위스): 욕실
有些 yǒuxiē(여우시에): 다소
潮湿 cháoshī(차오스): 습하다[濕]
因为 yīnwèi(인웨이): ~때문에[爲]
经常 jīngcháng(징창): 늘, 자주[經]
水气 shuǐqì(쉐이치): 물기[氣]
除臭剂 chúchòujì(추처우찌):방 향제[劑]
一点 yìdiǎn(이띠엔): 조금[點]

31 감 동

친구의 우정에 감동한 사람의 이야기입니다.
'对~很好'는 '~에게 굉장히 잘하다'라는 의미입니다.

A: 我真的很感动。
Wǒ zhēn de hěn gǎn dòng.

你对我真好。
Nǐ duì wǒ zhēn hǎo.

B: 这是应该的。
Zhè shì yīng gāi de.

其他的都谈不上。
Qítā de dōu tán bu shàng.

A: 나 정말 감동했어. 잘 대해줘서 (고맙다).
B: (이 정도는) 당연한 거지. 다른 건 얘기할 필요도 없어.

단어정리

真的 zhēnde(쩐떠): 정말로
很 hěn(헌): 매우
感动 gǎndòng(깐똥): 감동하다[動]
对 duì(뛔이): ~에 대해[對]
应该 yīnggāi(잉까이): 마땅히[應該]
其他 qítā(치타): 기타
都 dōu(떠우): 모두
谈不上 tánbushàng(탄부샹): 이야기할 가치도 없다[談]

만남 32

두 사람이 어떻게 만났는지 궁금해 하는 친구의 이야기입니다.
'半个月前'은 '보름 전'을 의미합니다.

A: 你们是怎么认识的?
Nǐ men shì zěn me rèn shi de?

B: 半个月前一个
Bàn ge yuè qián yí ge

偶然的机会认识的。
ǒu rán de jī huì rèn shi de.

认识后，我对她有好感。
Rèn shi hòu, wǒ duì tā yǒu hǎo gǎn.

A: 두 사람 어떻게 알았어요?

B: 보름 전 우연한 기회에 알게 됐어요.
알고 난 뒤 그녀에게 호감이 생겼죠.

단어정리

怎么 zěnme(쩐머): 왜[麽]
认识 rènshi(런스): 알다[認識]
前 qián(치엔): 전
偶然 ǒurán(어우란): 우연히
机会 jīhuì(찌회이): 기회[機會]
后 hòu(허우): 뒤[後]
对 duì(뛔이): 대하다[對]
有 yǒu(여우): 가지고 있다
好感 hǎogǎn(하오깐): 호감

33 전원주택

전원주택에 대해 이야기하는 친구들의 대화 내용입니다.
'过田园生活'는 '전원생활을 하다'라는 뜻입니다.

A: 你想过田园生活吗?
Nǐ xiǎng guò tián yuán shēng huó ma?

B: 我晚年想过田园生活。
Wǒ wǎn nián xiǎng guò tián yuán shēng huó.

退休后想过个
tuì xiū hòu xiǎng guò ge

安宁的晚年生活。
ān níng de wǎn nián shēng huó.

A: 전원생활 하고 싶어?

B: 난 말년에 전원생활을 하고 싶어.
퇴직 후에 안정적인 말년생활을 보내고 싶어.

단어정리

想 xiǎng(샹): ~하고 싶다
田园 tiányuán(티엔위엔): 전원[園]
生活 shēnghuó(성훠): 생활
晚年 wǎnnián(완니엔): 말년
退休 tuìxiū(퇴이셔우): 퇴직
后 hòu(허우): ~뒤에[後]
过 guò(꿔): 보내다[過]
安宁 ānníng(안닝): 안정되다[寧]
的 de(떠): ~한

출근준비 34

새벽 출근인 남편을 깨우기 위해 밤을 샌 아내의 이야기입니다.

'起不来'는 '못 일어나다'라는 뜻입니다.

A: 快起床准备上班。
Kuài qǐ chuáng zhǔn bèi shàng bān.

B: 你怎么起得这么早?
Nǐ zěn me qǐ de zhè me zǎo?

A: 我怕起不来,
Wǒ pà qǐ bu lái,

整夜没有睡觉。
zhěng yè méi yǒu shuì jiào.

A: 어서 일어나서 출근 준비하세요.
B: 당신 왜 이렇게 일찍 일어났어요?
A: 못 일어날까봐 밤새 잠을 안 잤어요.

단어정리

起床 qǐchuáng(치촹): 일어나다
准备 zhǔnbèi(뻬이): 준비하다, 준비, 예비[準備]
上班 shàngbān(쌍빤): 출근하다
早 zǎo(자오): 일찍
怕 pà(피): 겁나다
整夜 zhěngyè(정이예): 밤새
睡觉 shuìjiào(쉐이쨔오): 잠을 자다[覺]

35 잔소리

잔소리가 심한 엄마와 딸의 대화 내용입니다.
'동사+个没完'은 '~이 끝이 없다'라는 표현입니다.

A: 你天天唠叨个没完。
Nǐ tiān tiān láo dāo ge méi wán.

我知道你是为我好,
Wǒ zhī dào nǐ shì wèi wǒ hǎo,

但我知道我要做什么。
dàn wǒ zhī dào wǒ yào zuò shén me.

B: 我什么事情都看不惯。
Wǒ shén me shì qing dōu kàn bu guàn.

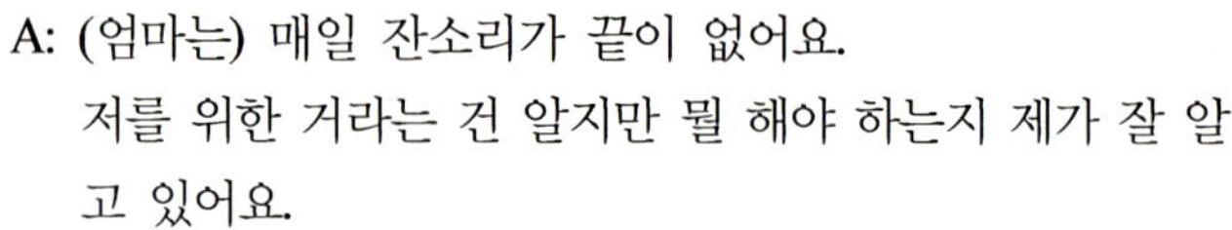

A: (엄마는) 매일 잔소리가 끝이 없어요.
저를 위한 거라는 건 알지만 뭘 해야 하는지 제가 잘 알고 있어요.

B: 난 다 눈에 거슬린다.

단어정리

天天 tiāntiān(티엔티엔): 매일
唠叨 láodāo(라오따오): 잔소리하다, 반복해서 말하다[唠]
知道 zhīdào(즈따오): 알다
为 wèi(웨이): 위하여[为]
要 yào(야오): ~하려 하다
做 zuò(쭤): 하다
事情 shìqing(스칭): 일
看不惯 kànbuguàn(칸부꽌): 낯 설다

우등생 36

모범생 여자친구를 자랑하는 남자의 이야기입니다.
'这一类型'은 '이런 스타일'을 의미합니다.

A: 我女朋友是个优等生，
Wǒ nǚ péng you shì ge yōu děng shēng,

长得也乖巧。
zhǎng de yě guāi qiǎo.

B: 她实在没有理由喜欢
Tā shí zài méi yǒu lǐ yóu xǐ huan

你这一类型的男孩。
nǐ zhè yī lèi xíng de nán hái.

A: 내 여자친구는 우등생이야. 얼굴도 사랑스럽게 생겼어.
B: 네 여자친구는 정말 너 같은 남자를 좋아할 이유가 없는데.

단어정리

优等生 yōuděngshēng(여우덩성): 우등생[優等生]
长 zhǎng(장): 자라다, 생기다[長]
乖巧 guāiqiǎo(꽈이챠오): 사랑스럽다
实在 shízài(스짜이): 정말로[實]
理由 lǐyóu(리여우): 이유
喜欢 xǐhuan(씨환): 좋아하다[歡]
类型 lèixíng(레이싱): 스타일[類]
男孩 nánhái(난하이): 남자아이

37 소개팅

선배를 소개해주는 친구의 이야기입니다.
'给她介绍一个男朋友'는 '그녀에게 남자친구를 소개하다'라는 뜻입니다.

A: 你给她介绍一个
Nǐ gěi tā jiè shào yí ge
男朋友吧。
nán péng you ba.

B: 是我的学长, 人不错,
shì wǒ de xué zhǎng, rén bú cuò,
就是个子矮了一点。
jiù shì gè zi ǎi le yì diǎn.

A: 그녀에게 남자친구 좀 소개해 주세요.
B: 내 선배인데, 사람은 좋은데 키가 좀 작아요.

단어정리

给 gěi(게이): ~에게
介绍 jièshào(찌에사오): 소개하다
朋友 péngyou(펑여우): 친구
学长 xuézhǎng(쉬에짱): 선배[長]
人 rén(런): 사람
不错 búcuò(부춰): 괜찮다[錯]
就是 jiùshi(쪄우스): 그런데
个子 gèzi(끄어쯔): 키[個]
矮 ǎi(아이): 작다

태 풍 38

빨래하는 일에 대해 이야기하는 부부의 대화 내용입니다.
'刚刚听到说~'는 '방금 들은 바에 따르면'이라는 뜻입니다.

A: 刚刚听到说台风要来了。
Gāng gāng tīng dào shuō tái fēng yào lái le

赶快收衣服。
Gǎn kuài shōu yī fu.

B: 下雨啦?
Xià yǔ la?

我知道了。
Wǒ zhī dào le.

A: 방금 들은 얘기인데 태풍이 온대. 어서 빨래 걷어.
B: 비 온대? 알았어.

단어정리

刚刚 gānggāng(깡깡): 방금[剛]
听到 tīngdào(팅따오): 듣게 되다 [聽]
台风 táifēng(타이펑): 태풍[颱風]
赶快 gǎnkuài(간콰이): 어서[趕]
收 shōu(서우): 거두어들이다
衣服 yīfu(이푸): 옷
下雨 xiàyǔ(샤위): 비오다
知道 zhīdào(즈따오): 알다

39 수다쟁이

잔소리를 하는 엄마와 아들의 대화 내용입니다.
본문의 '少~'는 '~을 작작하다'라는 뜻입니다.

A: 你少给我啰嗦!
Nǐ shǎo gěi wǒ luō suo!

B: 快起来!
Kuài qǐ lái!

都一点了。
Dōu yì diǎn le.

怎么还在睡觉呢?
Zěn me hái zài shuì jiào ne?

A: 잔소리 좀 그만하세요!
B: 어서 일어나! 벌써 한 시인데, 아직도 자면 어떻게 하니?

단어정리

给 gěi(게이): ~에게
啰嗦 luōsuo(뤄쉬): 수다스럽다[囉]
快 kuài(콰이): 어서
起来 qǐlái(치라이): 일어나다[来]
都 dōu(떠우): 모두
点 diǎn(띠엔): 시[點]
怎么 zěnme(쩐머): 왜[麽]
还 hái(하이): 아직도[還]
在 zài(짜이): ~하는 중이다
睡觉 shuìjiào(쉐이쨔오): 잠자다[覺]

전업주부 40

집에서 애를 키우는 전업주부와 오랜만에 만난 친구의 대화 내용입니다.

'在带孩子'는 '애를 돌보다'라는 의미입니다.

A: 你工作吗?
Nǐ gōng zuò ma?

B: 我不工作。
Wǒ bù gōng zuò.

我一直在带孩子,
Wǒ yì zhí zài dài hái zi,

没有上班。
méi yǒu shàng bān.

A: 너 일하니?

B: 일 안해. 계속 애 키우느라 회사를 안 다녔어.

단어정리

工作 gōngzuò(꽁쭤): 일
不 bù(뿌): 아니다
一直 yìzhí(이즈): 계속
在 zài(짜이): ~하고 있다
带 dài(따이): [아이를] 돌보다
孩子 háizi(하이쯔): 아이
没有 méiyǒu(메이여우): ~하지 않았다
上班 shàngbān(상빤): 출근하다

41 육 아

취직을 준비 중인 주부와 친구의 대화 내용입니다.
'不得不~'는 '~하지 않을 수 없다'입니다.

A: 资金紧张了,
Zī jīn jǐn zhāng le,

我不得不出去工作了。
Wǒ bù dé bù chū qù gōng zuò le.

B: 那么孩子怎么办?
Nà me hái zi zěn me bàn?

A: 婆婆不给带真糟糕。
Pó po bù gěi dài zhēn zāo gāo.

A: 형편이 힘들어서 어쩔 수 없이 나가서 일을 해야 해.
B: 그럼 애는 어떻게?
A: 시어머니도 안 봐주신 데서 정말 큰일 났어.

단어정리

资金 zījīn(쯔찐): 자금[資金]
紧张 jǐnzhāng(진짱): [물자가] 부족하다[緊張]
出去 chūqù(추취): 나가다
那么 nàme(나머): 그렇다면[麽]
孩子 háizi(하이쯔): 아이
婆婆 pópo(풔풔): 시어머니
真 zhēn(쩐): 정말로
糟糕 zāogāo(자오까오): 야단나다

맞벌이주부 42

직장에 다니는 맞벌이주부와 친구의 대화 내용입니다.
본문의 '挺累的'는 '매우 힘들다'라는 의미입니다.

A: 每天上班挺累的。
Měi tiān shàng bān tǐng lèi de.

下了班,
Xià le bān,

还要回家给孩子做饭。
hái yào huí jiā gěi hái zi zuò fàn.

B: 你真辛苦。
Nǐ zhēn xīn kǔ.

A: 매일 출근하기 힘들어 죽겠어.
퇴근하면 집에 가서 애 밥도 해줘야 되고 말이야.

B: 네가 고생이 많다.

단어정리

每天 měitiān(메이티엔): 매일
上班 shàngbān(상빤): 출근하다
累 lèi(레이): 힘들다
下班 xiàbān(시아빤): 퇴근하다
还要 háiyào(하이야오): 게다가[還]
回家 huíjiā(훼이쨔): 귀가하다
给 gěi(게이): ~에게
做饭 zuòfàn(쭤판): 밥을 하다[飯]
辛苦 xīnkǔ(신쿠): 고생하다

43 출산휴가

출산휴가를 낸 직장인 주부와 친구의 대화 내용입니다. '请产假'는 '출산휴가를 내다'라는 뜻입니다.

A: 我上个月生了小孩。
Wǒ shàng ge yuè shēng le xiǎo hái.

B: 那么公司呢?
Nà me gōng sī ne?

A: 请了三个月的产假。
Qǐng le sān ge yuè de chǎn jià.

B: 产假期间不扣工资吗?
Chǎn jiǎ qī jiān bú kòu gōng zī ma?

A: 나 지난달에 애 낳았어.
B: 그럼 회사는?
A: 3개월 출산휴가를 냈어.
B: 출산휴가 기간에는 월급 안 깎여?

단어정리

上个月 shànggeyuè(상거위에): 지난달[個]
生 shēng(성): 낳다
小 xiǎo(샤오): 작다
孩 hái(하이): 아이
公司 gōngsī(꽁스): 회사
期间 qījiān(치찌엔): 기간
扣 kòu(커우): 공제하다
工资 gōngzī(꽁즈): 급여

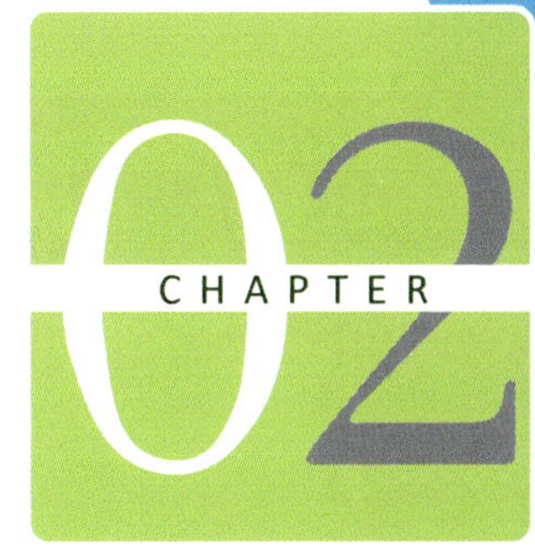

감정표현

01 당연하다

본문에 쓰인 '同事嘛'는 '동료잖아요'라는 의미입니다.

또 '听说~'은 '듣자하니~이라더라', '只是~而已'는 '단지 ~일 뿐이다'라는 뜻입니다.

A: 同事嘛, 我当然担心他。
Tóng shì ma, wǒ dāng rán dān xīn tā 。

B: 我听说他有女朋友了。
Wǒ tīng shuō tā yǒu nǚ péng you le。

A: 我只是担心他而已。
Wǒ zhǐ shì dān xīn tā ér yǐ。

你说什么呀?
Nǐ shuō shén me ya?

A: 동료잖아요. 그 사람을 걱정하는 것이 당연하죠.
B: 그 사람 여자친구 생겼다고 들었는데.
A: 저는 단지 걱정하는 것뿐인데, 무슨 말씀을 하시는 거예요?

단어정리

同事 tóngshì(통스): 동료
嘛 ma(마): 뚜렷한 사실을 강조
当然 dāngrán(땅란): 당연하다
担心 dānxīn(딴씬): 걱정하다
听说 tīngshuō(팅숴): 듣자하니
有 yǒu(여우): 있다
女朋友 nǚpéngyou(뉘펑여우): 여자친구
只是 zhǐshì(즈스): 단지
而已 éryǐ(얼이): ~뿐이다
说 shuō(숴): 말하다

긴 장 02

'~得要命'은 '심하게 ~하다' 또는 '~하여 죽을 지경이다'라는 의미입니다.

'아파 죽을 지경이다'는 '疼téng(텅: 아프다)得要命'으로 표현합니다.

A: 什么时候去呀?
Shén me shí hou qù ya?

他的心情一定很紧张。
Tā de xīn qíng yí dìng hěn jǐn zhāng。

B: 他紧张得要命。
Tā jǐn zhāng de yào mìng。

其实我比他更紧张。
Qí shí wǒ bǐ tā gèng jǐn zhāng。

A: 언제 가는데? 그 사람 틀림없이 긴장되겠다.

B: 긴장이 되어서 죽을 지경이야.
실은 내가 그 사람보다 더 긴장돼.

단어정리

什么 shénme(선머): 무엇, 어떤
去 qù(취): 가다
心情 xīnqíng(씬칭): 마음
一定 yídìng(이띵): 틀림없이
紧张 jǐnzhāng(진짱): 긴
要命 yàomìng(야오밍): 죽을 지경이다
其实 qíshí(치스): 사실은
我 wǒ(워): 나
比 bǐ(비): ~보다
他 tā(타): 그
时候 shíhou(스허우): 때
更 gèng(껑): 더욱, 더

03 신경질

'怎么~?' 또는 '干嘛~?'는 원인이나 이유를 묻는 표현이고 '跟+사람+发脾气'는 '~에게 신경질을 내다'입니다.

또 '莫名奇妙'는 '별일이야!'라는 뜻의 관용구입니다.

A: 我怎么知道?
Wǒ zěn me zhī dào?

B: 干嘛跟我发脾气?
Gàn má gēn wǒ fā pí qì?

A: 你怎么老问我呢?
Nǐ zěn me lǎo wèn wǒ ne?

B: 你发脾气干嘛?莫名奇妙。
Nǐ fā pí qì gàn má? Mò míng qí miào.

A: 내가 어떻게 알아?

B: 왜 나한테 신경질을 내니?

A: 왜 자꾸 나한테 물어봐?

B: 왜 신경질을 내니? 별일이야 정말.

단어정리

我 wǒ(워): 나

怎么 zěnme(쩐머): 어째서

知道 zhīdào(즈따오): 알다

干嘛 gànmá(깐마): 왜, 어째서

跟 gēn(껀): ~와

奇妙 qímiào(치먀오): 이상하다

脾气 píqì(피치): 신경질

老 lǎo(라오): 늘, 항상

问 wèn(원): 묻다

莫名 mòmíng(뭐밍): 말로 표현 할 수 없다

发 fā(파): [신경질을] 내다

'笑+사람'은 '~를 비웃다'라는 의미로 본문의 '别笑我'는 '나를 비웃지 마라'라는 말입니다.

또 '写得不好'는 '잘 못썼음'을 나타냅니다.

A: 我们是朋友。
Wǒ men shì péng you.

有什么可不好意思的?
Yǒu shén me kě bù hǎo yì si de?

B: 给你看吧。
Gěi nǐ kàn ba.

可别笑我写得不好。
Kě bié xiào wǒ xiě de bù hǎo.

A: 우리는 친구인데 쑥스러워할 게 뭐가 있니?

B: 보여줄게. 내가 잘 못썼다고 비웃지나 마라.

단어정리

我们 wǒmen(워먼): 우리들
朋友 péngyou(펑여우): 친구
有 yǒu(여우): 있다
什么 shénme(선머): 무엇
可 kě(크어): ~할 만하다, 강조의 어감
不好意思 bùhǎoyìsi(뿌하오이스): 미안하다, 쑥스럽다
给 gěi(게이): 주다, ~에게
看 kàn(칸): 보다
别 bié(삐에): ~하지 마라
笑 xiào(샤오): 웃다
写 xiě(시에): 쓰다
好 hǎo(하오): 좋다

05 질 투

'好'는 '좋다'라는 외에 '매우'라는 의미를 갖습니다.

본문의 '好多书'는 '매우 많은 양의 책', '好高兴'은 '매우 기쁨'을 나타냅니다.

A: 我参考了好多书,
Wǒ cān kǎo le hǎo duō shū,

但是写得没有你好。
dàn shì xiě de méi yǒu nǐ hǎo.

B: 真的吗? 我好高兴。
Zhēn de ma? Wǒ hǎo gāo xìng.

A: 我嫉妒你。
Wǒ jí dù nǐ.

A: 나는 여러 권의 책을 참고했지만 너만큼 잘 쓰지 못했어.

B: 정말이야? 나 너무 기뻐.

A: 질투난다.

단어정리

参考 cānkǎo(찬카오): 참고하다
好 hǎo(하오): 좋다
多 duō(뚸): 많다
书 shū(수): 책
但是 dànshì(딴스): 그러나
写 xiě(시에): 쓰다
得 de(떠): 조사
没有 méiyǒu(메이여우): 없다
真的 zhēnde(쩐떠): 정말로
高兴 gāoxìng(까오싱): 기쁘다
嫉妒 jídù(지뚜): 질투하다

기쁘다 06

'好像~'은 '마치 ~한 것 같다'는 말입니다.

'당신 무슨 일이 있는 것 같아요'는 '你好像有什么事'와 같이 나타냅니다.

A: 你有什么事吗?
Nǐ yǒu shén me shì ma?

B: 没事儿。
Méi shìr.

A: 你好像不高兴啊!
Nǐ hǎo xiàng bù gāo xìng a!

B: 我不是不高兴。
Wǒ bú shì bù gāo xìng.

A: 무슨 일 있어?
B: 별일 없어.
A: 기분이 나쁜 것 같은데.
B: 기분 나쁜 것 아냐.

단어정리

你 nǐ(니): 너, 당신
有 yǒu(여우): 있다
什么 shénme(선머): 무엇, 어떤
事 shì(스): 일
没 méi(메이): 없다, 아니다
好像 hǎoxiàng(하오샹): ~처럼
不 bù(뿌): 아니다
高兴 gāoxìng(까오싱): 기쁘다
啊 a(아): 감탄의 어감
我 wǒ(워): 나
不是 búshì(부스): ~이 아니다

07 싫 어!

'别再~了'는 '더 이상 ~하지 마세요'라는 뜻입니다.
'더 이상 말씀하지 마세요'는 '别再说了'와 같이 표현합니다.

A: 我现在不想说。
Wǒ xiàn zài bù xiǎng shuō.

有机会再告诉你吧。
Yǒu jī huì zài gào su nǐ ba.

B: 你到底怎么了?
Nǐ dào dǐ zěn me le?

A: 别再问我好不好?
Bié zài wèn wǒ hǎo bu hǎo?

A: 나 지금 말하기 싫어. 기회가 되면 나중에 알려줄게.
B: 너 도대체 왜 그래?
A: 더 이상 묻지 말아줄래?

단어정리

现在 xiànzài(씨엔짜이): 지금
想 xiǎng(샹):~하고 싶다
说 shuō(숴): 말하다
机会 jīhuì(찌회이): 기회
再 zài(짜이): 또
告诉 gàosu(까오쑤): 알려주다
到底 dàodǐ(따오디): 도대체
怎么 zěnme(쩐머): 왜
别 bié(삐에): ~하지 마라
再 zài(짜이): 또
问 wèn(원): 묻다

고 민 08

'对+사람+那么好'는 '~에게 그토록 잘 대해줌'을 나타내는 말입니다.

본문의 '对你那么好'는 '당신에게 잘 대해준다'는 말입니다.

A: 我们没有什么问题,
Wǒ men méi yǒu shén me wèn tí,

但是我在犹豫。
dàn shì wǒ zài yóu yù.

B: 男朋友对你那么好,
Nán péng you duì nǐ nà me hǎo,

有什么可忧郁的?
Yǒu shén me kě yóu yù de?

A: 우리는 아무 문제없어, 그런데 내가 지금 고민 중이야.

B: 남자친구가 너한테 그렇게 잘하는데, 고민할 게 뭐가 있어?

단어정리

我们 wǒmen(워먼): 우리들
有 yǒu(여우): 있다
没有 méiyǒu(메이여우): 없다
什么 shénme(선머): 무엇
问题 wèntí(원티): 문제
但是 dànshì(딴스): 그러나
犹豫 yóuyù(여우위): 망설이다
朋友 péngyou(펑여우): 친구
对 duì(뛔이): ~에 대해
可 kě(크어): ~할 만하다

09 이상하다

'別人都说~'은 '다른 사람은 모두 ~라고 말한다'로 본문의 '別人都说他很好'는 '다른 사람들은 모두 그의 사람됨을 칭찬한다'는 뜻입니다.

A: 他很奇怪。
Tā hěn qí guài.

B: 他怎么了?
Tā zěn me le?

A: 我觉得他很奇怪。
Wǒ jué de tā hěn qí guài.

B: 别人都说他很好。
Bié rén dōu shuō tā hěn hǎo.

A: 저 사람 너무 이상해요.
B: 저 사람이 왜요?
A: 저 사람 이상한 것 같아요.
B: 다른 사람들은 다 그가 괜찮다는데.

단어정리

很 hěn(헌): 매우
奇怪 qíguài(치꽈이): 이상하다
怎么 zěnme(쩐머): 왜
觉得 juéde(쥐에떠): 느끼다
别人 biérén(삐에런): 다른 사람
都 dōu(떠우): 모두
说 shuō(숴): 말하다
他 tā(타): 그 사람
好 hǎo(하오): 좋다

인간성 10

'在~上'은 '~에서'로 본문의 '在工作上'은 '일에 있어서'이고 '~方面'도 이와 비슷한 말로 '~방면에', '~쪽에' 라는 의미를 갖습니다.

A: 你觉得他为人怎么样?
Nǐ jué de tā wéi rén zěn me yàng?

B: 他在工作上挺认真的,
Tā zài gōng zuò shang tǐng rèn zhēn de,

但是做人方面做得不好。
dàn shì zuò rén fāng miàn zuò de bù hǎo.

A: 他长得挺帅的。
Tā zhǎng de tǐng shuài de.

A: 당신 저 사람 됨됨이가 어떻다고 생각하세요?
B: 저 사람은 일은 아주 열심히 해요, 하지만 인간성은 별로예요.
A: 저 사람 생긴 건 참 잘생겼는데.

단어정리

觉得 juéde(쥐에떠): ~라고 생각하다
为人 wéirén(웨이런): 사람됨
工作 gōngzuò(꽁쭤): 일
挺 tǐng(팅): 매우
认真 rènzhēn(런쩐): 열심히
但是 dànshì(딴스): 그러나
做人 zuòrén(쭤런): 사람 노릇
方面 fāngmiàn(팡미엔): 방면
长 zhǎng(장): 생기다, 자라다
帅 shuài(쏴이): 멋지다

11 명랑하다

'跟gēn(껀)+사람+喝酒'는 '~와 술을 마시다'라는 뜻입니다. 또 '看到~'는 '~한 것을 보게 되다'라는 의미를 갖습니다.

A: 你今天怎么这么高兴?
Nǐ jīn tiān zěn me zhè me gāo xìng

昨天跟谁喝酒去了?
Zuó tiān gēn shéi hē jiǔ qù le?

B: 你猜我跟谁喝的。
Nǐ cāi wǒ gēn shéi hē de.

A: 看到你这么开朗真好!
Kàn dào nǐ zhè me kāi lǎng zhēn hǎo!

A: 오늘 왜 이렇게 기분이 좋아? 어제 누구랑 술 마셨어?
B: 누구랑 마셨는지 맞춰봐.
A: 네가 이렇게 명랑한 걸 보니 정말 좋다.

단어정리

今天 jīntiān(찐티엔): 오늘
怎么 zěnme(쩐머): 어째서
这么 zhème(쯔어머): 이토록
高兴 gāoxìng(까오씽): 기쁘다
昨天 zuótiān(줘티엔): 어제
谁 shéi(세이): 누구
喝 hē(흐어): 마시다
酒 jiǔ(져우): 술
猜 cāi(차이): 추측하다
开朗 kāilǎng(카이랑): 명랑하다

화나다 12

'又~了'는 '또 ~하다'라는 뜻입니다.

또 본문의 '不好hǎo(하오: 좋다)也不坏huài(화이: 나쁘다)'는 '좋지도 나쁘지도 않음'을 나타내는 표현입니다.

A: 你看你又不高兴了。
Nǐ kàn nǐ yòu bù gāo xìng le.

谁又惹你了?
Shéi yòu rě nǐ le?

B: 我今天心情不好也不坏。
Wǒ jīn tiān xīn qíng bù hǎo yě bú huài.

A: 我以为你又生气了。
Wǒ yǐ wéi nǐ yòu shēng qì le.

A: 너 또 기분이 나쁘구나. 이번에는 누가 또 너를 건드렸니?
B: 나 오늘 기분이 좋지도 나쁘지도 않은데.
A: 난 네가 또 화난 줄 알았어.

단어정리

看 kàn(칸): 보다
高兴 gāoxìng(까오씽): 기쁘다
谁 shéi(세이): 누구
惹 rě(르어): 일으키다, 야기하다
今天 jīntiān(찐티엔): 오늘
心情 xīnqíng(씬칭): 기분
好 hǎo(하오): 좋다
坏 huài(화이): 나쁘다
以为 yǐwéi(이웨이): ~라고 여기다
生气 shēngqì(성치): 화나다

13 기 분

본문의 '好多了'는 '많이 좋아졌음'을 나타내는 말입니다. 또 '马马虎虎'는 '그럭저럭 괜찮다'라는 의미를 갖습니다.

A: 你今天还好吗?
Nǐ jīn tiān hái hǎo ma?

心情好多了吗?
Xīn qíng hǎo duō le ma?

B: 马马虎虎。
Mǎ ma hū hū.

我想不要计较太多了。
Wǒ xiǎng bú yào jì jiào tài duō le.

A: 너 오늘은 좀 괜찮니? 기분은 많이 좋아졌어?
B: 그냥 그래, 너무 (그 일에 대해) 신경 쓰지 않기로 했어.

단어정리

今天 jīntiān(찐티엔): 오늘
还 hái(하이): 그런대로
好 hǎo(하오): 좋다
心情 xīnqíng(신칭): 기분
想 xiǎng(샹): ~하고 싶다
要 yào(야오): ~하려 하다
计较 jìjiào(찌쟈오): 비교하다
太 tài(타이): 너무
多 duō(뚸): 많다

사과하다 14

'向+사람+道歉'은 '~에게 사과를 하다'라는 말이고 '~不着'은 동작이 목적에 도달하지 못함을 나타냅니다.

A: 我想你误会了。
Wǒ xiǎng nǐ wù huì le.

我是来向你道歉的。
Wǒ shì lái xiàng nǐ dào qiàn de.

B: 我们之间会有什么误会呢?
Wǒ men zhī jiān huì yǒu shén me wù huì ne?

用不着道歉。
Yòng bu zháo dào qiàn.

A: 당신이 오해를 하신 것 같아 사과를 하러 왔습니다.
B: 우리 사이에 오해는 무슨? 사과할 필요 없습니다.

단어정리

想 xiǎng(샹): 생각하다
误会 wùhuì(우훼이): 오해
向 xiàng(샹): ~에 대해
道歉 dàoqiàn(따오치엔): 사과하다
之间 zhījiān(즈찌엔): 사이
会 huì(훼이): ~할 것이다
有 yǒu(여우): 있다
什么 shénme(선머): 무엇, 어떤
用不着 yòngbuzháo(용부자오): 그럴 필요까지는 없다

15 반 응

'给+사람+打电话'는 '~에게 전화를 하다'라는 뜻입니다.
또 '没说什么'는 '별 말을 하지 않았음'을 말합니다.

A: 他有没有给你打电话?
Tā yǒu méi yǒu gěi nǐ dǎ diàn huà?

B: 他打电话说对不起。
Tā dǎ diàn huà shuō duì bu qǐ.

A: 你有什么反应?
Nǐ yǒu shén me fǎn yìng?

B: 我没说什么。
Wǒ méi shuō shén me.

A: 그 사람이 너한테 전화했니?
B: 전화해서 미안하다고 하더라.
A: 네 반응은?
B: 아무 말도 하지 않았어.

단어정리

有 yǒu(여우): 있다
没有 méiyǒu(메이여우): 없다, ~하지 않았다
什么 shénme(선머): 무엇, 어떤
反應 fǎnyìng(판잉): 반응
说 shuō(숴): 말하다
对不起 duìbuqǐ(뛔이뿌치): 미안하다
给 gěi(게이): 주다, ~에게
打 dǎ(다): 때리다, 전화를 걸다
电话 diànhuà(띠엔화): 전화

거짓말 16

'从~起'는 '~로부터'로 본문의 '从今天起'는 '오늘부터'입니다. 또 '让+사람+生气'는 '~를 화나게 하다'입니다.

A: 我再也不说谎了。
Wǒ zài yě bù shuō huǎng le.

从今天起不再让你生气了。
Cóng jīn tiān qǐ bú zài ràng nǐ shēng qì le.

B: 真的吗?
Zhēn de ma?

谎言是会被拆穿的。
Huǎng yán shì huì bèi chāi chuān de.

A: 다시는 거짓말하지 않을게요.
오늘부터 다시는 당신을 화나도록 하지 않을게요.

B: 정말이죠? 거짓말은 들통 나기 마련이랍니다.

단어정리

再 zài(짜이): 또
说谎 shuōhuǎng(숴황): 거짓말하다
今天 jīntiān(찐티엔): 오늘
让 ràng(랑): ~로 하여금
生气 shēngqì(성치): 화나다
真的 zhēnde(쩐떠): 정말로
谎言 huǎngyán(황이엔): 거짓말
会 huì(회이): ~할 것이다
被 bèi(뻬이): ~에게
拆穿 chāichuān(차이촨): 폭로하다

17 망설이다

'동사+好了'는 어떤 동작이 완성되었음을 말합니다.
본문의 '决定好了'는 '결정을 내렸음'을 의미합니다.

A: 你决定好了吗?
Nǐ jué dìng hǎo le ma?

B: 我还不知道。
Wǒ hái bù zhī dào.

A: 别再犹豫了。
Bié zài yóu yù le.

明天和我一起去吧。
Míng tiān hé wǒ yì qǐ qù ba.

A: 결정했니?
B: 아직 잘 모르겠어.
A: 더 이상 고민하지 말고 내일 나랑 같이 가자.

단어정리

决定 juédìng(쥐에띵): 결정하다
好 hǎo(하오): 좋다
还 hái(하이): 아직
知道 zhīdào(즈따오): 알다
别 bié(삐에): ~하지 마라
再 zài(짜이): 또
犹豫 yóuyù(여우위): 망설이다
明天 míngtiān(밍티엔): 내일
和 hé(흐어): ~와
一起 yìqǐ(이치): 함께, 같이
去 qù(취): 가다

실망 18

'对+사람+很失望'은 '~에게 굉장히 실망하다'입니다. 또 '~吧'는 권유의 뜻을 나타냅니다.

A: 我对你很失望。
Wǒ duì nǐ hěn shī wàng.

B: 请你原谅我吧。
Qǐng nǐ yuán liàng wǒ ba.

刚才我是一时冲动,
Gāng cái wǒ shì yì shí chōng dòng,

失去了理性。
shī qù le lǐ xìng.

A: 너한테 실망이야.

B: 용서해 줘. 아까는 내가 순간적으로 흥분해서 이성을 잃었어.

단어정리

对 duì(뚸이): ~에 대해
很 hěn(헌): 매우
失望 shīwàng(스왕): 실망하다
请 qǐng(칭): 간청하다
原谅 yuánliàng(위엔량): 용서하다
刚才 gāngcái(깡차이): 방금
一时 yìshí(이스): 순간적으로
冲动 chōngdòng(충뚱): 충동적이다
失去 shīqù(스취): 잃다
了 le(러): ~했다
理性 lǐxìng(리씽): 이성

19 경 험

‘就要~了’는 ‘곧 ~하려 하다’로 ‘就要结婚了’는 ‘곧 결혼하다’입니다.

또 ‘类似的经验’은 ‘유사한 경험’입니다.

A: 明天就要结婚了。
Míng tiān jiù yào jié hūn le.

感觉怎么样?
Gǎn jué zěn me yàng?

B: 我现在的感情很复杂。
Wǒ xiàn zài de gǎn qíng hěn fù zá

你也有类似的经验吗?
Nǐ yě yǒu lèi sì de jīng yàn ma?

A: 내일이면 결혼을 하는데 느낌이 어때?

B: 지금 마음이 아주 복잡해. 너도 비슷한 경험을 한 적 있니?

단어정리

明天 míngtiān(밍티엔): 내일
就要 jiùyào(쪄우야오): 곧~하다
结婚 jiéhūn(찌에훈): 결혼하다
感觉 gǎnjué(간쮜에): 느낌, 느끼다
怎么样 zěnmeyàng(쩐머양): 어때
现在 xiànzài(씨엔짜이): 지금
感情 gǎnqíng(깐칭): 느낌, 마음
复杂 fùzá(푸자): 복잡하다
类似 lèisì(레이쓰): 비슷하다
经验 jīngyàn(찡옌): 경험

반하다 20

'碰到'는 '길에서 우연히 마주치는 것'을 말합니다. 또 '看上+사람'은 '~에게 반하다'입니다.

A: 他的为人怎么样?
Tā de wéi rén zěn me yàng?

B: 你说谁啊?
Nǐ shuō shéi a?

A: 昨天在路上碰到的那个人。
Zuó tiān zài lù shang pèng dào de nà ge rén.

B: 怎么? 你看上他了吗?
Zěn me? Nǐ kàn shang tā le ma?

A: 그 사람 됨됨이는 어때?
B: 누구 말하는 거야?
A: 어제 길에서 만난 그 사람 말이야.
B: 왜? 그 사람한테 반했니?

단어정리

为人 wéirén(웨이런): 사람됨
怎么样 zěnmeyàng(쩐머양): 어때
说 shuō(숴): 말하다
谁 shéi(세이): 누구
昨天 zuótiān(줘티엔): 어제
路 lù(루): 길
上 shang(상): 위
碰 pèng(펑): 부딪히다
那个人 nàgerén(나거런): 그 사람
看上 kànshang(칸상): 반하다

21 말다툼

'跟+사람+吵架'는 '~와 싸우다'라는 말이고 '又~了'는 또 다시 어떤 일을 반복해서 한 것을 나타냅니다.

A: 你们怎么不说话?
Nǐ men zěn me bù shuō huà?

B: 昨天我跟他吵架了。
Zuó tiān wǒ gēn tā chǎo jià le.

A: 怎么又吵架了?
Zěn me yòu chǎo jià le?

B: 他说我不懂事。
Tā shuō wǒ bù dǒng shì.

A: 너희들 왜 말을 안 해?
B: 나 어제 저 사람이랑 싸웠어.
A: 왜 또 싸웠어?
B: 나보고 철이 없대.

단어정리

怎么 zěnme(쩐머): 어째서
不 bù(뿌): 아니다
说 shuō(숴): 말하다
话 huà(화): 말
昨天 zuótiān(줘티엔): 어제
跟 gēn(껀): ~와(과)
吵架 chǎojià(차오쨔): 말다툼하다
又 yòu(여우): 또
懂 dǒng(또옹): 이해하다
事 shì(스): 일

복 잡 22

친구에게 고민거리를 털어놓는 한 친구의 이야기입니다. '为什么'는 '어째서, 왜'입니다.

A: 她为什么讨厌我呢?
Tā wèi shén me tǎo yàn wǒ ne?

B: 人与人的关系很复杂。
Rén yǔ rén de guān xi hěn fù zá.

我想她是嫉妒你。
Wǒ xiǎng tā shì jí dù nǐ.

你就别管她。
Nǐ jiù bié guǎn tā.

A: 재는 왜 나를 싫어하는 걸까?
B: 사람하고 사람 관계가 복잡하잖아.
내 생각에는 너를 질투하는 것 같아. 그냥 신경 쓰지 마.

단어정리

她 tā(타): 그녀
讨厌 tǎoyàn(타오옌): 싫어하다
人 rén(런): 사람
与 yǔ(위): ~과
的 de(떠): ~한, ~의
关系 guānxi(꽌씨): 관계
复杂 fùzá(푸자): 복잡하다
想 xiǎng(샹): 생각하다
嫉妒 jídù(찌뚜): 질투하다
别 bié(삐에): ~하지마라
管 guǎn(꽌): 상관하다

23 미안해!

너무 놀란 나머지 친구에게 버럭 소리를 지른 한 남자의 이야기를 들어봅니다.

A: 我真对不起你。
Wǒ zhēn duì bu qǐ nǐ.

B: 你对不起我什么?
Nǐ duì bu qǐ wǒ shén me?

A: 刚才我对你大喊,
Gāng cái wǒ duì nǐ dà hǎn,

我真的是被吓到了。
wǒ zhēn de shì bèi xià dào le.

A: 미안해 정말.
B: 뭐가 미안한데?
A: 아까 너한테 소리 질러서, 나 정말 너무 놀랐거든.

단어정리

真[的] zhēn[de](쩐떠): 정말로	喊 hǎn(한): 소리 지르다
对不起 duìbuqǐ(뛔이뿌치): 미안하다	是 shì(스): ~이다
什么 shénme(선머): 무엇	被 bèi(뻬이): ~에 의해
刚才 gāngcái(깡차이): 방금	吓 xià(쌰): 놀라다
对 duì(뛔이): ~에 대해	到 dào(따오): ~에 이르다
大 dà(따): 크다	

무표정 24

냉랭한 애인의 태도에 불안해하는 한 여성의 이야기입니다.
'面无表情'은 '무표정'입니다.

A: 你怎么不说话?
Nǐ zěn me bù shuō huà?

B: 我正看足球比赛呢。
Wǒ zhèng kàn zú qiú bǐ sài ne.

A: 你为什么面无表情?
Nǐ wèi shén me miàn wú biǎo qíng?

你不开心吗?
Nǐ bù kāi xīn ma?

A: 왜 말을 안 해?
B: 나 지금 축구경기 보는 중이야.
A: 어째서 무표정이야? 기분 나빠?

단어정리

怎么 zěnme(쩐머): 왜
说 shuō(숴): 말하다
话 huà(화): 말
正 zhèng(쩡): ~하는 중이다
看 kàn(칸): 보다
足球 zúqiú(주쳐우): 축구
比赛 bǐsài(비싸이): 경기
为什么 wèishénme(웨이선머): 왜
面 miàn(미엔): 얼굴
无 wú(우): 없다
表情 biǎoqíng(뱌오칭): 표정
开心 kāixīn(카이신): 기쁘다

25 위 로

우울해 하는 친구를 위로하는 동료의 이야기 들어봅니다.
'太~了'는 '너무 ~하다'입니다.

A: 心情好多了没有?
Xīn qíng hǎo duō le méi yǒu?

B: 好多了。
Hǎo duō le.

A: 不要太难过了。
Bú yào tài nán guò le.

顺起自然。
shùn qí zì rán.

A: 기분이 많이 좋아졌어?
B: 많이 좋아졌어.
A: 너무 속상해 하지 마. 모든 것을 물 흐르는 대로 따라야지 뭐.

단어정리

心情 xīnqíng(신칭): 기분
好 hǎo(하오): 좋다
多 duō(뚸): 많다
没有 méiyǒu(메이여우): ~않았다
不要 búyào(부야오): ~하지 마라
难过 nánguò(난꿔): 슬프다
一切 yíqiè(이치에): 모든 것
都 dōu(떠우): 모두
顺 shùn(쑨): 따르다
自然 zìrán(쯔란): 자연
吧 ba(빠): ~해라

근심 26

걱정거리가 많은 한 사람의 이야기를 들어봅니다. '心事忡忡'은 '걱정이 태산 같다'는 뜻입니다.

A: 你怎么不说话?
Nǐ zěn me bù shuō huà?

今天心情不好吗?
Jīn tiān xīn qíng bù hǎo ma?

B: 其实我心事忡忡。
Qí shí wǒ xīn shì chōng chōng.

A: 是感情问题吗?
Shì gǎn qíng wèn tí ma?

A: 왜 말을 안 해? 오늘 기분이 별로인가 봐?
B: 사실 내가 걱정이 많아.
A: 사랑 문제야?

단어정리

怎么 zěnme(쩐머): 어째서
说话 shuōhuà(숴화): 말을 하다
今天 jīntiān(찐티엔): 오늘
心情 xīnqíng(신칭): 기분
好 hǎo(하오): 좋다
其实 qíshí(치스): 사실은
心事 xīnshì(신스): 걱정
忡忡 chōngchōng(총총): 근심[걱정]하는 모양
感情 gǎnqíng(간칭): 감정, 사랑
问题 wèntí(원티): 문제

27 매 너

서로 말다툼을 하고 있는 두 사람의 이야기입니다. '连~也没有'는 '~조차도 없다'는 뜻입니다.

A: 你怎么这样说话?
Nǐ zěn me zhè yàng shuō huà?

B: 我怎么了?
Wǒ zěn me le?

A: 说话真是没水平。
Shuō huà zhēn shì méi shuǐ píng.

连一点基本的风度也没有。
Lián yì diǎn jī běn de fēng dù yě méi yǒu.

A: 무슨 말씀을 그렇게 하세요?
B: 제가 뭘요?
A: 말하는 게 정말 수준 없으시네요. 기본적인 매너도 없고요.

단어정리

怎么 zěnme(쩐머): 왜
这样 zhèyàng(쯔어양): 이처럼
说话 shuōhuà(숴화): 말을 하다
真是 zhēnshì(쩐스): 정말로
没[有] méi[yǒu](메이여우): 없다
水平 shuǐpíng(쉐이핑): 수준
一点 yìdiǎn(이띠엔): 조금, 약간
基本 jīběn(찌뻔): 기본
的 de(떠): ~한
风度 fēngdù(펑뚜): 풍격
也 yě(예): ~도

의심 28

의심으로 인해 말다툼을 벌이게 된 연인의 이야기입니다. '发脾气'는 '신경질을 내다'라는 뜻입니다.

A: 你发脾气干吗?
Nǐ fā pí qì gàn má?

B: 我能不生气吗?
Wǒ néng bù shēng qì ma?

我说了多少次了。
Wǒ shuō le duō shao cì le.

你怎么不相信我呢?
Nǐ zěn me bù xiāng xìn wǒ ne?

A: 왜 신경질을 내고 그래?
B: 내가 화 안 나게 됐어? 몇 번을 말했는데 왜 나를 안 믿어?

단어정리

发 fā(파): 발사하다, 쏘다
脾气 píqì(피치): 신경질
干吗 gànmá(깐마): 왜
能 néng(넝): ~할 수 있다
不 bù(뿌): 아니다
生气 shēngqì(성치): 화나다
说 shuō(숴): 말하다
多少 duōshao(뚸사오): 얼마
次 cì(츠): 번
怎么 zěnme(쩐머): 어째서
相信 xiāngxìn(샹씬): 믿다

29 좀스럽다

사소한 일에도 반드시 따지고 넘어가는 동료의 이야기입니다.
'斤斤计较'는 '지나치게 좀스럽다'는 뜻입니다.

A: 我觉得她变了。
Wǒ jué de tā biàn le.

她结婚以前没那么计较,
Tā jié hūn yǐ qián méi nà me jì jiào,

现在一点小事也斤斤计较。
xiàn zài yì diǎnr xiǎo shì yě jīn jīn jì jiào.

B: 好啦! 别再说了。
Hǎo la! Bié zài shuō le.

A: 걔 좀 변한 것 같아.
결혼 전에는 저렇게 안 따졌는데, 지금은 사소한 일도 걸고 넘어진다.

B: 됐어! 그만 좀 해.

단어정리

觉得 juéde(쥐에떠): 느끼다
变 biàn(삐엔): 변하다
结婚 jiéhūn(지에훈): 결혼하다
以前 yǐqián(이치엔): 예전에
那么 nàme(나머): 그토록
计较 jìjiào(찌쟈오): 따지다
现在 xiànzài(씨엔짜이): 지금
小事 xiǎoshi(샤오스): 작은 일
别 bié(삐에): ~하지 마라
说 shuō(숴): 말하다

험담 30

두 사람 사이를 갈라놓으려는 동료의 이야기입니다.
'只是~而已'는 '단지 ~일 뿐이다'라는 뜻입니다.

A: 你不在的时候,
Nǐ bú zài de shí hou,

他总是说你的坏话。
tā zǒng shì shuō nǐ de huài huà.

B: 你这样传话就不对了。
Nǐ zhè yàng chuán huà jiù bú duì le.

A: 我只是告诉你而已。
Wǒ zhǐ shì gào su nǐ ér yǐ.

A: 너만 없으면 저 사람 늘 너의 험담을 해.
B: 이렇게 말을 전하면 안 되지.
A: 그냥 알려주려는 거야.

단어정리

在 zài(짜이): 있다
的时候 deshíhou(떠스허우): ~할 때
总是 zǒngshì(종스): 늘
说 shuō(숴): 말하다
坏话 huàihuà(화이화): 험담
这样 zhèyàng(쯔어양): 이처럼
传话 chuánhuà(촨화): 말을 전하다
对 duì(뛔이): 옳다
只是 zhǐshì(즈스): 단지
告诉 gàosu(까우수): 알려주다

31 짜증

애인의 성화로 바쁜데도 자동차로 애인을 데리러 간 남자의 이야기입니다.

'烦死了'는 '짜증나다'입니다.

A: 真叫人烦死了。
Zhēn jiào rén fán sǐ le.

忙都忙得要命,
Máng dōu máng de yào mìng,

还叫我跑来跑去的?
hái jiào wǒ pǎo lái pǎo qù de?

B: 真不好意思。
Zhēn bù hǎo yìsi.

A: 정말 짜증나 죽겠네. 바빠 죽겠는데 사람을 왔다 갔다 하게 만들어야겠어?

B: 정말 미안해.

단어정리

真 zhēn(찐): 정말로
叫 jiào(쨔오): ~하게 하다
忙 máng(망): 바쁘다
都 dōu(떠우): 모두
要命 yàomìng(야오밍): 심하다
还 hái(하이): 또, 게다가
跑 pǎo(파오): 달리다
来 lái(라이): 오다
去 qù(취): 가다
意思 yìsi(이스): 뜻

자존심 32

동료의 말에 마음 상한 친구의 이야기입니다.
'伤+사람+自尊心'은 '~의 자존심을 상하게 하다'는 뜻입니다.

A: 他只是说说意见而已,
Tā zhǐ shì shuō shuo yì jiàn ér yǐ,

关键看你怎么想。
guān jiàn kàn nǐ zěn me xiǎng.

B: 他不应该这么说话,
Tā bù yīng gāi zhè me shuō huà.

这样太伤我自尊心了。
Zhè yàng tài shāng wǒ zì zūn xīn le.

A: 그 사람 그냥 자기 생각을 말한 거예요. 결정은 당신한테 달렸어요.

B: 그 사람 이렇게 말하면 안 되죠. 제 자존심을 건드린 거잖아요.

단어정리

意见 yìjiàn(이찌엔): 의견
只是 zhǐshì(즈스): 단지
而已 éryǐ(얼이): ~만, ~뿐
关键 guānjiàn(꽌찌엔): 관건
想 xiǎng(샹): 생각하다
应该 yīnggāi(잉까이): 마땅히
这么 zhème(쯔어머): 이토록
这样 zhèyàng(쯔어양): 이렇게 하다
太~了 tài~le(타이~러): 너무 ~하다
自尊心 zìzūnxīn(쯔 쭌 씬): 자존심

33 심술

이유 없이 화를 내는 친구의 이야기입니다.
'惹+사람+生气'는 '~를 화나게 만들다'라는 뜻입니다.

A: 你怎么发脾气呢?
Nǐ zěn me fā pí qì ne?

我做了什么事惹你生气了?
Wǒ zuò le shén me shì rě nǐ shēng qì le?

B: 没有。
Méi yǒu.

我不是在生你的气。
Wǒ bú shì zài shēng nǐ de qì.

A: 왜 신경질을 내니? 내가 뭐 너 화나게 했어?
B: 아니야. 너 때문에 화난 거 아니야.

단어정리

怎么 zěnme(쩐머): 왜
发 fā(파): 내다
脾气 píqì(피치): 신경질
事 shì(스): 일
做 zuò(쭤): 하다
在 zài(짜이): ~하고 있는 중이다
惹 rě(르어): 일으키다
生气 shēngqì(성치): 화를 내다
不是 búshì(부스): 아니다
的 de(떠): ~의

감 동 34

어떤 사람의 말에 감동을 받아 눈물을 훌쩍이는 친구의 이야기입니다.

'太~了'는 '너무 ~하다'는 뜻입니다.

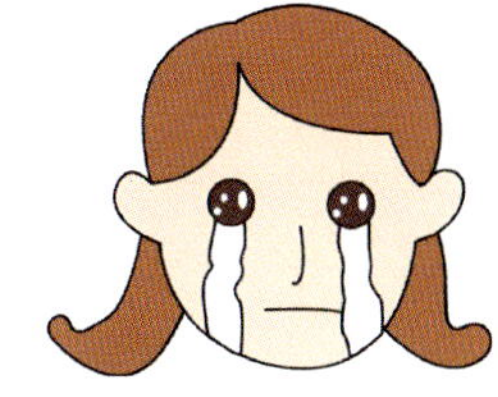

A: 你怎么突然哭了?
Nǐ zěn me tū rán kū le?

B: 他的话太感人了。
Tā de huà tài gǎn rén le.

你不觉得吗?
Nǐ bù jué de ma?

A: 我不觉得很感动。
Wǒ bù jué de hěn gǎn dòng.

A: 너 왜 갑자기 우니?

B: 저 사람 말이 너무 감동적이야. 그렇지 않니?

A: 난 감동적이지 않은 것 같은데.

단어정리

怎么 zěnme(쩐머): 왜
突然 tūrán(투란): 갑자기
哭 kū(쿠): 울다
了 le(러): 부드러운 어감을 나타냄
的 de(떠): ~한
话 huà(화): 말
感人 gǎnrén(간런): 감명을 주다
觉得 juéde(쥐에떠): 느끼다
感动 gǎndòng(간똥): 감동적이다

35 시(詩)

시를 읽고 감동의 눈물을 흘리는 한 여성의 이야기입니다. '念给~'은 '~에게 읽어주다'라는 뜻입니다.

A: 你怎么哭了?
Nǐ zěn me kū le?

B: 我觉得这首诗写得好感人。
Wǒ jué de zhè shǒu shī xiěde hǎo gǎn rén.

A: 是什么诗?
Shì shén me shī?

念给我听听吧。
Niàn gěi wǒ tīng ting ba.

A: 왜 울어?
B: 이 시 너무 감동적인 것 같아.
A: 무슨 시인데? 한번 읽어봐.

단어정리

怎么 zěnme(쩐머): 왜
哭 kū(쿠): 울다
觉得 juéde(쥐에떠): 느끼다
这 zhè(쯔어): 이
首 shǒu(서우): 수[시를 세는 단위]
诗 shī(스): 시
写 xiě(씨에): 쓰다
好 hǎo(하오): 매우
感人 gǎnrén(간런): 감동적이다
听 tīng(팅): 듣다

고 집 36

친구에게 고집이 세다고 말하는 친구의 이야기입니다.
본문의 '牛脾气'는 '소고집'이라는 뜻입니다.

A: 你这个牛脾气。
Nǐ zhè ge niú pí qì.

B: 我怎么了?
Wǒ zěn me le?

A: 你呀!
Nǐ yā!

脾气倔强,不容易改变。
Pí qì jué jiàng, bù róng yi gǎi biàn.

A: 너는 정말 소고집이야.

B: 내가 뭘?

A: 너는 말이야! 고집 센 거는 정말 고치기 힘들어.

단어정리

这 zhè(쯔어): 이
个 ge(끄어): 개
脾气 píqì(피치): 성격, 성깔
我 wǒ(워): 나
怎么 zěnme(쩐머): 왜
倔强 juéjiàng(쥐에쨩): 고집이 세다
不 bù(뿌): 아니다
容易 róngyì(롱이): 쉽다
改变 gǎibiàn(가이삐엔): 변하다

37 배신감

친구에게 화가 나서 신경질을 부리는 사람의 이야기입니다.
'还是~'는 '~하는 편이 낫다'라는 뜻입니다.

A: 他怎么能这样对我?
Tā zěn me néng zhè yàng duì wǒ?

他难道忘了最困难时,
Tā nán dào wàng le zuì kùn nán shí,

是谁陪着他过来的吗?
shì shuí péi zhe tā guò lái de ma?

B: 你还是忍了吧。
Nǐ hái shì rěn le ba.

A: 재가 나한테 어떻게 이럴 수가 있지?
자기가 가장 힘들 때 누가 옆에 있었는지 잊었단 말이야?
B: 네가 참아라.

단어정리

能 néng(넝): 할 수 있다
这样 zhèyàng(쯔어양): 이렇게 [這樣]
对 duì(뛔이): 대하다[對]
难道 nándào(난따오): 설마[難]
忘 wàng(왕): 잊다
困难 kùnnán(쿤난): 어려움
陪 péi(페이): 동반하다
过来 guòlái(꿔라이): 건너오다[過來]
忍 rěn(런): 참다

믿음 38

친구에게 믿어달라고 변명을 늘어놓고 있는 사람의 이야기입니다.

'没有骗你'는 '당신을 속이지 않았다'라는 뜻입니다.

A: 我真的没有骗你。
Wǒ zhēn de méi yǒu piàn nǐ.
我对于以前的那些事情,
Wǒ duì yú yǐ qián de nà xiē shì qing,
早已忘记了。
zǎo yǐ wàng jì le.

B: 我还是不能相信你。
wǒ hái shì bù néng xiāng xìn nǐ.

A: 나 정말 너 안 속였어. 예전에 그 일들은 잊은 지 오래 됐단 말이야.

B: 난 그래도 너를 믿지 못하겠어.

단어정리

真的 zhēnde(쩐더): 정말로
对于 duìyú(뛔이위): ~에 대해 [對於]
以前 yǐqián(이치엔): 예전에
那些 nàxiē(나시에): 그것들
事情 shìqing(스칭): 일
早已 zǎoyǐ(자오이): 진작
忘记 wàngjì(왕찌): 잊다[記]
还是 háishì(하이스): 여전히[還]
相信 xiāngxìn(샹씬): 믿다

39 기 회

친구에게 기회를 달라고 간청하는 사람의 이야기입니다.
본문의 '请你相信我'는 '제발 나를 믿어주세요'라는 뜻입니다.

A: 因为我以前经常骗你,
Yīn wèi wǒ yǐ qián jīng cháng piàn nǐ,

我知道你不信我,
wǒ zhī dào nǐ bù xìn wǒ,

但是这一次请你相信我。
dàn shì zhè yí cì qǐng nǐ xiāng xìn wǒ.

B: 再给你一次机会。
Zài gěi nǐ yí cì jī huì.

A: 내가 예전에 너를 자주 속여서
네가 날 안 믿는 다는 걸 알아.
하지만 이번에는 제발 믿어줘.
B: 기회를 한 번 더 줄게.

단어정리

因为 yīnwèi(인웨이): ~때문에[爲]
以前 yǐqián(이치엔): 예전에
经常 jīngcháng(징창): 자주[經]
知道 zhīdào(즈따오): 알다
但是 dànshì(딴스): 그러나
再 zài(짜이): 또
给 gěi(게이): 주다[給]
一次 yícì(이츠): 한번
机会 jīhuì(찌훼이): 기회[機會]

걱 정 40

친구를 걱정하는 사람의 이야기입니다.
본문의 '知不知道'는 '알고 있습니까?'라는 뜻입니다.

A: 你最近怎么了?
Nǐ zuì jìn zěn me le?

为什么心情不好?
Wèi shén me xīn qíng bù hǎo?

B: 没有啊。
Méi yǒu a.

A: 你知不知道我很担心?
Nǐ zhī bu zhī dào wǒ hěn dān xīn?

A: 너 요즘 왜 그래? 왜 기분이 안 좋아?
B: 아니야!
A: 내가 걱정하고 있는 거 알아?

단어정리

最近 zuìjìn(쮜이찐): 최근
为什么 wèishénme(웨이선머): 왜, 어째서[爲什麽]
心情 xīnqíng(씬칭): 기분
好 hǎo(하오): 좋다
没有 méiyǒu(메이여우): 없다, ~하지 않았다
知道 zhīdào(즈따오): 알다
很 hěn(헌): 매우
担心 dānxīn(딴씬): 걱정하다[擔]

41 대 화

친구와 대화를 나누고 마음이 훨씬 가벼워진 사람의 이야기입니다.

'好多了'는 '많이 좋아졌다'라는 의미입니다.

A: 跟你谈谈后,
Gēn nǐ tán tan hòu,

现在感觉心情好多了。
xiàn zài gǎn jué xīn qing hǎo duō le.

今天太谢谢你了。
Jīn tiān tài xiè xie nǐ le.

B: 下次再谈!
Xià cì zài tán!

A: 너랑 얘기를 하니까 지금 마음이 훨씬 좋아졌어.
오늘 정말 고마워.

B: 다음에 또 얘기하자!

단어정리

跟 gēn(껀): ~와
谈 tán(탄): 이야기하다[談]
后 hòu(허우): ~한 뒤에[後]
现在 xiànzài(씨엔짜이): 지금[現]
感觉 gǎnjué(깐쮜에): 느끼다[覺]
心情 xīnqing(씬칭): 기분
今天 jīntiān(찐티엔): 오늘
太 tài(타이): 너무
下次 xiàcì(쌰츠): 다음번

분위기 42

분위기 메이커인 동료를 부러워하는 친구의 이야기입니다.
'搞气氛'은 '유쾌한 분위기를 조성하다'라는 뜻입니다.

A: 我真羡慕你。
Wǒ zhēn xiàn mù nǐ.

B: 有什么好羡慕的?
Yǒu shén me hǎo xiàn mù de?

A: 你风趣幽默,
Nǐ fēng qù yōu mò,

很会搞气氛。
hěn huì gǎo qì fen.

A: 난 네가 정말 부러워.
B: 부러울 게 뭐가 있다고?
A: 넌 유머러스해서 분위기 메이커잖아.

단어정리

真 zhēn(쩐): 정말로
羡慕 xiànmù(씨엔무): 부러워하다
好 hǎo(하오): 좋다
风趣 fēngqù(펑취): 재미있다
幽默 yōumò(여우뭐): 유머러스하다
很 hěn(헌): 매우
会 huì(훼이): 할 줄 알다[會]
搞 gǎo(까오): 하다
气氛 qìfen(치펀): 분위기[氣]

43 내 숭

내숭을 떠는 사람에 대해 두 친구가 나누는 대화 내용입니다. 본문의 '做作'는 '말이나 행동이 자연스럽지 않고 진실하지 않은 것'을 의미합니다.

A: 我最讨厌做作的人。
Wǒ zuì tǎo yàn zuò zuò de rén.

B: 你怎么知道他做作呢?
Nǐ zěn me zhī dào tā zuò zuò ne?

A: 我认人很准的,
Wǒ rèn rén hěn zhǔn de,

一眼就能看出来。
yì yǎn jiù néng kàn chū lái.

A: 난 가식적인 인간이 제일 싫어.
B: 그 사람이 가식적인지 어떻게 알아?
A: 내가 사람 잘 보거든. 척 보면 알아.

단어정리

讨厌 tǎoyàn(타오옌): 싫어하다 [討厭]
知道 zhīdào(즈따오): 알다[道]
认人 rènrén(런런): 사람을 알아 보다[認]
很 hěn(헌): 매우
准 zhǔn(쥔): 정확하다[準]
一眼 yìyǎn(이옌): 한눈에
能 néng(넝): 할 수 있다
看出来 kànchūlái(칸추라이): 알아 보다

얼굴에 점이 있어 고민하고 있는 친구의 이야기입니다.
본문의 '有魅力'는 '매력이 있다'라는 뜻입니다.

A: 我觉得你眼下面的痣
Wǒ jué de nǐ yǎn xià miàn de zhì

很有魅力。
hěn yǒu mèi lì.

B: 我不喜欢。
Wǒ bù xǐ huan.

真想把痣点掉。
Zhēn xiǎng bǎ zhì diǎn diào.

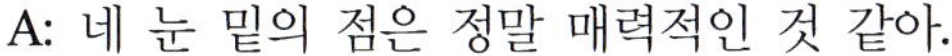

A: 네 눈 밑의 점은 정말 매력적인 것 같아.
B: 난 싫은데. 레이저로 지지고 싶어 정말.

단어정리

觉得 juéde(쥐에떠): 느끼다[覺]
眼 yǎn(옌): 눈
下面 xiàmiàn(샤미엔): 아래
喜欢 xǐhuan(씨환): 좋아하다[歡]
真 zhēn(쩐): 정말로
想 xiǎng(샹): ~하고 싶다
痣 zhì(쯔): 점
点 diǎn(띠엔): 불을 붙이다[點]
掉 diào(땨오): 버리다

45 감정세계

깊은 사랑에 빠진 친구의 이야기입니다.

'在~里'는 '~안에서', '并不重要'는 '결코 중요하지 않다'라는 뜻입니다.

A: 爱一个人需要理由吗?
Ài yí ge rén xū yào lǐ yóu ma?

B: 在男女的感情世界里,
Zài nán nǚ de gǎn qíng shì jiè lǐ,

"理由"并不重要,
" lǐ yóu" bìng bù zhòng yào,

刹那间的感觉最重要。
chà nà jiān de gǎn jué zuì zhòng yào.

A: 누군가를 사랑하는 데 이유가 필요한가요?

B: 남녀의 감정세계에서는 '이유'란 결코 중요하지 않아. 순간의 감정이 가장 중요해.

단어정리

爱 ài(아이): 사랑하다[愛]
需要 xūyào(쉬야오): 필요하다
理由 lǐyóu(리여우): 이유
感情 gǎnqíng(깐칭): 감정
世界 shìjiè(스찌에): 세계
重要 zhòngyào(쭝야오): 중요하다
刹那 chànà(차나): 순간
最 zuì(쬐이): 가장

후 회 46

친구에게 사과하는 사람의 이야기입니다.
'向+사람+道歉'은 '~에게 사과하다'라는 뜻입니다.

A: 我想向你道歉,
Wǒ xiǎng xiàng nǐ dào qiàn.

我感到惭愧。
wǒ gǎn dào cán kuì.

B: 这些事情都过去了,
Zhè xiē shì qing dōu guò qù le,

不要再提起了。
bú yào zài tí qǐ le.

A: 너에게 사과하고 싶어. 후회하고 있어.
B: 다 지나간 일들인데 뭐. 더 이상 들추어내지 말자.

단어정리

想 xiǎng(상): ~하고 싶다
道歉 dàoqiàn(따오치엔): 사과하다
感到 gǎndào(간따오): 느끼다
惭愧 cánkuì(찬쾌이): 후회하다[慚]
些 xiē(씨에): 조금
事情 shìqing(스칭): 일
过去 guòqù(꿔취): 지나가다[過]
再 zài(짜이): 다시
提起 tíqǐ(티치): 언급하다

47 잊다

기분 나쁜 일을 금방 잊어버리는 친구의 이야기입니다.
본문의 '心情不好'는 '기분이 나쁘다'라는 뜻입니다.

A: 我很少会心情不好,
Wǒ hěn shǎo huì xīn qíng bù hǎo,

即使有也很容易就忘了。
jí shǐ yǒu yě hěn róng yi jiù wàng le.

B: 这怎么行呢?
Zhè zěn me xíng ne?

我绝对不行。
wǒ jué duì bù xíng.

A: 나는 웬만해서는 기분이 나쁘지 않아.
기분이 나빠도 금방 잊어버려.

B: 그게 어떻게 가능해? 난 절대 불가능해.

단어정리

少 shǎo(사오): 적다
会 huì(회이): 할 수 있다[會]
即使 jíshǐ(지스): 설사 ~할지라도
有 yǒu(여우): 가지고 있다
容易 róngyi(롱이): 쉽다
忘 wàng(왕): 잊다
怎么 zěnme(쩐머): 어째서[麽]
绝对 juéduì(쥐에뛔이): 절대[絕對]
行 xíng(싱): 괜찮다

힘들다 48

요즘 들어 자주 신경질을 부리는 동료의 이야기입니다.
본문의 '动不动'은 '걸핏하면'이라는 뜻입니다.

A: 他最近很奇怪。
Tā zuì jìn hěn qí guài.

B: 怎么了？
Zěn me le?

A: 动不动就生气，
Dòng bu dòng jiù shēng qì,

难相处。
nán xiāng chǔ.

A: 저 사람 요즘 이상해.
B: 왜?
A: 걸핏하면 화를 내서 잘 지내기 힘들어.

단어정리

最近 zuìjìn(쮀이찐): 최근
很 hěn(헌): 아주
奇怪 qíguài(치꽈이): 이상하다
怎么 zěnme(쩐머): 왜[麽]
就 jiù(쪄우): 곧
生气 shēngqì(성치): 화를 내다[氣]
难 nán(난): 어렵다[難]
相处 xiāngchǔ(샹추): 어울리다[處]

49 변덕

기분이 나빴다가 좋아진 친구의 이야기입니다.
본문의 '好多了'는 '많이 좋아졌다'라는 뜻입니다.

A: 心情好多了吗?
Xīn qíng hǎo duō le ma?

B: 心情好了许多。
Xīn qíng hǎo le xǔ duō.

刚才和丈夫通了电话之后
Gāng cái hé zhàng fu tōng le diàn huà zhī hòu

心情好多了。
xīn qíng hǎo duō le.

A: 기분이 좋아졌어?
B: 기분이 많이 좋아졌어.
방금 남편하고 통화하고 나서 기분이 좋아졌어.

단어정리

心情 xīnqíng(씬칭): 기분
多 duō(뚜어): 많다
许多 xǔduō(쉬뚜어): 많다[許]
刚才 gāngcái(깡차이): 방금[剛]
和 hé(흐어): ~와
丈夫 zhàngfu(짱푸): 남편
通 tōng(통): 통하다
电话 diànhuà(띠엔화): 전화[電話]
之后 zhīhòu(즈허우): 뒤에[後]

변 심 50

예전과 같지 않은 애인의 태도에 불만은 품은 연인의 이야기입니다.

본문의 '再怎么生气'는 '아무리 화를 내도'라는 뜻입니다.

A: 你怎么老和我发脾气?
Nǐ zěn me lǎo hé wǒ fā pí qì?

B: 以前我再怎么生气,
Yǐ qián wǒ zài zěn me shēng qì,

你都是笑嘻嘻的。
nǐ dōu shì xiào xī xī de.

现在你变了。
Xiàn zài nǐ biàn le.

A: 왜 자꾸 나한테 신경질을 내?

B: 전에는 내가 아무리 화를 내도 싱글싱글 웃더니.
이젠 너도 변했구나.

단어정리

老 lǎo(라오): 늘, 항상

发脾气 fāpíqì(파피치): 신경질을 내다[發脾氣]

以前 yǐqián(이치엔): 예전에

生气 shēngqì(성치): 화를 내다[氣]

都 dōu(떠우): 모두

笑嘻嘻 xiàoxīxī(쌰오시시): 희희 거리다

现在 xiànzài(씨엔짜이): 지금

变 biàn(삐엔): 변하다

Chinese

中國語會話

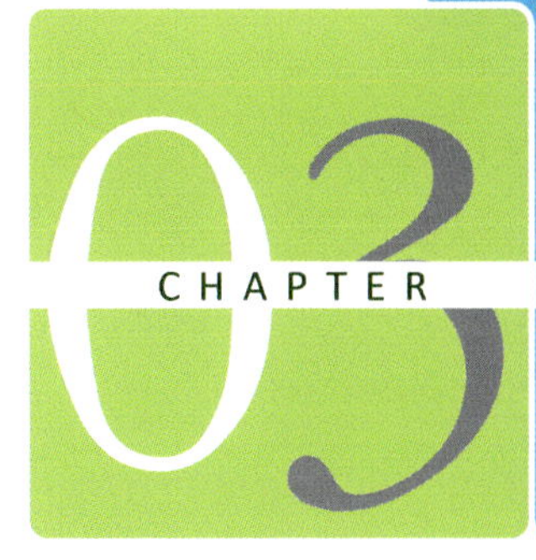

경제 / 금융

01 돈 부탁

'不好意思'는 '죄송합니다', '能不能~?'은 '~할 수 있습니까?'라는 뜻입니다.

'借给+사람+사물'은 '~에게 …을 빌려주다'라는 의미를 갖습니다.

A: 什么要求啊?
Shén me yāo qiú a?

B: 真不好意思。
Zhēn bù hǎo yì si.

你能不能借给我二十万?
Nǐ néng bu néng jiè gěi wǒ èr shí wàn?

A: 你跟我借那么多钱干吗?
Wǒ gēn wǒ jiè nà me duō qán gàn má?

A: 무슨 부탁인데?
B: 정말 미안한데 나한테 이십만 원 빌려줄 수 있니?
A: 나한테 그렇게 많은 돈을 빌려서 뭐에 쓰게?

단어정리

什么 shénme(선머): 무엇
要求 yāoqiú(야오치우): 요구, 부탁
真 zhēn(쩐): 정말로
好 hǎo(하오): 좋다
意思 yìsi(이스): 뜻, 의미
借 jiè(찌에): 빌리다
万 wàn(완): 만
跟 gēn(껀): ~와
那么 nàme(나머): 그토록, 그처럼
多 duō(뚸): 많다
钱 qán(치엔): 돈
干吗 gànmá(깐마): 어째서, 왜

빌리다 02

'为什么'는 '왜', '어째서'라는 뜻으로 원인이나 목적을 묻는 표현입니다.

본문에서는 '무엇 때문인지'라는 뜻입니다.

또 '能不能~?'은 '~을 할 수 있나요?', '是不是~?'는 '~인가요?'라는 의미를 갖습니다.

A: 不要问我为什么。
Bú yào wèn wǒ wèi shén me.

你能不能借给我呢?
Nǐ néng bu néng jiè gěi wǒ ne?

B: 你是不是发生了什么事?
Nǐ shì bu shì fā shēng le shén me shì?

你现在需要吗?
Nǐ xiàn zài xū yào ma?

A: 왜냐고 이유는 묻지 말고, 나한테 빌려줄 수 있어?
B: 무슨 일이 있는 거니? 지금 필요한 거야?

단어정리

不要 búyào(부야오): ~하지 마라
问 wèn(원): 묻다
为什么 wèishénme(웨이선머): 왜
能 néng(넝): 할 수 있다
借 jiè(찌에): 빌리다
给 gěi(게이): 주다
发生 fāshēng(파성): 발생하다
什么 shénme(선머): 무엇
事 shì(스): 일
现在 xiànzài(씨엔짜이): 지금
需要 xūyào(쉬야오): 필요하다

03 은 행

'得děi(데이)~'는 '~해야 한다'라는 뜻입니다.

또 '숫자+点+以后再~'는 '~시 이후에 다시 ~을 하겠다'라는 의미로 쓰인 표현입니다.

A: 我得去银行取款。
Wǒ děi qù yín háng qǔ kuǎn.

B: 没关系。什么时候能给我呢?
Méi guān xi。 Shén me shí hou néng gěi wǒ ne?

A: 现在我不能出去。
Xiàn zài wǒ bù néng chū qù.

三点以后再给你打电话行吗?
Sān diǎn yǐ hòu zài gěi nǐ dǎ diàn huà xíng ma?

A: 내가 은행에 가야 하는데.

B: 괜찮아. 언제 나한테 줄 수 있어?

A: 지금은 내가 나갈 수가 없고, 3시 이후에 내가 너한테 전화를 해도 될까?

단어정리

银行 yínháng(인항): 은행
取款 qǔkuǎn(취콴): 돈을 인출하다
关系 guānxi(꽌씨): 관계
什么 shénme(선머): 무엇
时候 shíhou(스허우): 때
能 néng(넝): 할 수 있다
给 gěi(게이): 주다
现在 xiànzài(씨엔짜이): 지금
出去 chūqù(추취): 나가다
再 zài(짜이): 다시, 또
打电话 dǎdiànhuà(다띠엔화): 전화 걸다
行 xíng(싱): 괜찮다

구두쇠 04

본문의 '请你吃饭'은 '상대에게 식사를 한턱내다'이고 '请你喝(hē: 마시다)咖啡(kāfēi: 커피)'는 '상대에게 커피를 한잔 사는 것'을 말합니다.

A: 今天我请你吃饭。
Jīn tiān wǒ qǐng nǐ chī fàn.

B: 你这个吝啬鬼怎么搞的?
Nǐ zhège lìn sè guǐ zěn me gǎo de?

A: 今天我领薪水了。
Jīn tiān wǒ lǐng xīn shuǐ le.

走吧，今天好好吃一顿。
Zǒu ba, jīn tiān hǎo hāo chī yí dùn.

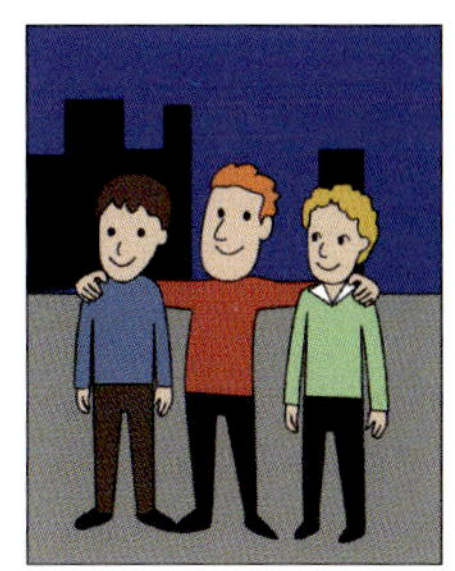

A: 오늘 내가 밥 살게.
B: 너 같은 구두쇠가 웬일이니?
A: 오늘 월급 탔거든, 가자! 가서 실컷 한번 먹어보자.

단어정리

今天 jīntiān(찐티엔): 오늘
请 qǐng(칭): 한턱내다
吃饭 chīfàn(츠판): 식사하다
吝啬 lìnsè(린쓰어): 인색하다
鬼 guǐ(궤이): 귀신
搞 gǎo(가오): 하다
领 lǐng(링): 수령하다
薪水 xīnshuǐ(신쉐이): 급료
走 zǒu(쩌우): 걷다
好 hǎo(하오): 좋다
一顿 yídùn(이뚜언): 한 끼 식사

05 신용카드

친구의 선물을 사기 위해 쇼핑에 나선 두 사람의 이야기입니다.

본문의 '包起来'는 '포장하다'입니다.

A: 我要买礼物送给我朋友。
Wǒ yào mǎi lǐ wù sòng gěi wǒ péng you.

B: 这个不错。
Zhè ge bú cuò.

A: 请帮我把这个包起来。
Qǐng bāng wǒ bǎ zhè ge bāo qǐ lái.

我可以用信用卡付帐吗?
Wǒ kě yǐ yòng xìn yòng kǎ fù zhàng ma?

A: 친구한테 줄 선물을 사야 해.
B: 이거 괜찮은데.
A: 이것 좀 포장해 주세요. 신용카드로 계산해도 되죠?

단어정리

买 mǎi(마이): 사다
礼物 lǐwù(리우): 선물
送给 sònggěi(쏭게이): 주다
朋友 péngyou(펑여우): 친구
不错 búcuò(부춰): 괜찮다
帮 bāng(빵): 돕다
这个 zhège(쯔어꺼): 이것
可以 kěyǐ(크어이): 할 수 있다
用 yòng(용): 사용하다
信用卡 xìnyòngkǎ(씬용카): 신용카드
付帐 fùzhàng(푸짱): 계산하다

대출 06

돈을 빌리려는 한 남자의 이야기 들어봅니다. '能不能~?'은 '~할 수 있습니까?'입니다.

A: 你能不能借我钱?
Nǐ néng bu néng jiè wǒ qián?

B: 你借钱干什么用呢?
Nǐ jiè qián gàn shén me yòng ne?

A: 我得还银行贷款。
Wǒ děi huán yín háng dài kuǎn.

B: 你需要多少钱?
Nǐ xū yào duō shao qián?

A: 나 돈 좀 꿔 줄 수 있어?
B: 돈을 빌려서 뭐에 쓰게?
A: 은행대출을 갚아야 하거든.
B: 얼마가 필요한데?

단어정리

能 néng(넝): ~할 수 있다
借 jiè(찌에): 빌리다
钱 qián(치엔): 돈
干 gàn(깐): 하다
用 yòng(용): 사용하다
得 děi(데이): ~해야 하다
还 huán(환): 돌려주다, 갚다
银行 yínháng(인항): 은행
贷款 dàikuǎn(따이콴): 대출
需要 xūyào(쉬야오): 필요하다
多少 duōshao(뚸사오): 얼마

07 의논

돈을 빌려달라는데 거절하는 두 사람의 대화입니다.

'商量商量'은 '의논(상의)을 좀 하다'이고 '给+사람+借钱'은 '~에게 돈을 빌려주다'입니다.

A: 你能给我借钱吗?
Nǐ néng gěi wǒ jiè qián ma?

B: 真对不起你。
Zhēn duì bu qǐ nǐ.

我不能自己决定。
Wǒ bù néng zì jǐ jué dìng.

A: 回去跟你太太商量商量吧。
Huí qù gēn nǐ tài tai shāng liang shāng liang ba.

A: 나한테 돈 좀 빌려줄 수 있어?
B: 정말 미안해. 나 혼자 결정할 수 없어.
A: 집에 가서 와이프와 상의해봐.

단어정리

给 gěi(게이): ~에게, 주다
借 jiè(찌에): 빌리다
钱 qián(치엔): 돈
真 zhēn(쩐): 정말로
能 néng(넝): ~할 수 있다
自己 zìjǐ(쯔지): 스스로
决定 juédìng(쮜에띵): 결정하다
回去 huíqù(회이취): 돌아가다
跟 gēn(껀): ~와
太太 tàitai(타이타이): 부인, 아내
商量 shāngliang(상량): 상의하다

전셋집 08

전셋집을 구하는 사람의 이야기입니다. '下(个)星期'는 '다음 주'를 말합니다.

A: 你出租房子吗?
Nǐ chū zū fáng zi ma?

我想租房。
Wǒ xiǎng zū fáng.

我能下星期搬进来吗?
Wǒ néng xià xīng qī bān jìn lái ma?

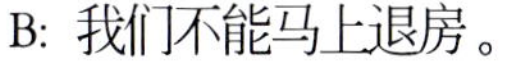
B: 我们不能马上退房。
Wǒ men bù néng mǎ shàng tuì fáng.

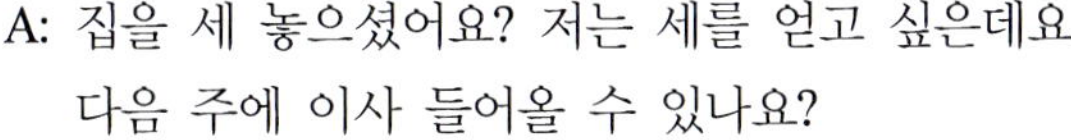
A: 집을 세 놓으셨어요? 저는 세를 얻고 싶은데요.
다음 주에 이사 들어올 수 있나요?
B: 금방 집을 비울 수는 없어요.

단어정리

出租 chūzū(추주): 세놓다	搬 bān(빤): 이사하다
房子 fángzi(팡쯔): 집	进来 jìnlái(찐라이): 들어오다
想 xiǎng(샹): ~하고 싶다	马上 mǎshàng(마샹): 금방
租房 zūfáng(쭈팡): 세를 얻다	我们 wǒmen(워먼): 우리들
能 néng(넝): ~할 수 있다	退房 tuìfáng(퇴이팡):집을 비우다
星期 xīngqī(씽치): 요일	

09 주택매매

집을 사려는 사람과 집주인의 대화 내용입니다. '跟+사람+联系'는 '~에게 연락하다'입니다.

A: 我想买房子给父母住。
Wǒ xiǎng mǎi fáng zi gěi fù mǔ zhù.

你有没有出售的意向?
Nǐ yǒu méi yǒu chū shòu de yì xiàng?

B: 我的房子只是出租。
Wǒ de fáng zi zhǐ shì chū zū.

A: 如果你想卖房请跟我联系。
Rú guǒ nǐ xiǎng mài fáng qǐng gēn wǒ lián xì.

A: 저희 부모님이 사실 집을 사려고 하시는데, 집을 파실 의향은 없으십니까?
B: 제 집은 세만 놓습니다.
A: 혹시 집을 팔 생각이 있으시면 제게 연락을 주십시오.

단어정리

想 xiǎng(샹): ~하고 싶다
买 mǎi(마이): 사다
房子 fángzi(팡쯔): 집
父母 fùmǔ(푸무): 부모님
住 zhù(쭈): 살다
出售 chūshòu(추서우): 팔다
意向 yìxiàng(이썅): 의향
只是 zhǐshì(즈스): 단지
卖 mài(마이): 팔다
联系 liánxì(리엔씨): 연락하다

계 산 10

생일날 외식을 하는 한 가족의 대화 내용입니다.
'买单'은 '계산하다'라는 뜻입니다.

A: 祝你生日快乐。
Zhù nǐ shēng rì kuài lè.

B: 午饭我来请。
Wǔ fàn wǒ lái qǐng.

A: 不用了。
Bú yòng le.

我已经把单买好了。
Wǒ yǐ jīng bǎ dā mǎi hǎo le.

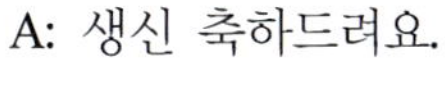

A: 생신 축하드려요.
B: 점심은 내가 살게.
A: 그럴 필요 없어요. 제가 벌써 계산을 다 했는걸요.

단어정리

祝 zhù(쭈): 기원하다
生日 shēngrì(성을): 생일
快乐 kuàilè(콰이러): 즐겁다
午饭 wǔfàn(우판): 점심 식사
来 lái(라이): 오다
请 qǐng(칭): 한 턱 내다
已经 yǐjīng(이찡): 벌써
把 bǎ(빠): ~을
买 mǎi(마이): 사다
好 hǎo(하오): 좋다

11 재 산

재산싸움 때문에 설날 집에도 안 간 친구의 이야기입니다.
'好好呆着'는 '얌전히 잘 지내다'라는 뜻입니다.

A: 过节怎么不在家好好呆着?
Guò jié zěn me bú zài jiā hǎo hāo dāi zhe.

B: 我和老爸吵了一架。
Wǒ hé lǎo bà chǎo le yí jià.

A: 大孝子怎么会吵架呢?
Dà xiào zǐ zěn me huì chǎo jià ne?

B: 把所有家产都给了长子。
Bǎ suǒ yǒu jiā chǎn dōu gěi le zhǎng zǐ.

A: 설날인데 집에 있지 않고?
B: 아버지하고 한바탕 싸웠어.
A: 효자 아드님이 왜 싸워?
B: 재산을 맏아들에게만 주셨어.

단어정리

过节 guòjié(꿔찌에): 설을 쇠다
在 zài(짜이): ~에서
家 jiā(쨔): 집
吵架 chǎojià(차오쨔): 싸우다
大孝子 dàxiàozǐ(따샤오즈): 효자
把 bǎ(빠): ~을
所有 suǒyǒu(쉬여우): 모든
家产 jiāchǎn(짜찬): 집안 재산
都 dōu(떠우): 모두
给 gěi(게이): 주다
长子 zhǎngzǐ(장즈): 맏아들

사 업 12

자신이 운영하는 가게에 장사가 잘 돼서 신이 난 사장님의 이야기입니다.

'不瞞你说'는 '솔직하게 말해서'라는 뜻입니다.

A: 你一定有什么喜事吧?
Nǐ yí dìng yǒu shén me xǐ shì ba?

B: 不瞒你说,
Bù mán nǐ shuō,

我生意很好,
Wǒ shēng yì hěn hǎo,

这个月赚了不少钱。
Zhè ge yuè zhuàn le bù shǎo qián.

A: 무슨 좋은 일 있죠?

B: 솔직히 말씀 드리면요,
제가 장사가 너무 잘 돼서 이번 달에 돈을 많이 벌었어요.

단어정리

一定 yídìng(이띵): 틀림없어
什么 shénme(선머): 무엇[麽]
喜事 xǐshì(시스): 좋은 일
瞒 mán(만): 속이다
生意 shēngyì(성이): 장사, 사업
好 hǎo(하오): 좋다
这个月 zhègeyuè(쯔어꺼위에): 이번 달[這個]
赚 zhuàn(쫜): [돈을] 벌다
少 shǎo(사오): 적다
钱 qián(치엔): 돈[錢]

13 불경기

불경기일수록 힘을 내라고 격려하는 친구의 이야기입니다.
'不景气'는 '불경기'를 말합니다.

A: 看你春风满面的样子,
Kàn nǐ chūn fēng mǎn miàn de yàng zi,

是不是有什么喜事啊?
Shì bu shì yǒu shén me xǐ shì a?

B: 不景气还有什么喜事?
Bù jǐng qì hái yǒu shén me xǐ shì?

A: 大难不死, 必有后福!
Dà nàn bù sǐ, bì yǒu hòu fú!

A: 얼굴이 환한데. 무슨 좋은 일이라도 생겼어?
B: 불경기에 좋은 일은?
A: 어려울 때 잘 견디면 분명 좋은 일이 있을 거야.

단어정리

春风满面 mǎnmiàn(춴펑만미엔): 희색이 만면하다[風面]
样子 yàngzi(양쯔): 모습[樣]
喜事 xǐshì(시스): 좋은 일
大 dà(따): 크다
难 nàn(난): 어려움[難]
死 sǐ(스): 죽다
必 bì(삐): 반드시
后 hòu(허우): 뒤에[後]
福 fú(푸): 복

생활비 14

생활비와 재산관리에 대해 이야기하는 두 친구의 대화 내용입니다.

본문의 '学经济的'는 '경제학을 전공했다'라는 의미입니다.

A: 我们平时不乱花钱。
Wǒ men píng shí bú luàn huā qián.

我先生是学经济的,
Wǒ xiān sheng shì xué jīng jì de,

特别重视理财。
tè bié zhòng shì lǐ cái.

B: 每个月生活费多少?
Měi ge yuè shēng huó fèi duō shao?

A: 우린 평소에 돈을 함부로 안 써.
남편이 경제학을 전공해서 재산관리에 굉장히 신경 쓰지.

B: 한 달 생활비가 얼마 들어?

단어정리

平时 píngshí(핑스): 평소에[時]
乱 luàn(루완): 엉망이다[亂]
花钱 huāqián(화치엔): 돈을 쓰다[錢]
先生 xiānsheng(시엔성): 남편
特别 tèbié(트어삐에): 굉장히
重视 zhòngshì(쭝스): 중시하다
理财 lǐcái(리차이): 재테크
生活费 shēnghuófèi(성훠페이): 생활비
多少 duōshao(뚸사오): 얼마

15 재테크

저축에 대해 이야기하는 두 친구의 대화 내용입니다.
'多少钱?'은 가격을 묻는 표현입니다.

A: 每个月该存多少钱呢?
Měi ge yuè gāi cún duō shao qián ne?

B: 每个家庭情况不一样吧?
Měi ge jiā tíng qíng kuàng bù yí yàng ba?

收入的60%支付生活费,
Shōu rù bǎi fēn zhī liù shí zhī fù shēng huó fèi,

40%用于投资理财。
bǎi fēn zhī sì shí yòng yú tóu zī lǐ cái.

A: 매달 얼마를 저금해야 해?
B: 집집마다 상황이 다르잖아?
수입의 60%는 생활비에 쓰고 40%는 재테크를 해.

단어정리

该 gāi(까이): 마땅히[該]
家庭 jiātíng(쨔팅): 가정
情况 qíngkuàng(칭쾅): 상황[況]
一样 yíyàng(이양): 똑같다[樣]
收入 shōurù(서우루): 수입
支付 zhīfù(즈푸): 지불하다
用于 yòngyú(용위): ~에 사용하다, ~에 쓰다[於]
投资 tóuzī(터우쯔): 투자하다

세 금 16

돈에 대해 이야기하는 친구들의 대화 내용입니다.
'多少钱?'은 '얼마'라는 뜻으로 가격을 묻는 표현입니다.

A: 你现在有多少钱?
Nǐ xiàn zài yǒu duō shao qián?

除了房租, 水电气
Chú le fáng zū, shuǐ diàn qì

还剩下多少?
hái shèng xià duō shao?

B: 没钱。
Méi qián.

A: 지금 얼마 있어?
집세랑 수도세, 전기세를 제외하면 얼마 남아?
B: 돈이 없어.

단어정리

现在 xiànzài(씨엔짜이): 지금
有 yǒu(여우): 가지고 있다
除了 chúle(추러): 제외하다
房租 fángzū(팡쭈): 집세
水 shuǐ(쉐이): 물
电气 diànqì(띠엔치): 전기[電氣]
还 hái(하이): 아직도[還]
剩下 shèngxià(성샤): 남다

17 저 축

저축에 대해 이야기하는 두 친구의 대화 내용입니다.
본문의 '每个月'는 '매달'이라는 뜻입니다.

A: 你有多少存款?
Nǐ yǒu duō shao cún kuǎn?

足以买一辆轿车吗?
Zú yǐ mǎi yí liàng jiào chē ma?

每个月存下多少钱?
Měi ge yuè cún xià duō shao qián?

B: 我赚不了多少钱。
Wǒ zhuàn bu liǎo duō shao qián.

A: 은행에 돈 얼마나 있어?
자동차 한 대 살만큼 있어?
매달 얼마를 저축하는데?
B: 나 얼마 못 벌어.

단어정리

有 yǒu(여우): 가지고 있다
多少 duōshao(뚸사오): 얼마
存款 cúnkuǎn(춴콴): 저축하다
足以 zúyǐ(주이): ~하기 충분하다
买 mǎi(마이): 사다[買]
辆 liàng(량): 대[輛]
轿车 jiàochē(쨔오츠어): 자가용[轎車]
存下 cúnxià(춴샤): 저축하다
赚不了 zhuànbuliǎo(좐뿌랴오): 벌지 못하다[賺]

주식투자 18

주식투자에 대해 이야기하는 친구들의 대화 내용입니다.
본문의 '炒股'는 '주식투자를 하다'라는 뜻입니다.

A: 你炒股吗?
Nǐ chǎo gǔ ma?

B: 没钱炒股。
Méi qián chǎo gǔ.

你要借我钱炒股吗?
Nǐ yào jiè wǒ qián chǎo gǔ ma?

A: 开什么玩笑!
Kāi shén me wán xiào!

A: 주식투자 하니?
B: 돈이 없어서 투자 못 해.
나 주식투자 하게 돈 빌려주려고?
A: 무슨 그런 농담을 하니?

단어정리

没 méi(메이): 없다
钱 qián(치엔): 돈[錢]
炒 chǎo(차오): 볶다
股 gǔ(구): 주식
要 yào(야오): 하려 하다
借 jiè(찌에): 빌리다
开 kāi(카이): 열다[開]
什么 shénme(선머): 무엇[麽]
玩笑 wánxiào(완쌰오): 농담하다

19 보험가입

보험사 직원과 고객이 나누는 대화 내용입니다.
'买保险'은 '보험에 가입하다'라는 뜻입니다.

A: 买保险好吗?
Mǎi bǎo xiǎn hǎo ma?

B: 还是加入保险好。
Hái shì jiā rù bǎo xiǎn hǎo,

没事保平安,
Méi shì bǎo píng ān,

有事也心安!
yǒu shì yě xīn ān!

A: 보험을 가입하는 게 좋은가요?
B: 그래도 가입하시는 게 좋을 겁니다.
평소에는 평안함이 보장되고 사고가 생겨도 마음이 놓이잖아요!

단어정리

保险 bǎoxiǎn(빠오시엔): 보험[險]
还是 háishi(하이스): 그래도
~하는 것이 낫다[還]
加入 jiārù(짜루): 가입하다
没事 méishi(메이스): 별일 없다
保 bǎo(빠오): 보장하다
平安 píngān(핑안): 평안하다
也 yě(예): ~도
心 xīn(씬): 마음
安 ān(안): 편안하다

보 험 20

보험사 직원과 남편의 반대로 보험가입을 못하고 있는 고객의 대화 내용입니다.

'~是为了…'는 '~은 …을 위해서이다'입니다.

A: 我知道买保险不错,
Wǒ zhī dào mǎi bǎo xiǎn bú cuò,

可是我先生反对买保险。
kě shì wǒ xiān sheng fǎn duì mǎi bǎo xiǎn.

B: 为什么?
Wèi shén me?

买保险是为了你的未来。
Mǎi bǎo xiǎn shì wèi le nǐ de wèi lái.

A: 보험에 가입하면 괜찮다는 거 알아요.

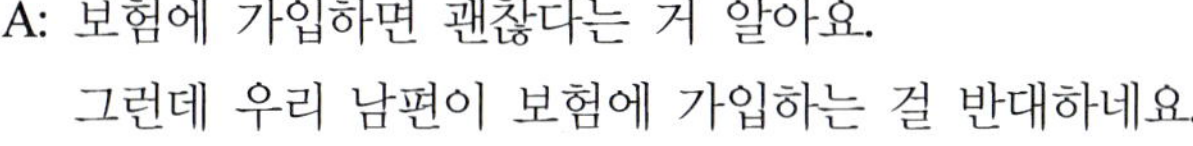

그런데 우리 남편이 보험에 가입하는 걸 반대하네요.

B: 왜요? 보험은 미래를 위한 거예요.

단어정리

买 mǎi(마이): 사다[買]
保险 bǎoxiǎn(빠오시엔): 보험[險]
知道 zhīdào(즈따오): 알다[道]
不错 búcuò(부춰): 괜찮다[錯]
可是 kěshì(크어스): 그러나
先生 xiānsheng(시엔성): 남성에 대한 존칭
反对 fǎnduì(판뛔이): 반대하다[對]
未来 wèilái(웨이라이): 미래[來]

21 오피스텔

오피스텔에 사는 동료의 집에 놀러간 친구의 이야기입니다. 본문의 '公寓式办公楼'는 '오피스텔'을 뜻합니다.

A: 这是公寓吗?
Zhè shì gōng yù ma?

B: 不! 是公寓式办公楼。
Bù! Shì gōng yù shì bàn gōng lóu.

A: 那么每个月的水电费
Nà me měi ge yuè de shuǐ diàn fèi

按照什么标准收取?
àn zhào shén me biāo zhǔn shōu qǔ?

A: 이게 아파트야?
B: 아니야! 오피스텔이야.
A: 그럼 매달 수도세, 전기세는 어떤 기준에 따라 받는 거야?

단어정리

这 zhè(쯔어): 이[這]
公寓 gōngyù(꽁위): 아파트
办公楼 bàngōnglóu(빤꽁러우): 오피스빌딩[辦公樓]
每个月 měigeyuè(메이꺼위에): 매달[個]
水电费 shuǐdiànfèi(쉐이띠엔페이): 수도 · 전기세[電]
按照 ànzhào(안짜오): 따르다
那么 nàme(나머): 그렇다면[麽]

장 부 22

'不会~的'은 '~하지 않을 것이다'로 '그는 오지 않을 것입니다'라는 말은 '他不会来lái(라이: 오다)的'와 같이 표현합니다.

A: 别人都知道了怎么办?
Bié rén dōu zhī dào le zěn me bàn?

B: 别人知道了也没关系。
Bié rén zhī dào le yě méi guān xi.

A: 现在去修改还来得及。
Xiàn zài qù xiū gǎi hái lái de jí.

B: 不会有事的。
Bú huì yǒu shì de.

A: 다른 사람들이 알면 어떻게 하지?
B: 다른 사람들이 알아도 상관없지 뭐.
A: 지금 가서 고치면 아직 괜찮은데.
B: 별일 없을 거야.

단어정리

别人 biérén(삐에런): 다른 사람
知道 zhīdào(즈따오): 알다
怎么办 zěnmebàn(쩐머빤): 어찌하다
会 huì(회이): ~할 것이다
事 shì(쓰): 일
修改 xiūgǎi(셔우가이): 수정하다
还 hái(하이): 아직도
来得及 láidejí(라이더지): 여유 있다
关系 guānxi(꽌씨): 관계
现在 xiànzài(씨엔짜이): 지금

23 위탁

'记错'은 '동사+동사 · 형용사'의 형태로 동작의 구체적인 결과를 설명하는데 본문에서는 '어떤 내용을 잘못 기록했음'을 나타냅니다.

A: 账我没记错呢。
Zhàng wǒ méi jì cuò ne.
真奇怪，怎么搞的?
Zhēn qí guài, zěn me gǎo de?

B: 现在事情解决了吗?
Xiàn zài shì qíng jiě jué le ma?

A: 都托你了。谢谢。
Dōu tuō nǐ le。 Xiè xie.

A: 장부를 내가 잘못 적지 않았네.
정말 이상하네. 어떻게 된 거지?

B: 이제 일이 다 해결된 거야?

A: 모두 네 덕분이야. 고마워.

단어정리

账 zhàng(짱): 장부
记 jì(찌): 기록하다
错 cuò(춰): 틀리다
奇怪 qíguài(치꽈이): 이상하다
怎么 zěnme(쩐머): 어떻게
搞 gǎo(까오): 하다
事情 shìqíng(스칭): 일
解决 jiějué(지에줴): 해결하다
都 dōu(더우): 모두
托 tuō(퉈): 위탁하다

낭비 24

'毛病'은 '잔병'이나 '약점' 등을 말하는데, 본문에서는 주인공의 싫증 잘 내는 성격을 나타내고 있습니다.

A: 我对现在的手机腻了
Wǒ duì xiàn zài de shǒu jī nì le.

怎么摔都摔不坏。
Zěn me shuǎi dōu shuǎi bú huài.

B: 你怎么老犯毛病呢?
Nǐ zěn me lǎo fàn máo bìng ne?

少浪费钱了。
Shǎo làng fèi qián le.

A: 난 지금 쓰고 있는 휴대전화에 싫증이 났어.
아무리 던져도 망가지지 않네.

B: 너 왜 자꾸 그러니?
돈 좀 그만 낭비해라.

단어정리

对 duì(뛔이): ~에 대해
手机 shǒujī(서우찌): 휴대전화
腻 nì(니): 싫증나다
摔 shuǎi(솨이): 던지다
坏 huài(화이): 고장 나다
老 lǎo(라오): 늘, 항상
犯 fàn(판): [잘못을]저지르다
毛病 máobìng(마오삥): 잔병
浪费 làngfèi(랑페이): 낭비하다
钱 qián(치엔): 돈

25 사과 농장

경제적으로 고수익을 얻고 있는 인삼사과 재배에 대해 이야기하는 두 사람의 이야기입니다.

'一般的(苹果)'는 '일반 사과'를 말합니다.

A: 这个苹果怎么这么好吃?
Zhè ge píng guǒ zěn me zhè me hǎo chī?

B: 是以人参栽培的。
Shì yǐ rén shēn zāi péi de.

A: 会不会很贵?
Huì bu huì hěn guì?

B: 比起一般的贵个一两万。
Bǐ qǐ yì bān de guì ge yì liǎng wàn.

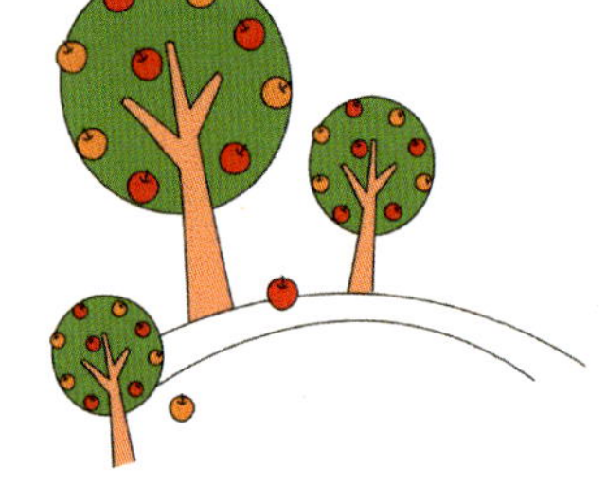

A: 이 사과 왜 이렇게 맛있어?
B: 인삼으로 재배한 거래.
A: 비싸지 않아?
B: 일반 사과보다 1~2만 원 비싸.

단어정리

这个 zhège(쯔어꺼): 이것
苹果 píngguo(핑궈): 사과
怎么 zěnme(쩐머): 어째서
好吃 hǎochī(하오츠): 맛있다
以 yǐ(이): ~로써
人参 rénshēn(런썬): 인삼
栽培 zāipéi(자이페이): 재배하다
会 huì(회이): ~할 것이다
贵 guì(꿰이): 비싸다
比起 bǐqǐ(삐치): 비교하다
万 wàn(완): 만

계산대 26

'~的时候'는 '~할 때'라는 뜻으로 본문의 '结帐的时候'는 '계산할 때'라는 말입니다.

또 '放在一边'은 '한쪽에 놓다'입니다.

A: 这牛奶你要不要?
Zhè niǔ nǎi nǐ yào bu yào?

不要了，放回去吧。
Bú yào le, fàng huí qù ba.

B: 没关系。结帐的时候
Méi guān xi. Jié zhàng de shí hou

放在一边就可以了。
fàng zài yì biān jiù kě yǐ le.

A: 이 우유 하실 거예요?

B: 아니, 다시 갖다 놓자.

A: 괜찮아요. 계산할 때 한쪽에 두면 돼요.

단어정리

这 zhè(쯔어): 이
牛奶 niǔnǎi(녀우나이): 우유
要 yào(야오): 원하다
放 fàng(팡): 놓다
回去 huíqù(회이취): 돌아가다
关系 guānxi(꽌씨): 관계
结帐 jiézhàng(지에짱): 계산하다
时候 shíhou(스허우): 때
一边 yìbiān(이삐엔): 한쪽, 한편
可以 kěyǐ(크어이): 괜찮다

27 돈 갚아!

'돈을 빌리다'라는 말은 중국어로 '借钱'이고, '돈을 갚다'는 '还钱'으로 표현합니다.

A: 你怎么不还我的钱?
Nǐ zěn me bù huán wǒ de qián?

B: 什么钱?
Shén me qián?

A: 去年你借我的钱啊!
Qù nián nǐ jiè wǒ de qián a!

B: 我给了你太太。
Wǒ gěi le nǐ tài tài.

A: 너 왜 내 돈 안 갚아?
B: 무슨 돈?
A: 작년에 나한테 빌린 돈 말이야.
B: 네 집사람한테 줬는데.

단어정리

怎么 zěnme(쩐머): 어째서
不 bù(뿌): 아니다
还 huán(환): 갚다, 되돌려주다
钱 qián(치엔): 돈
什么 shénme(선머): 무엇
去年 qùnián(취니엔): 작년
啊 a(아): 어감을 나타냄
借 jiè(찌에): 빌리다
给 gěi(게이): 주다
太太 tàitài(타이타이): 부인

잔 돈 28

야간에 할증요금을 보고 놀란 한 택시 승객의 이야기입니다.
'这么~'는 '이토록 ~하다'입니다.

A: 怎么这么贵?
Zěn me zhè me guì?

B: 白天和夜间的起价费不一样。
Bái tiān hé yè jiān de qǐ jià fèi bù yí yàng.

A: 是吗? 找我零钱。
Shì ma? Zhǎo wǒ líng qián.

A: 왜 이렇게 비싸요?
B: 낮하고 야간에는 기본요금이 달라요.
A: 그래요? 잔돈 거슬러 주세요.

단어정리

怎么 zěnme(쩐머): 어째서
这么 zhème(쯔어머): 이토록
贵 guì(궤이): 비싸다
白天 báitiān(바이티엔): 낮
和 hé(흐어): ~과
夜间 yèjiān(이에찌엔): 야간
起价费 qǐjiàfèi(치쨔페이): 기본요금
不 bù(뿌): 아니다
一样 yíyàng(이양): 똑같다
找 zhǎo(자오): 찾다
零钱 língqián(링치엔): 잔돈

29 상 점

수영복을 사기 위해 상점에 가는 친구들의 이야기입니다.
'逛商场'은 '상점에서 쇼핑하는 것'을 말합니다.

A: 我们去逛商场。
Wǒ men qù guàng shāng chǎng.

B: 你要买什么?
Nǐ yào mǎi shén me?

A: 我想买件泳装。
Wǒ xiǎng mǎi jiàn yǒng zhuāng.

B: 你要学游泳吗?
Nǐ yào xué yóu yǒng ma?

A: 우리 상점에 쇼핑가자.
B: 뭘 살 건데?
A: 수영복을 살까 해서.
B: 수영 배우려고?

단어정리

我们 wǒmen(워먼): 우리들
去 qù(취): 가다
要 yào(야오): ~하려 하다
买 mǎi(마이): 사다
什么 shénme(선머): 무엇
想 xiǎng(샹): ~하고 싶다
件 jiàn(찌엔): 옷을 세는 단위
泳装 yǒngzhuāng(용쭈왕): 수영복
学 xué(쉬에): 배우다
游泳 yóuyǒng(여우용): 수영하다

보일러 낭비 30

난방시설에 관한 이야기입니다.

본문의 '开小一点'은 '(보일러의 온도를) 조금 줄이다'는 뜻입니다.

A: 怎么这么热?
Zěn me zhè me rè?

把暖气开小一点。
Bǎ nuǎn qì kāi xiǎo yì diǎn.

B: 打开窗户吧。
Dǎ kāi chuāng hu ba.

A: 暖气开这么大, 真是浪费。
Nuǎn qì kāi zhè me dà, zhēn shì làng fèi.

A: 왜 이렇게 덥니? 보일러 좀 줄여.

B: 창문을 열어.

A: 보일러를 이렇게 세게 틀다니 낭비가 심하군.

단어정리

这么 zhème(쯔어머): 이토록
热 rè(르어): 덥다
暖气 nuǎnqì(누완치): 난방시설
开 kāi(카이): 전원을 켜다
小 xiǎo(샤오): 작다
一点 yìdiǎn(이띠엔): 조금
打开 dǎkāi(다카이): 열다, 켜다
窗户 chuānghu(추앙후): 창문
真是 zhēnshì(쩐스): 정말로
浪费 làngfèi(랑페이): 낭비하다

31 부동산임대

부동산임대에 관한 내용입니다.

'세가 나갔다'라는 말은 '租走了' 또는 '租出去了'로 표현합니다.

A: 房子租走了吗?
Fáng zi zū zǒu le ma?

B: 前几天租出去了。
Qián jǐ tiān zū chū qù le.

已经签了租赁合同。
Yǐ jīng qiān le zūl ìn hé tóng.

A: 是吗? 我知道了。
Shì ma? Wǒ zhī dào le.

A: 집이 세가 나갔나요?

B: 며칠 전에 나갔어요. 벌써 임대계약서도 썼는걸요.

A: 그래요? 알겠습니다.

단어정리

房子 fángzi(팡즈): 집
租 zū(쭈): 임대
走 zǒu(쩌우): 걷다
前几天 qiánjǐtiān(치엔찌티엔): 며칠 전
出去 chūqù(추취): 나가다
已经 yǐjīng(이찡): 이미, 벌써
签 qiān(치엔): 서명하다
租赁 zūlìn(쭈린): 임대
合同 hétóng(흐어통): 계약서
知道 zhīdào(즈따오): 알다

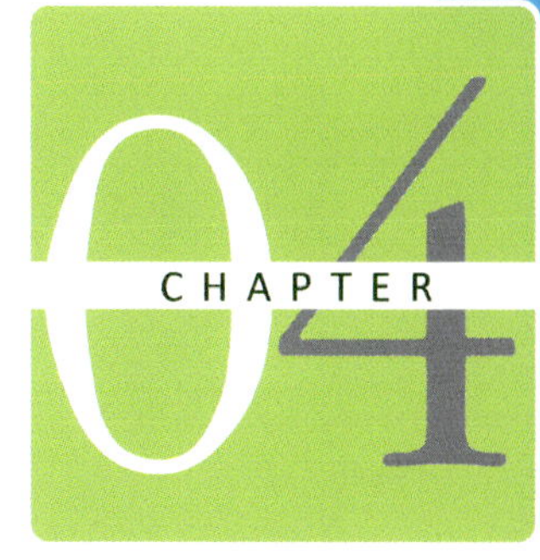

교육 / 학교

01 기말고사

본문의 '起得这么早'와 같이 '동사+得+보어' 문형은 동작의 정도를 나타냅니다.

'당신은 왜 이렇게 말을 빨리 해요?'는 '你怎么说 shuō(숴: 말하다)得这么快?'로 표현합니다.

A: 今天是双休日。
Jīn tiān shì shuāng xiū rì.

你怎么起得这么早?
Nǐ zěn me qǐ de zhè me zǎo?

B: 快要期末考试了。
Kuài yào qī mò kǎo shì le.

我得去图书馆。
Wǒ děi qù tú shū guǎn.

A: 오늘 연휴인데 왜 이렇게 일찍 일어났어?
B: 곧 기말고사에요. 도서관 가야 해요.

단어정리

今天 jīntiān(찐티엔): 오늘
是 shì(스): ~은 …이다.
双休日 shuāngxiūrì(쑤왕셔우을): 연휴
怎么 zěnme(쩐머): 어째서
起 qǐ(치): 일어나다
得 de(떠): 조사
这么 zhème(쯔어머): 이렇게
早 zǎo(짜오): 일찍, 이르다
快 kuài(콰이): 빠르다
期末考试 qīmòkǎoshì(치뭐카오스): 기말고사
得 děi(데이): ~해야 한다
图书馆 túshūguǎn(투수관): 도서관

리포트 02

'동사의 중첩형은 '~을 좀 하다'라는 의미로 '看看'은 '좀 보다'라는 말입니다.

또 본문에 나온 '人家'는 '말하는 화자'를 가리킵니다.

A: 我看看你写的报告。
Wǒ kàn kan nǐ xiě de bào gào。

B: 不要了。
Bú yào le。

A: 我看又怎么样!
Wǒ kàn yòu zěn me yàng!

B: 人家不好意思嘛。
Rén jia bù hǎo yì si ma。

A: 네가 쓴 리포트 좀 보자.
B: 됐어.
A: 내가 보면 어때서!
B: 내가 쑥스러워서 그렇지.

단어정리

看 kàn(칸): 보다
你 nǐ(니): 당신
写 xiě(시에): 쓰다
的 de(떠): ~한, ~의
报告 bàogào(빠오까오): 리포트
不 bú(뿌): 아니다
要 yào(야오): 원하다
又 yòu(여우): 또
怎么样 zěnmeyàng(쩐머양): 어때
人家 rénjia(런쨔): 남, 다른 사람
好 hǎo(하오): 좋다
意思 yìsi(이스): 뜻
嘛 ma(마): 어감을 나타냄

03 지각

'~以来'는 '~한 이래로'라는 뜻으로 본문의 '开学以来'는 '개강(개학)한 이래'라는 뜻입니다.

'很难得的事情'은 '드문 일'을 나타냅니다.

A: 今天你来得真早啊!
Jīn tiān nǐ lái de zhēn zǎo a!

B: 我也不能相信，开学以来
Wǒ yě bù néng xiāng xìn, kāi xué yǐ lái

我第一次没有迟到。
wǒ dì yī cì méi yǒu chí dào.

A: 这是很难得的事情啊!
Zhè shì hěn nán dé de shì qíng a!

A: 오늘 정말 일찍 왔네요.
B: 저도 믿어지지 않아요,
개학 이래 지각을 안 해 보기는 이번이 처음이에요.
A: 이건 정말 드문 일이네요.

단어정리

今天 jīntiān(찐티엔): 오늘
来 lái(라이): 오다
真 zhēn(쩐): 정말로
早 zǎo(짜오): 일찍
相信 xiāngxìn(샹씬): 믿다
开学 kāixué(카이쉬에): 개강하다
第一次 dìyīcì(띠이츠): 처음
迟到 chídào(츠따오): 지각하다
难得 nándé(난드어): 얻기 어렵다
事情 shìqíng(스칭): 일

대학원 시험 04

'동사+得~'은 동작의 정도를 표현하여 '考得怎么样?'은 '시험을 잘 보았는지'를, '过得习惯吗?'는 '환경에 잘 적응하고 있는지'를 묻는 말입니다.

A: 妹妹, 你考研考得怎么样?
Mèi mei, Nǐ kǎo yán kǎo de zěn me yàng?

B: 应当没什么问题吧。
Yīng dāng méi shén me ba.

A: 哥你那边的生活怎么样?
Gē nǐ nà bian de shēng huó zěn me yàng?

过得习惯吗?
Guò de xí guàn ma?

A: 동생, 대학원 시험 잘 쳤어?
B: 아마 문제없이 붙을걸.
A: 오빠 그곳 생활은 어때? 지낼 만해?

단어정리

妹妹 mèimei(메이메이): 여동생
考研 kǎoyán(카오옌): 대학원 입학시험에 응시하다
考 kǎo(카오): 시험보다
怎么样 zěnmeyàng(쩐머양): 어때
应当 yīngdāng(잉땅): 마땅히
问题 wèntí(원티): 문제
那边 nàbian(나삐엔): 그곳
生活 shēnghuó(성훠): 생활
过 guò(꿔): 지내다
习惯 xíguàn(시꽌): 익숙해지다

05 맹세

'算了'에는 '그만두다', '개의하지 않다' 등의 뜻이 있습니다. 본문에서는 '공부하겠다는 말을 믿지 못하겠음'을 뜻합니다.

A: 我要好好学习了。
Wǒ yào hǎo hǎo xué xi le.

B: 你呀? 算了吧。
Nǐ ya? Suàn le ba.

你每次都这么说。
Nǐ měi cì dōu zhè me shuō.

A: 这次我发誓。
Zhè cì wǒ fā shì.

A: 나 공부 열심히 해야 해.
B: 네가? 됐다 얘. 매번 말로만 (공부한다고 말)하지.
A: 이번에는 맹세해.

단어정리

要 yào(야오): ~해야 하다
好好 hǎohāo(하오하오): 잘, 충분히
学习 xuéxi(쉬에시): 공부하다
算 suàn(쑤안): 계산하다
每 měi(메이): 매
次 cì(츠): 번
都 dōu(떠우): 모두
这么 zhème(쯔어머): 이렇게
说 shuō(숴): 말하다
发誓 fāshì(파스): 맹세하다

유 학 06

'对+사람+说'는 '~에게 이야기하다'라는 뜻으로 본문의 '对你说'는 '당신에게 이야기하다'입니다.

A: 你现在忙吗?
Nǐ xiàn zài máng ma?

我有话要对你说。
Wǒ yǒu huà yào duì nǐ shuō.

B: 现在不忙。什么事?
Xiàn zài bù máng. Shén me shì?

A: 我下个月去留学。
Wǒ xià ge yuè qù liú xué.

A: 지금 바쁘니? 나 너한테 할 말이 있는데.
B: 지금은 안 바빠. 무슨 일인데?
A: 나 다음 달에 유학 가.

단어정리

现在 xiànzài(씨엔짜이): 지금
忙 máng(망): 바쁘다
有 yǒu(여우): 있다
话 huà(화): 말
要 yào(야오): ~하려 하다
对 duì(뛔이): 대하다, ~에게
说 shuō(숴): 말하다
事 shì(스): 일
下个月 xiàgeyuè(샤거위에): 다음달
去 qù(취): 가다
留学 liúxué(려우쉬에): 유학하다

07 중국어

'不像~'은 '~와 같지 않음'을 말하고 '从小就~'는 '어려서부터 ~을 하다'라는 말입니다.

A: 你的汉语说得很好,
Nǐ de Hàn yǔ shuō de hěn hǎo,

不像外国人。
bú xiàng wài guó rén.

B: 我从小就学了汉语。
Wǒ cóng xiǎo jiù xué le Hàn yǔ.

A: 你是从几岁开始学的?
Nǐ shì cóng jǐ suì kāi shǐ xué de?

A: 당신은 중국어를 참 잘해요. 외국사람 같지 않아요.
B: 저는 어려서부터 중국어를 배웠어요.
A: 몇 살 때부터 배웠는데요?

단어정리

汉语 Hànyǔ(한위): 중국어
说 shuō(숴): 말하다
好 hǎo(하오): 좋다
像 xiàng(샹): ~와 같다
外国人 wàiguórén(와이궈런): 외국인
从小 cóngxiǎo(총샤오): 어려서 부터
学 xué(쉬에): 배우다
几 jǐ(찌): 몇
岁 suì(쉐이): 살
开始 kāishǐ(카이스): 시작하다

오후 수업 08

'在+장소'는 '~에 있음'을 말하고 '동사A+了+동사B'는 'A동작을 한 다음 B동작을 할 것임'을 나타냅니다.

A: 你怎么还在家?
Nǐ zěn me hái zài jiā?

今天没有课吗?
Jīn tiān méi yǒu kè ma?

B: 上午没有课,
Shàng wǔ méi yǒu kè,

我想吃了午饭再出去。
wǒ xiǎng chī le wǔ fàn zài chū qù.

A: 너 왜 아직도 집에 있니? 오늘 수업 없어?

B: 오전에는 수업이 없어서 점심 먹고 나갈 생각이야.

단어정리

还 hái(하이): 아직도
在 zài(짜이): ~에 있다
家 jiā(쨔): 집
今天 jīntiān(찐티엔): 오늘
没有 méiyǒu(메이여우): 없다
课 kè(크어): 수업
上午 shàngwǔ(샹우): 오전
想 xiǎng(샹): ~하고 싶다
吃 chī(츠): 먹다
午饭 wǔfàn(우판): 점심식사
出去 chūqù(추취): 나가다

09 시 험

시험 때문에 모처럼 일찍 일어난 자녀와 그 어머니가 나누는 이야기를 들어봅니다.

A: 你怎么起得这么早?
Nǐ zěn me qǐde zhè me zǎo?

真是难得呀?
Zhēn shì nán dé ya?

B: 今天有考试。
Jīn tiān yǒu kǎo shì.

我得复习功课。
Wǒ děi fù xí gōng kè.

A: 오늘 왜 이렇게 일찍 일어났니? 정말 별일이네?
B: 오늘 시험이 있어요. 복습을 해야 해요.

단어정리

起 qǐ(치): 일어나다
这么 zhème(쯔어머): 이렇게
早 zǎo(짜오): 일찍
真是 zhēnshì(쩐스): 정말로
难得 nándé(난뜨어): 모처럼
今天 jīntiān(찐티엔): 오늘
有 yǒu(여우): 있다
考试 kǎoshì(카오스): 시험
得 děi(데이): ~해야 한다
复习 fùxí(푸시): 복습하다
功课 gōngkè(꽁크어): 공부

수업 10

깨우는 사람과 일어나기 싫어하는 친구의 이야기입니다.
'已经~了'는 '벌써 ~이 되었다'입니다.

A: 赶快起床吧。
Gǎn kuài qǐ chuáng ba.

已经七点了。
Yǐ jīng qī diǎn le.

B: 我两点有课,
Wǒ liǎng diǎn yǒu kè,

用不着这么早起床。
yòng bu zháo zhè me zǎo qǐ chuáng.

A: 어서 일어나. 벌써 일곱 시야.
B: 나 두 시에 수업이라서 이렇게 일찍 일어날 필요 없어.

단어정리

赶快 gǎnkuài(간콰이): 어서
起床 qǐchuáng(치촹): 기상하다
已经 yǐjīng(이찡): 이미, 벌써
七 qī(치): 숫자 '7'
点 diǎn(띠엔): 시
有 yǒu(여우): 있다
课 kè(크어): 수업
用不着 yòngbuzháo(용뿌자오): ~할 필요 없다
这么 zhème(쯔어머): 이토록
早 zǎo(자오): 일찍

11 부 엌

부엌일을 도와주려는 남편과 이를 말리는 아내의 이야기입니다.

A: 你现在干什么?
Nǐ xiàn zài gàn shén me?

B: 我在做饭。
Wǒ zài zuò fàn.

A: 走开啦!
Zǒu kāi la!

男人怎么会在厨房呢?
Nán rén zěn me huì zài chú fáng ne?

A: 지금 뭐해요?
B: 나 지금 밥하는 중이야.
A: 비키세요! 남자가 왜 부엌에 있어요?

단어정리

现在 xiànzài(씨엔짜이): 지금
干 gàn(깐): 하다
什么 shénme(선머): 무엇
在 zài(짜이): ~에서, ~하는 중이다
做饭 zuòfàn(쭤판): 밥하다
走开 zǒukāi(저우카이): 비키다
男人 nánrén(난런): 남자
怎么 zěnme(쩐머): 어째서
会 huì(회이): ~할 것이다
厨房 chúfáng(추팡): 부엌

늦 잠 12

지각한 학생과 선생님이 나누는 이야기를 들어봅니다.
'睡过头'는 '늦잠을 자다'입니다.

A: 你怎么又来晚了？
Nǐ zěn me yòu lái wǎn le?

B: 真对不起。
Zhēn duì bu qǐ.

睡过头了。
Shuì guò tóu le.

A: 以后别迟到了。
Yǐ hòu bié chí dào le.

A: 왜 또 늦었어?
B: 정말 죄송해요. 늦잠을 잤어요.
A: 앞으로는 늦지 마라.

단어정리

怎么 zěnme(쩐머): 왜
又 yòu(여우): 또
来 láo(라이): 오다
晚 wǎn(완): 늦다
真 zhēn(쩐): 정말로
对不起 duìbuqǐ(뛔이뿌치): 미안하다
睡 shuì(쉐이): 잠을 자다
过 guò(꿔): 지나다
以后 yǐhòu(이허우): 앞으로
别 bié(삐에): ~하지 마라
迟到 chídào(츠따오): 지각하다

13 휴식시간

어머니와 아들의 이야기를 들어봅니다.
'~了没有?'는 '~을 했습니까?'입니다.

A: 你怎么还在这儿?
Nǐ zěn me hái zài zhèr?

作业都做好了没有?
Zuò yè dōu zuò hǎo le méi yǒu?

B: 早就完成了。
Zǎo jiù wán chéng le.

现在是休息时间。
Xiàn zài shì xiū xi shí jiān.

A: 너 왜 아직도 여기에 있어? 숙제는 다 했어?
B: 벌써 다 끝냈어요. 지금은 휴식시간이에요.

단어정리

怎么 zěnme(쩐머): 어째서
还 hái(하이): 아직도
在 zài(짜이): ~에 있다
这儿 zhèr(쯔얼): 이곳
作业 zuòyè(쭤예): 숙제
都 dōu(떠우): 모두
做 zuò(쭤): 하다
早就 zǎojiù(자우쪄우): 진작, 벌써
完成 wánchéng(완청): 완성하다
现在 xiànzài(씨엔짜이): 지금
休息 xiūxi(셔우시): 휴식하다

시험 증후군 14

'시험 증후군(考试综合症)'에 걸린 친구의 이야기입니다. 본문의 '吃不下'는 '먹고 싶지 않음'을 말합니다.

A: 我没有胃口。
Wǒ méi yǒu wèi kǒu.

B: 下午考试，多吃点。
Xià wǔ kǎo shì, duō chī diǎn.

A: 我就是吃不下。
Wǒ jiù shì chī bu xià.

B: 这是不是考试综合症?
Zhè shì bu shì kǎo shì zōng hé zhèng?

A: 나 입맛이 없어.
B: 오후에 시험 보잖아, 많이 좀 먹어.
A: 아무래도 못 먹겠어.
B: 이거 시험 증후군 아니니?

단어정리

没有 méiyǒu(메이여우): 없다
胃口 wèikǒu(웨이커우): 입맛
下午 xiàwǔ(샤우): 오후
考试 kǎoshì(카오스): 시험보다
多 duō(뚸): 많다
点 diǎn(띠엔): 조금, 약간
就是 jiùshì(쪄우스): 확고한 어감
这 zhè(쯔어): 이것
综合症 zōnghézhèng(쫑허쩡): 증후군
吃 chī(츠): 먹다

15 시험공부

시험을 앞둔 친구의 이야기입니다. '都~了'는 '벌써 ~이 되었음'을 말합니다.

A: 你怎么还在睡呀?
Nǐ zěn me hái zài shuì ya?

B: 现在几点?
Xiàn zài jǐ diǎn?

A: 都九点了。
Dōu jiǔ diǎn le.

下个月不是考试吗?
Xià ge yuè bú shì kǎo shì ma?

A: 왜 아직도 자는 거야?
B: 지금 몇 시야?
A: 벌써 아홉시야.
다음 달에 시험이라면서?

단어정리

怎么 zěnme(쩐머): 어째서
还 hái(하이): 아직도
在 zài(짜이): ~하는 중이다
睡 shuì(쉐이): 잠을 자다
呀 ya(야): 어감을 나타냄
现在 xiànzài(씨엔짜이): 지금
几 jǐ(찌): 몇
点 diǎn(띠엔): 시
下 xià(샤): 다음
月 yuè(위에): 달
考试 kǎoshì(카오스): 시험보다

망했어! 16

시험을 마치고 나온 두 친구의 이야기를 들어봅니다. '马马虎虎'는 '그저 그렇다'입니다.

A: 考试考得怎么样?
Kǎo shì kǎo de zěn me yàng?

B: 马马虎虎。
Mǎ mǎ hū hū.

A: 你比我好多了。
Nǐ bǐ wǒ hǎo duō le.

这次考试我可惨了。
Zhè cì kǎo shì wǒ kě cǎn le.

A: 시험 잘 봤어?

B: 그냥 그래.

A: 너는 나보다 훨씬 낫다.

나는 이번 시험 완전히 망했어.

단어정리

考试 kǎoshì(카오스): 시험
考 kǎo(카오): 시험보다
马虎 mǎhu(마후): 건성건성 하다
比 bǐ(삐): ~보다
好 hǎo(하오): 좋다, 낫다
多 duō(뚸): 많다, 과다한
这 zhè(쯔어): 이
次 cì(츠): 번
可 kě(크어): 강조의 뜻
惨 cǎn(찬): 비참하다

17 도서관

방과 후 이어지는 친구들의 이야기입니다.
본문의 '几本书'는 '책 몇 권'을 뜻합니다.

A: 不回家去哪里?
Bù huí jiā qù nǎlǐ?

B: 我要去图书馆。
Wǒ yào qù tú shū guǎn.

A: 去图书馆学习吗?
Qù tú shū guǎn xué xi ma?

B: 要去借几本书。
Yào qù jiè jǐ běn shū.

A: 집에 안 가고 어디 가?
B: 나 도서관 가야 해.
A: 도서관 가서 공부하게?
B: 책 몇 권 빌려야 해.

단어정리

回家 huíjiā(회이쨔): 귀가하다
去 qù(취): 가다
哪里 nǎlǐ(나리): 어디
要 yào(야오): ~해야 한다
图书馆 túshūguǎn(투수관): 도서관
学习 xuéxi(쉬에시): 공부하다
借 jiè(찌에): 빌리다
几 jǐ(찌): 몇
本 běn(뻔): 권
书 shū(수): 책

등록금 18

직장인이면서 대학원에 다니는 동료가 건네는 말입니다.

'一了百了'는 '한 가지가 끝나면 모든 것이 끝난다'는 뜻입니다.

A: 你干吗自找苦吃啊?
Nǐ gàn má zì zhǎo kǔ chī a?

弃学可以一了百了啊?
Qì xué kě yǐ yì liǎo bǎi liǎo a?

B: 已经缴了不少学费,
Yǐ jīng jiāo le bù shǎo xué fèi,

怎么能半途而废呢?
Zěn me néng bàn tú ér fèi ne?

A: 왜 사서 고생을 하니? 공부를 관두면 모든 게 끝이잖아?
B: 등록금을 낸 게 얼마인데 어떻게 관둬?

단어정리

干吗 gànmá(깐마): 왜
自找苦吃 zìzhǎokǔchī(쯔자오쿠츠): 고생을 사서 하다
弃学 qìxué(치쉬에): 학업을 포기하다
已经 yǐjīng(이찡): 벌써
缴 jiāo(짜오): 내다
学费 xuéfèi(쉬에페이): 학비
能 néng(넝): 할 수 있다
半途而费 bàntúérfèi(빤투얼페이): 끝을 내지 않고 중도에 포기하다

19 기말 리포트

하라는 공부는 안 하고 인터넷에 접속하는 아들과 그 엄마의 이야기입니다.

'在+동사'는 동작의 진행형을 의미합니다.

A: 你在干什么?
Nǐ zài gàn shén me?

你是不是又上网了?
Nǐ shì bu shì yòu shàng wǎng le?

B: 没有啊!
Méi yǒu a!

我在写期末报告呢。
Wǒ zài xiě qī mò bào gào ne.

A: 지금 뭐 하니? 또 인터넷에 접속한 것 아니야?

B: 아니에요! 저 지금 기말 리포트 써요.

단어정리

在 zài(짜이): ~하는 중이다
干 gàn(깐): 하다
写 xiě(씨에): 쓰다
期末 qīmò(치뭐): 기말
报告 bàogào(빠오까오): 리포트
没有 méiyǒu(메이여우): ~하지 않았다
什么 shénme(선머): 무엇
又 yòu(여우): 또
上网 shàngwǎng(상왕): 인터넷에 접속하다

숙제 풍년 20

숙제에 관한 이야기를 알아봅니다.
'做不完'은 '해도 해도 끝이 없다'는 뜻입니다.

A: 作业都做好了没有?
Zuò yè dōu zuò hǎo le méi yǒu?

都几点了?
Dōu jǐ diǎn le?

B: 做不完。
Zuò bu wán.

我的作业真是做不完啊。
Wǒ de zuò yè zhēn shì zuò bu wán a.

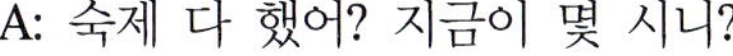

A: 숙제 다 했어? 지금이 몇 시니?
B: 해도 해도 끝이 없어.
내 숙제는 정말 끝이 안 나네.

단어정리

作业 zuòyè(쭤예): 숙제
都 dōu(떠우): 모두
做 zuò(쭤): 하다
好 hǎo(하오): 좋다
没有 méiyǒu(메이여우): ~하지
几点 jǐdiǎn(찌띠엔): 몇 시
完 wán(완): 마치다
的 de(떠): ~의
真是 zhēnshì(쩐스): 정말로
啊 a(아): 감탄의 어감을 표시하지 않았다

21 공 부

공부를 하라는 엄마와 잠깐 쉬려는 아들의 대화 내용입니다. '别~了'는 '~하지 마라'는 뜻입니다.

A: 别耽误时间,
Bié dān wù shí jiān,

赶快回房间去。
Gǎn kuài huí fáng jiān qù.

B: 我已经看了一个多小时。
Wǒ yǐ jīng kàn le yí ge duō xiǎo shí.

我得休息。
Wǒ děi xīu xi.

A: 시간 낭비하지 말고 어서 방으로 들어가.
B: 벌써 한 시간 넘게 공부했어요. 좀 쉬어야 해요.

단어정리

耽误 dānwù(딴우): 허비하다
时间 shíjiān(스지엔): 시간
赶快 gǎnkuài(간콰이): 어서
回 huí(회이): 돌아오다
房间 fángjiān(팡지엔): 방
已经 yǐjīng(이찡): 벌써
看 kàn(칸): 보다
小时 xiǎoshí(샤오스): 시간
得 děi(데이): ~해야 하다
休息 xīuxi(셔우시): 쉬다

지쳤다! 22

시험을 망친 친구의 이야기입니다.
본문의 '累坏了'는 '너무 지쳤다'라는 뜻입니다.

A: 考得还不错吧?
Kǎo de hái bú cuò ba?

累坏了是不是?
Lèi huài le shì bu shì?

怎么不说话呢?
Zěn me bù shuō huà ne?

B: 我考得一塌糊涂。
Wǒ kǎo de yí tà hú tu.

A: 시험 그런대로 잘 봤지? 지쳤나 보구나? 왜 말을 안 해?
B: 나 시험 완전히 망쳤어.

단어정리

考 kǎo(카오): 시험보다
还 hái(하이): 그런대로, 꽤
不错 búcuò(부춰): 괜찮다
怎么 zěnme(쩐머): 어째서
不 bù(뿌): 아니다, ~하지 않다
说 shuō(숴): 말하다
话 huà(화): 말, 이야기
得 de(떠): 조사
一塌糊涂 yítàhútu(이타후투): 엉망진창이다

23 세미나

주말에 다른 스케줄이 잡혀 있는 남자친구의 이야기입니다. '学术研讨会'는 '학술세미나'를 뜻합니다.

A: 我们明天看电影。
Wǒ men míng tiān kàn diàn yǐng.

B: 明天恐怕不行。
Míng tiān kǒng pà bù xíng.

A: 怎么了?
Zěn me le?

B: 明天我得参加学术研讨会。
Míng tiān wǒ děi cān jiā xué shù yán tǎo huì.

A: 우리 내일 영화 보자.
B: 내일은 안 될 것 같은데.
A: 왜?
B: 내일 학술세미나에 참석해야 해.

단어정리

我们 wǒmen(워먼): 우리들
明天 míngtiān(밍티엔): 내일
看 kàn(칸): 보다
电影 diànyǐng(띠엔잉): 영화
恐怕 kǒngpà(콩파): ~인 것 같다
不 bù(뿌): 아니다
行 xíng(싱): 괜찮다
怎么 zěnme(쩐머): 왜
得 děi(데이): ~해야 한다
参加 cānjiā(찬쟈): 참가하다

원고 24

주말에 친구들 모임에 참석하지 못한 남자의 이야기를 들어봅니다.

'别忘了'는 '잊지 마라'는 뜻입니다.

A: 别忘了周末的聚会。
Bié wàng le zhōu mò de jù huì.

B: 怎么办呢?
Zěn me bàn ne?

我恐怕去不了了。
Wǒ kǒng pà qù bu liǎo le.

要写一篇委托我的稿子。
Yào xiě yì piān wěi tuō wǒ de gǎo zi.

A: 주말 모임 잊지 마라.

B: 어쩌지? 난 못 갈 것 같아. 청탁 받은 원고를 한 편 써야 해서.

단어정리

周末 zhōumò(저우뭐): 주말
聚会 jùhuì(쮜회이): 모임
怎么办 zěnmebàn(쩐머빤): 어찌
恐怕 kǒngpà(콩파): 아마 ~일 것 같다
~不了 buliǎo(뿌랴오): ~할 수 없다
要 yào(야오): ~해야 하다
写 xiě(시에): 쓰다
篇 piān(피엔): 편하다
委托 wěituō(웨이퉈): 위탁하다
稿子 gǎozi(까오즈): 원고

25 숙 제

오랜 시간이 지났는데도 숙제를 끝내지 못한 아들과 엄마의 대화입니다.

'做完了'는 '다 했다'라는 뜻입니다.

A: 作业做完了没有?
Zuò yè zuò wán le méi yǒu?

B: 快要做完了。
Kuài yào zuò wán le.

A: 你是不是又上网了?
Nǐ shì bu shì yòu shàng wǎng le?

怎么到现在还没做完?
Zěn me dào xiàn zài hái méi zuò wán?

A: 숙제 다 했니?
B: 거의 다 해가요.
A: 또 인터넷 했어? 왜 아직도 다 못했어?

단어정리

作业 zuòyè(쭤예): 숙제
做 zuò(쭤): 하다
快要 kuàiyào(콰이야오): 곧 ~할 것이다
又 yòu(여우): 또
上网 shàngwǎng(상왕): 인터넷하다
怎么 zěnme(쩐머): 왜
到 dào(따오): 도착하다, ~까지
现在 xiànzài(씨엔짜이): 지금
还 hái(하이): 아직도

수능 성적표 26

수능 성적표를 받아본 학생들의 대화 내용입니다.
본문의 '高考'는 '수능시험'을 말합니다.

A: 昨天高考成绩出来了吧?
Zuó tiān gāo kǎo chéng jī chū lái le ba?

B: 我的语言领域是二等级。
Wǒ de yǔ yán lǐng yù shì èr děng jí.

A: 你比我好多了。
Nǐ bǐ wǒ hǎo duō le.

我有两个三等级的。
Wǒ yǒu liǎng ge sān děng jí de.

A: 어제 수능 점수 나왔지?
B: 난 언어영역이 2등급이야.
A: 넌 나보다 낫다.
B: 나는 3등급이 두 개나 있어.

단어정리

昨天 zuótiān(줘티엔): 어제
成绩 chéngjì(청찌): 성적
出来 chūlái(추라이): 나오다
语言 yǔyán(위옌): 언어
领域 lǐngyù(링위): 영역
等级 děngjí(떵지): 등급
比 bǐ(삐): ~보다
多 duō(뚸): 많다
两 liǎng(량): 둘

27 완 성

친구의 질문에 대답하지 않고 신경질을 부리는 사람의 이야기입니다.

'~了没有?'는 '~을 했습니다.

A: 作业做完了没有?
Zuò yè zuò wán le méi yǒu?

你怎么不回答我的问题呀?
Nǐ zěn me bù huí dá wǒ de wèn ti ya?

B: 还没做好。
Hái méi zuò hǎo.

你别老问我好不好?
Nǐ bié lǎo wèn wǒ hǎo bu hǎo?

A: 숙제 다 했어? 왜 내 말에 대답을 안 해?

B: 아직 안 했어. 그만 좀 물어볼래?

단어정리

作业 zuòyè(쭤예): 숙제
做 zuò(쭤): 하다
完 wán(완): 완성하다
回答 huídá(회이다): 대답하다
问题 wènti(원티): 질문

还 hái(하이): 아직도
别 bié(삐에): ~하지 마라
老 lǎo(라오): 늘, 항상
问 wèn(원): 묻다

토플시험 28

토플시험을 본 두 학생의 이야기입니다.
'上星期六'은 '지난주 토요일'을 뜻합니다.

A: 上星期六考托福了吧?
Shàng xīng qī liù kǎo tuō fú le ba?

B: 对! 我第一次去考,
Duì! Wǒ dì yī cì qù kǎo,

但是考得不怎么样。
dàn shì kǎo de bù zěn me yàng.

A: 我也是。
Wǒ yě shì.

A: 지난주 토요일에 토플시험 쳤지?
B: 응! 처음 봤어. 그런데 시험은 그냥 그렇게 쳤어.
A: 나도 그래.

단어정리

星期 xīngqī(싱치): 요일
考 kǎo(카오): 시험보다
托福 tuōfú(퉈푸): 토플
第 dì(띠): 제
也 yě(예): ~도
去 qù(취): 가다
但是 dànshì(딴스): 그러나
不怎么样 bùzěnmeyàng(뿌쩐머양): 보통이다, 별로 좋지 않다
次 cì(츠): 번

29 출 판

지인이 쓴 책이 출판되어 기뻐하는 친구의 이야기입니다.
'真厉害'는 '정말 대단하다'라는 뜻입니다.

A: 他写的书出版了。
Tā xiě de shū chū bǎn le.

B: 他真厉害!
Tā zhēn lì hai!

题目是什么来着?
Tí mù shì shén me lái zhe?

A: 奇怪! 怎么想不起来了?
Qí guài! Zěn me xiǎng bu qǐ lái le?

A: 그가 쓴 책이 출판되었어요.
B: 그 사람 정말 대단하네! 제목이 뭐야?
A: 이상하네! 왜 갑자기 생각이 안 나지?

단어정리

写 xiě(시에): 쓰다	题目 tímù(티무): 제목
书 shū(수): 책	奇怪 qíguài(치꽈이): 이상하다
出版 chūbǎn(추빤): 출판하다	怎么 zěnme(쩐머): 왜
真 zhēn(쩐): 정말로	想不起来 xiǎngbuqǐlái(샹뿌치라이): 생각나지 않다
厉害 lìhai(리하이): 대단하다	

졸업가운 30

졸업을 앞둔 친구들이 나누는 대화 내용입니다.
본문의 '就毕业了'는 '곧 졸업을 하다'라는 뜻입니다.

A: 再过几天就毕业了。
Zài guò jǐ tiān jiù bì yè le.

心里怪怪的!
Xīn lǐ guài guài de!

B: 我真想看到你
Wǒ zhēn xiǎng kàn dào nǐ

穿上毕业服的样子。
chuān shàng bì yè fú de yàng zi.

A: 며칠만 더 있으면 졸업이야. 마음이 싱숭생숭해!
B: 난 정말 네가 졸업가운을 입은 모습을 보고 싶어.

단어정리

再 zài(짜이): 다시
过 guò(꿔): 지내다[過]
心里 xīnlǐ(씬리): 마음속으로[裏]
怪 guài(꽈이): 이상하다
样子 yàngzi(양쯔): 모습[樣]
看到 kàndào(칸따오): 보게 되다
穿上 chuānshàng(촨상): 입다
毕业服 bìyèfú(삐예푸): 졸업가운 [畢業]
想 xiǎng(샹): ~하고 싶다

31 개 강

개강을 한 교실에서 선생님과 학생의 이야기입니다.
본문의 '这几天'은 '요 며칠'을 의미합니다.

A: 开学这几天感觉怎么样?
Kāi xué zhè jǐ tiān gǎn jué zěn me yàng?

B: 我觉得挺好的。
Wǒ jué de tǐng hǎo de.

学生都很听话。
Xué sheng dōu hěn tīng huà.

但就是学生太多了。
Dàn jiù shì xué sheng tài duō le.

A: 개강한지 며칠 됐는데, 기분이 어떠세요?
B: 아주 좋아요. 학생들도 저를 잘 따르고요.
그런데 학생이 너무 많아요.

단어정리

开学 kāixué(카이쉬에): 개학하다 [開學]
感觉 gǎnjué(깐쮜에): 느끼다[覺]
觉得 juéde(쮜에떠): ~라고 느끼다
好 hǎo(하오): 좋다
听话 tīnghuà(팅화): 말을 잘 듣다[聽話]
但 dàn(딴): 그러나
就是 jiùshì(쪄우스): ~뿐이다

수학시험 32

수학시험 성적을 엉망으로 받은 친구의 이야기입니다.
본문의 '考砸了'는 '시험을 망치다'라는 뜻입니다.

A: 数学本来是我的强项,
Shù xué běn lái shì wǒ de qiáng xiàng,

结果却考砸了。
jié guǒ què kǎo zá le.

B: 考了几分?
Kǎo le jǐ fēn?

A: 只拿到了七十分。
Zhǐ ná dào le qī shí fēn.

A: 수학은 원래 내가 제일 잘하는 과목인데, 시험을 엉망으로 받았어.

B: 몇 점 받았는데?

A: 칠십 점 밖에 못 받았어.

단어정리

数学 shùxué(수쉬에): 수학[數學]
本来 běnlái(뻔라이): 원래[來]
强项 qiángxiàng(창샹): 강한 종목
结果 jiéguǒ(찌에꿔): 결과
考 kǎo(카오): 시험보다
几 jǐ(찌): 몇[幾]
分 fēn(펀): 점
只 zhǐ(쯔): 단지
拿到 nádào(나따오): 받았다

33 개강 준비

새 학기가 돌아와 개강을 앞둔 친구들의 대화 내용입니다.
본문의 '就~了'는 '곧 ~하다'라는 의미입니다.

A: 明天就开学了。
Míng tiān jiù kāi xué le.

准备好开学了吗?
Zhǔn bèi hǎo kāi xué le ma?

B: 去上课就好了,
Qù shàng kè jiù hǎo le,

还有什么要准备的?
hái yǒu shén me yào zhǔn bèi de?

A: 내일이면 개강인데, 개강 준비는 다 했어?
B: 가서 수업만 들으면 그뿐이지, 준비할 게 뭐가 있어?

단어정리

明天 míngtiān(밍티엔): 내일
开学 kāixué(카이쉬에): 개학하다[開學]
准备 zhǔnbèi(쥔뻬이): 준비하다[準備]
要 yào(야오): ~해야 하다
上课 shàngkè(상크어): 수업하다
还有 háiyǒu(하이여우): 게다가[還]
什么 shénme(선머): 무엇[麽]
好 hǎo(하오): 좋다

배고파요! 34

공부하라고 성화인 엄마와 아들의 대화 내용입니다.
본문의 '吃的'은 '먹을 것'이라는 뜻입니다.

A: 你怎么又出来了?
Nǐ zěn me yòu chū lái le?

进去看书啊!
Jìn qù kàn shū a!

B: 我饿了。
Wǒ è le.

有没有吃的?
Yǒu méi yǒu chī de?

A: 왜 또 나왔어? 들어가서 공부해!
B: 나 배고파요. 먹을 거 없어요?

단어정리

怎么 zěnme(쩐머): 어째서
又 yòu(여우): 또
出来 chūlái(추라이): 나오다
进去 jìnqù(찐취): 들어가다
啊 a(아): 어감을 나타냄
看 kàn(칸): 보다
书 shū(수): 책
饿 è(으어): 배가 고프다
有 yǒu(여우): 가지고 있다
没有 méiyǒu(메이여우): 없다
吃 chī(츠): 먹다
的 de(더): '동사+的'은 명사의 성질을 나타냄

35 인터넷

외출했던 엄마와 아들이 나누는 대화 내용입니다
'做好了'는 '(일을) 잘 마무리했음'을 말합니다.

A: 作业都做好了没有?
Zuò yè dōu zuò hǎo le méi yǒu?

怎么不回答呀?
Zěn me bù huí dá ya?

你又上网啦?
Nǐ yòu shàng wǎng la?

B: 马上做。
Mǎ shàng zuò.

A: 숙제는 다 했니? 왜 대답이 없어? 또 인터넷 접속했니?
B: 금방 할게요.

단어정리

作业 zuòyè(쭤예): 숙제
都 dōu(떠우): 모두
做 zuò(쭤): 하다
好 hǎo(하오): 좋다
没有 méiyǒu(메이여우): 없다
怎么 zěnme(쩐머): 왜
不 bù(뿌): ~하지 않다
回答 huídá(회이따): 대답하다
又 yòu(여우): 또
上网 shàngwǎng(상왕): 접속하다
马上 mǎshàng(마쌍): 금방

노크 36

노크하지 않고 아들 방에 들어간 엄마와 아들의 대화 내용입니다.

'吓死我了'는 '깜짝 놀라다'라는 뜻입니다.

A: 还不打开课本,
Hái bù dǎ kāi kè běn,

你又干什么?
nǐ yòu gàn shén me?

B: 哎呀! 吓死我了。
Āi yā! Xià sǐ wǒ le.

妈你怎么不敲门就进来啦?
Mā nǐ zěn me bù qiāo mén jiù jìn lái la?

A: 아직도 책 안 펴고 또 뭐하는 거야?

B: 아이고! 깜짝이야! 엄마 왜 노크도 안 하고 들어와요?

단어정리

还 hái(하이): 아직도[還]
打开 dǎkāi(다카이): 펴다[開]
课本 kèběn(크어뻔): 교과서[課]
就 jiù(쪄우): 바로
进来 jìnlái(찐라이): 들어오다[進]
怎么 zěnme(쩐머): 왜[麽]
敲门 qiāomén(챠오먼): 문을 두드리다[門]
又 yòu(여우): 또
干 gàn(깐): 하다[幹]

37 인내심

공부를 하다가 잠깐 쉬러 나온 아들과 엄마의 대화입니다. 본문의 '这一关'은 '이 고비'라는 뜻입니다.

A: 怎么又出来了?
Zěn me yòu chū lái le?

挺过这一关就好了。
Tǐng guò zhè yī guān jiù hǎo le.

B: 但是我真的不行了,
Dàn shì wǒ zhēn de bù xíng le,

眼睛都花了。
yǎn jing dōu huā le.

A: 왜 또 나왔어? 이 고비만 견디면 되는데.
B: 근데 저 진짜 못하겠어요. 눈이 다 침침해요.

단어정리

怎么 zěnme(쩐머): 어째서
出来 chūlái(추라이): 나오다
挺 tǐng(팅): 견디다
过 guò(꿔): 가다, 건너다
但是 dànshì(딴스): 그러나
真的 zhēnde(쩐떠): 정말로
行 xíng(싱): 괜찮다
眼睛 yǎnjing(옌찡): 눈
都 dōu(떠우): 모두
花 huā(화): 눈이 침침하다

야단 38

늦게 귀가 한 딸을 야단치는 아버지의 이야기를 들어봅니다. '想到~'는 '생각이 ~에 미치다'입니다.

A: 现在几点了?
Xiàn zài jǐ diǎn le?

怎么现在才回来?
Zěn me xiàn zài cái huí lái?

B: 对不起。
Duì bu qǐ.

我没想到时间过得这么快。
Wǒ méi xiǎng dào shí jiān guò de zhè me kuài.

A: 지금 몇 시야? 왜 지금 들어오는 거야?
B: 죄송해요. 시간이 이렇게 된 줄 몰랐어요.

단어정리

现在 xiànzài(씨엔짜이): 지금
几 jǐ(찌): 몇
点 diǎn(띠엔): 시
怎么 zěnme(쩐머): 왜
才 cái(차이): 비로소
回来 huílá(회이라이): 돌아오다
想 xiǎng(샹): 생각하다
时间 shíjiān(스찌엔): 시간
过 guò(꿔): 지나다
这么 zhème(쯔어머): 이렇게
快 kuài(콰이): 빠르다

39 무리하다

'别bié(비에)~'는 '~을 ~하지 마라'는 의미를 갖습니다.
'나와서 쉬지 마!'라는 말은 '别出来休息'와 같이 표현합니다.
본문의 '累坏了'는 '무리하는 것'을 나타냅니다.

A: 别忘了每两个小时出来休息。
Bié wàng le měi liǎng ge xiǎo shí chū lái xiū xi。

B: 我知道了。
Wǒ zhī dào le。

A: 别累坏了身体。
Bié lèi huài le shēn tǐ。

B: 妈! 我走了。
Mā! Wǒ zǒu le。

A: 두 시간마다 나가서 쉬는 것 잊지 말고.
B: 알았어요.
A: 너무 무리하지 말고.
B: 엄마! 저 가요.

단어정리

忘 wàng(왕): 잊다
每 měi(메이): 매, 각
两 liǎng(량): 둘
个 ge(끄어): 개
小时 xiǎoshí(샤오스): 시간
出来 chūlái(추라이): 나오다
休息 xiūxi(셔우시): 쉬다
知道 zhīdào(즈따오): 알다
累 lèi(레이): 힘들다
坏 huài(화이): 고장 나다, 나쁘다
身体 shēntǐ(선티): 건강
走 zǒu(쩌우): 가다, 걷다

동생의 일에 사사건건 간섭인 누나의 이야기입니다.
'别再~了'는 '더 이상 ~하지 마라'는 뜻입니다.

A: 赶快念书吧。
Gǎn kuài niàn shū ba.

别再上网了。
Bié zài shàng wǎng le.

B: 你看你的电视,
Nǐ kàn nǐ de diàn shì,

少管我闲事儿。
shǎo guǎn wǒ xián shìr.

A: 공부해 어서. 인터넷 그만 보고.
B: 보던 텔레비전이나 보시지. 남의 일에 신경 쓰지 말고.

단어정리

赶快 gǎnkuài(간콰이): 어서
念书 niànshū(니엔수): 공부하다
吧 ba(바): ~해라
别 bié(삐에): ~하지 마라
再 zài(짜이): 다시, 또
上网 shàngwǎng(상왕): 접속하다
看 kàn(칸): 보다
的 de(떠): ~의
电视 diànshì(띠엔스): 텔레비전
少 shǎo(사오): 작작
管 guǎn(관): 상관하다
闲事儿 xiánshìr(시엔스): 남의 일

41 잠

공부하느라 늦게 잠을 잔 친구의 이야기입니다.
'在+동사'는 동작의 진행을 나타냅니다.

A: 还在睡呀?
Hái zài shuì ya?

快起来吧, 你!
Kuài qǐlái ba, nǐ!

B: 好啦好啦! 别叫他了,
Hǎo la hǎo la! Bié jiào tā le,

让他多睡一会儿吧。
ràng tā duō shuì yí huìr ba.

A: 아직도 자? 어서 일어나!
B: 됐어, 됐어. 깨우지 말고 걔 좀 더 자게 내버려둬.

단어정리

还 hái(하이): 아직도
在 zài(짜이): 동작의 진행을 표시
睡 shuì(쉐이): 잠을 자다
快 kuài(콰이): 어서
起来 qǐlái(치라이): 일어나다
好 hǎo(하오): 좋다
别 bié(삐에): ~하지 마라
叫 jiào(쨔오): 부르다, 깨우다
让 ràng(랑): ~하게 하다
多 duō(뚸): 많다
一会儿 yíhuìr(이훨얼): 잠시

밤샘공부 42

밤새 작업을 한 남편과 아내가 나누는 대화 내용입니다.
'开夜车'는 '밤을 새워 일이나 공부를 하는 것'을 의미합니다.

A: 你怎么睡这么多?
Nǐ zěn me shuì zhè me duō?

不吃午饭吗?
Bù chī wǔ fàn ma?

B: 我昨天开了夜车。
Wǒ zuó tiān kāi le yè chē.

还想多睡一会儿。
Hái xiǎng duō shuì yí huìr.

A: 왜 이렇게 잠을 많이 자요? 점심식사는 안 해요?
B: 어제 밤을 새서 좀 더 자고 싶어서요.

단어정리

怎么 zěnme(쩐머): 왜
睡 shuì(쉐이): 잠을 자다
这么 zhème(쯔어머): 이토록
多 duō(뛰): 많다
午饭 wǔfàn(우판): 점심식사
昨天 zuótiān(쭤티엔): 어제
开 kāi(카이): 차를 몰다
还 hái(하이): 아직도
想 xiǎng(샹): ~하고 싶다
多 duō(뛰): 많다
一会儿 yíhuìr(이훼얼): 잠시

43 오자(误字)

글씨를 틀리게 쓴 학생의 이야기입니다.
'这个字'는 '이 글자', '写错了'는 '잘못 썼다'라는 뜻입니다.

A: 这个字是不是写错了?
Zhè ge zì shì bu shì xiě cuò le?

没有这个字。
Méi yǒu zhè ge zì.

B: 是吗?
Shì ma?

A: 字典里没有这个字。
Zì diǎn lǐ méi yǒu zhè ge zì.

A: 이 글자 잘못 쓴 거 아니에요? 이런 글자 없어요.
B: 그래요?
A: 사전에는 이런 글자가 없어요.

단어정리

这 zhè(쯔어): 이[這]
个 ge(끄어): 개[個]
字 zì(쯔): 글자
写 xiě(시에): 쓰다[寫]
错 cuò(춰): 틀리다[錯]
是 shì(스): ~이다
没有 méiyǒu(메이여우): 없다
字典 zìdiǎn(쯔디엔): 사전
里 lǐ(리): 안[裏]

독서

독서에 관해 이야기하는 친구들의 대화 내용입니다.
'没有时间'은 '시간이 없다'라는 의미입니다.

A: 你一年看几本书?
Nǐ yì nián kàn jǐ běn shū?

B: 生活忙碌,
Shēng huó máng lù,

根本没有时间看书。
gēn běn méi yǒu shí jiān kàn shū.

而且书价也很贵。
ér qiě shū jià yě hěn guì.

A: 일 년에 책 몇 권 읽어요?
B: 생활이 바빠서 책을 읽을 시간이 없어요.
게다가 책값도 비싸잖아요.

단어정리

年 nián(니엔): 해
看书 kànshū(칸수): 책을 읽다[書]
几 jǐ(찌): 몇[幾]
本 běn(뻔): 권
生活 shēnghuó(성훠): 생활
忙碌 mánglù(망루): 바쁘다
根本 gēnběn(껀번): 아예
而且 érqiě(얼치에): 게다가
书价 shūjià(수쨔): 책값[書價]
贵 guì(꿰이): 비싸다[貴]

45 고사성어

신문에 나온 고사성어의 의미를 묻는 친구의 이야기입니다.
'不讲情面'은 '사정을 봐주지 않다'라는 뜻입니다.

A: "铁面无私"是什么意思?
"Tiě miàn wú sī" shì shén me yì sī?

B: 形容公正严明, 不讲情面。
Xíng róng gōng zhèng yán míng, bù jiǎng qíng miàn.

懂了吗?
dǒng le ma?

A: '철면무사'가 무슨 뜻이야?
B: 공정하게 판결하고, 사사로운 감정에 휩싸여 사정을 봐주지 않는다는 뜻이야.
이제 알았니?

단어정리

什么 shénme(선머): 무엇[麽]
意思 yìsi(이스): 의미
形容 xíngróng(싱롱): 형용하다
公正 gōngzhèng(꽁쩡): 공정하다
严明 yánmíng(옌밍): 엄격하고 공명하다[嚴]
讲 jiǎng(쟝): 말하다, 중시하다[講]
懂 dǒng(동): 이해하다

한 글 46

역사에 관심이 많은 아들과 엄마의 대화 내용입니다.
'这就是~'는 '이것이 바로 ~이다'라는 뜻입니다.

A: 妈，世宗大王是谁？
Mā, Shì zōng dà wáng shì shuí?

B: 是朝鲜王朝第四代君主。
Shì Cháo xiǎn wáng cháo dì sì dài jūn zhǔ.

世宗大王创造了韩国字，
Shì zōng dà wáng chuàng zào le Hán guó zì,

这就是著名的"训民正音"。
Zhè jiù shì zhù míng de "Xùn mín zhèng yīn."

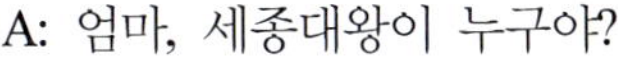

A: 엄마, 세종대왕이 누구야?
B: 조선왕조 제4대 왕이셔.
세종대왕이 한글을 만드셨는데, 그게 바로 유명한 훈민정음이야.

단어정리

是 shì(스): ~이다
谁 shuí(쉐이): 누구
朝鲜王朝 Cháoxiān wángcháo (차오시엔왕차오): 조선왕조
第 dì(띠): 제
君主 jūnzhǔ(쮠주): 임금
创造 chuàngzào(추앙짜오): 창조하다
韩国 Hánguó(한궈): 한국
字 zì(쯔): 글자
著名 zhùmíng(쭈밍): 유명하다

47 사후약방문

우리말 성어 '사후약방문'을 못 알아듣는 중국인에게 뜻을 설명해주는 대화 내용입니다.

A: 死后药方文。
Sǐ hòu yào fāng wén.

B: 那是什么意思?
Nà shì shén me yìsī?

A: 就是亡羊补牢的意思。
Jiù shì wáng yáng bǔ láo de yì sī.

B: 我怎么没听过这句话?
Wǒ zěn me méi tīng guo zhè jù huà?

A: 사후약방문이로구만.
B: 그게 무슨 뜻이야?
A: '소 잃고 외양간 고친다'는 말이야.
B: 난 왜 그 말을 못 들어봤지?

단어정리

那 nà(나): 그	补 bǔ(뿌): 보충하다
意思 yìsī(이스): 뜻, 의미	牢 láo(라오): 우리
就是 jiùshì(쪄우스): 바로	听 tīng(팅): 듣다
亡 wáng(왕): 잃다	过 guo(궈): ~을 해 본 적이 있다
羊 yáng(양): 양	句 jù(쮜): 마디

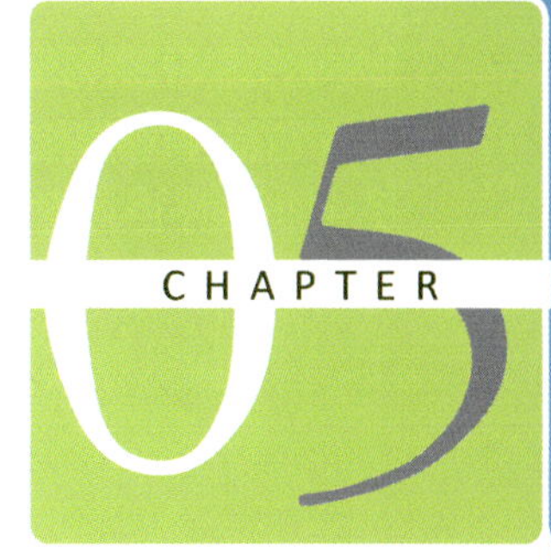

날씨 / 의복

01 비바람

'不用~'은 '~할 필요 없다'라는 뜻으로 본문의 '不用担心'은 '걱정할 필요가 없음'을 나타냅니다.

A: 今天风雨真的很大,
Jīn tiān fēng yǔ zhēn de hěn dà,

家里都平安吧?
jiā li dōu píng ān ba?

B: 一切都很好,
Yí qiè dōu hěn hǎo,

家里的事你不用担心。
jiā li de shì nǐ bú yòng dān xīn。

A: 오늘 비바람이 거세던데 집에는 별일 없죠?

B: 모두 다 잘 있어. 집안일은 신경 쓰지 마.

단어정리

今天 jīntiān(찐티엔): 오늘
风 fēng(펑): 바람
雨 yǔ(위): 비
真的 zhēnde(쩐떠): 정말로
家里 jiāli(쟈리): 집안에
都 dōu(떠우): 모두
平安 píngān(핑안): 평안하다
一切 yíqiè(이치에): 모두
事 shì(스): 일
用 yòng(용): 사용하다
担心 dānxīn(딴씬): 걱정하다

졸음 02

본문에 나온 '了'는 상태의 변화를 의미하는 것으로 '天冷了'는 날씨가 추워졌음을 말합니다.

또 '只想~'은 '단지 ~만 하고 싶을 뿐이다'입니다.

A: 我怎么这么困呢?
Wǒ zěn me zhè me kùn ne?

天冷了，觉得身体不舒服。
Tiān lěng le, jué de shēn tǐ bù shū fu.

B: 我也是。浑身没劲,
Wǒ yě shì. Hún shēn méi jìn,

只想躺着睡觉。
zhǐ xiǎng tǎng zhe shuì jiào.

A: 나 왜 이렇게 졸리지? 날씨가 추워지니까 몸이 안 좋네.
B: 나도 그래. 온몸에 기운이 없고 누워서 잠만 잤으면 좋겠어.

단어정리

怎么 zěnme(쩐머): 왜
浑身 húnshēn(훈선): 온몸
觉得 juéde(쥐에떠): ~느끼다
舒服 shūfu(수푸): 편안하다
身体 shēntǐ(선티): 몸
没劲 méijìn(메이찐): 기운이 없다
困 kùn(쿤): 졸리다
冷 lěng(렁): 춥다
天 tiān(티엔): 날씨
躺 tǎng(탕): 눕다
睡觉 shuìjiào(쉐이짜오): 잠을 자다

03 춥다

'也许是~'는 '아마도~의 영향 때문일 것이다'라는 뜻으로 본문의 '也许是天气的影响'은 '아마도 날씨 탓일 것임'을 나타냅니다.

A: 不知最近怎么了,
Bù zhī zuì jìn zěn me le.

怎么就这么困呢?
zěn me jiù zhè me kùn ne?

B: 冬天天气很冷,
Dōng tiān tiān qì hěn lěng,

也许是天气的影响。
yě xǔ shì tiān qì de yǐng xiǎng.

A: 요즘 왜 그런지 모르겠는데 왜 이렇게 졸리지?
B: 겨울에는 날씨가 춥잖아. 아마 날씨 탓일 거야.

단어정리

不 bù(뿌): 아니다
知 zhī(즈): 알다
最近 zuìjìn(쮜이찐): 최근에
怎么 zěnme(쩐머): 왜, 어째서
这么 zhème(쯔어머): 이렇게
困 kùn(쿤): 졸리다
冬天 dōngtiān(똥티엔): 겨울
天气 tiānqì(티엔치): 날씨
冷 lěng(렁): 춥다
也许 yěxǔ(예쉬): 아마도
影响 yǐngxiǎng(잉샹): 영향

우산을 쓰다 04

'只有'는 '~밖에 없다'로 '只有一把雨伞'은 '우산이 하나밖에 없음'을 의미하며 '撑伞'은 '우산을 쓰다'입니다.

A: 外面下雨了。
Wài miàn xià yǔ le.

你有没有带伞?
Nǐ yǒu méi yǒu dài sǎn?

B: 我只有一把雨伞。
Wǒ zhǐ yǒu yì bǎ yǔ sǎn.

A: 我们一起撑伞回家吧。
Wǒ men yì qǐ chēng sǎn huí jiā ba.

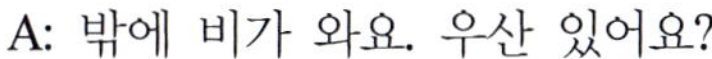

A: 밖에 비가 와요. 우산 있어요?

B: 우산이 하나밖에 없는데요.

A: 우리 집까지 우산 같이 쓰고 가죠.

단어정리

外面 wàimiàn(와이미엔): 밖
带 dài(따이): 휴대하다
只 zhǐ(즈): 단지
把 bǎ(바): 자루
撑 chēng(청): 받치다
下雨 xiàyǔ(샤위): 비가 내리다
伞 sǎn(산): 우산
有 yǒu(여우): 있다
一起 yìqǐ(이치): 같이, 함께
回家 huíjiā(회이쟈): 집에 가다

05 드라이브

본문의 '兜风'은 '바람을 쐬다'라는 말로 '기분전환 차원에서 드라이브를 하다'라는 말을 할 때도 쓰입니다.

A: 今天天气真好。
Jīn tiān tiān qì zhēn hǎo.

我们出去兜兜风。
Wǒ men chū qù dōu dou fēng.

B: 对不起, 我不能出去。
Duì bu qǐ, wǒ bù néng chū qù.

作业还没做完呢。
Zuò yè hái méi zuò wán ne.

A: 오늘 날씨 정말 좋은데. 우리 나가서 드라이브나 하자.
B: 미안해 나는 못 나가. 숙제를 아직 다 안 했거든.

단어정리

今天 jīntiān(찐티엔): 오늘
真 zhēn(쩐): 정말로
出去 chūqù(추취): 나가다
能 néng(넝): ~을 할 수 있다
做 zuò(쭤): 하다
天气 tiānqì(티엔치): 날씨
好 hǎo(하오): 좋다
兜风 dōufēng(떠우펑): 바람을 쐬다
作业 zuòyè(쭤예): 숙제
完 wán(완): 끝내다

춘곤증 06

'春困秋乏'은 '봄철에는 졸리고 가을철에는 나른하다'로 '춘곤증'이라는 말과 비슷한 표현입니다.

A: 我怎么老想睡觉呢?
Wǒ zěn me lǎo xiǎng shuì jiào ne?

B: 中午吃多了是不是?
Zhōng wǔ chī duō le shì bu shì?

可能是春天的缘故,
Kě néng shì chūn tiān de yuán gù,

春困秋乏嘛!
chūn kùn qiū fá ma!

A: 나 왜 이렇게 자꾸 졸리지?
B: 점심때 많이 먹은 것 아냐? 아마도 봄 때문일 수도 있어. 봄에는 졸리고 가을에는 나른하다고 하잖아.

단어정리

老 lǎo(라오): 늘, 항상
睡觉 shuìjiào(쒜이쨔오): 잠을 자다
吃 chī(츠): 먹다
可能 kěnéng(크어넝): 아마도
缘故 yuángù(위엔꾸): 원인
秋 qiū(쳐우): 가을
想 xiǎng(샹): ~하고 싶다
中午 zhōngwǔ(쫑우): 점심
多 duō(뚸): 많다
春天 chūntiān(췬티엔): 봄
困 kùn(퀀): 졸리다

07 소나기

갑자기 내린 비로 당황하는 한 친구의 이야기를 들어봅니다.
본문의 '一把'는 '우산 한 자루'입니다.

A: 外面下雨呢。
Wài miàn xià yǔ ne.

B: 糟了。我没带伞,
Zāo le. Wǒ méi dài sǎn,

你能不能借我一把伞?
Nǐ néng bu néng jiè wǒ yī bǎ sǎn?

A: 对不起, 我只有一把。
Duì bu qǐ, wǒ zhǐ yǒu yī bǎ.

A: 밖에 비 오네.
B: 큰일 났네. 우산 안 갖고 왔는데, 나 하나 빌려줄 수 있어?
A: 미안해. (우산이) 하나밖에 없어.

단어정리

外面 wàimiàn(와이미엔): 밖
呢 ne(너): 동작의 지속을 나타냄
没 méi(메이): ~하지 않았다
伞 sǎn(산): 우산
借 jiè(찌에): 빌리다
把 bǎ(빠): 우산을 세는 양사
下雨 xiàyǔ(샤위): 비가 내리다
糟 zāo(짜오): 큰일이다
带 dài(따이): 몸에 지니다
能 néng(넝): ~할 수 있다
只 zhǐ(즈): 단지

화창하다 08

날씨에 대해 말하는 두 사람의 이야기입니다.
'雨下得很大'는 '비가 많이 내리는 것'을 말합니다.

A: 今天天气很好。
Jīn tiān tiān qì hěn hǎo.

B: 是啊!
Shì a!

昨天晚上雨下得很大。
Zuó tiān wǎn shang yǔ xià de hěn dà.

今天天气非常晴朗。
Jīn tiān tiān qì fēi cháng qíng lǎng.

A: 오늘 날씨 참 좋다.

B: 그러게 말이야! 어제 저녁에는 비가 많이 내리더니 오늘은 날씨가 화창하네.

단어정리

今天 jīntiān(찐티엔): 오늘
天气 tiānqì(티엔치): 날씨
很 hěn(헌): 매우
好 hǎo(하오): 좋다
昨天 zuótiān(쭤티엔): 어제
晚上 wǎnshang(완상): 저녁
雨 yǔ(위): 비
下 xià(쌰): 내리다
大 dà(따): 크다
非常 fēicháng(페이창): 굉장히
晴朗 qínglǎng(칭랑): 화창하다

09 기 온

기온 변화에 대비하는 두 사람의 이야기를 들어봅니다. '怕'는 '두렵다'입니다.

A: 你最好多穿衣服。
Nǐ zuì hǎo duō chuān yī fu.

早晚气温变化很大。
Zǎo wǎn qì wēn biàn huà hěn dà.

B: 我知道了。
Wǒ zhī dào le.

我也怕感冒。
Wǒ yě pà gǎn mào.

A: 옷을 많이 좀 입는 게 좋을 거야.
아침저녁으로 기온 변화가 크더라.
B: 알았어요. 저도 감기 걸릴까 무서워요.

단어정리

最好 zuìhǎo(쮜이하오): 제일 좋기는
多 duō(뚸): 많다
穿 chuān(추완): 입다
衣服 yīfu(이푸): 옷
早 zǎo(짜오): 아침
晚 wǎn(완): 저녁
气温 qìwēn(치원): 기온
变化 biànhuà(삐엔화): 변화
大 dà(따): 크다
知道 zhīdào(즈따오): 알다
感冒 gǎnmào(간마오): 감기 걸리다

비 10

날씨에 대해 이야기하는 두 친구의 대화 내용을 들어봅니다. '有点'은 '조금', '약간'이라는 뜻입니다.

A: 现在外面下雨了。
Xiàn zài wài miàn xià yǔ le.

B: 是吗?
Shì ma?

怪不得天气有点冷。
Guài bu dé tiān qì yǒu diǎn lěng.

A: 明天起降温, 要多穿点衣服。
Míng tiān qǐ jiàng wēn, yào duō chuān diǎn yī fu.

A: 지금 밖에 비 온다.
B: 정말? 어쩐지 좀 춥더라.
A: 내일부터 기온이 떨어진다는데, 옷 많이 입고 다녀야 해.

단어정리

现在 xiànzài(씨엔짜이): 지금
下雨 xiàyǔ(샤위): 비가 내리다
冷 lěng(렁): 춥다
起 qǐ(치): 부터
衣服 yīfu(이푸): 옷
降温 jiàngwēn(쨩원): 기온이 내리다
外面 wàimiàn(와이미엔): 밖
天气 tiānqì(티엔치): 날씨
明天 míngtiān(밍티엔): 내일
穿 chuān(촨): 입다
怪不得 guàibudé(꽈이뿌더): 어쩐지

11 눈

내리는 눈을 보기 위해 일찍 일어난 사람의 이야기입니다.
'동사+着'은 '상태의 지속'을 나타냅니다.

A: 快起床啦!
Kuài qǐ chuáng la!

外面正下着雪呢。
Wài miàn zhèng xià zhe xuě ne.

打开窗户看看吧。
Dǎ kāi chuāng hu kàn kan ba.

B: 现在几点了?
Xiàn zài jǐ diǎn le?

A: 어서 일어나 봐! 밖에 한창 눈이 내리고 있어.
창문 열고 봐봐.

B: 지금 몇 시야?

단어정리

快 kuài(콰이): 어서
外面 wàimiàn(와이미엔): 밖
打开 dǎkāi(다카이): [문을] 열다
看 kàn(칸): 보다
几 jǐ(찌): 몇
起床 qǐchuáng(치추앙): 기상하다
正~呢 zhèng~ne(쩡~너): 동작의 진행형을 나타냄
窗户 chuānghu(추앙후): 창문
现在 xiànzài(씨엔짜이): 지금
点 diǎn(띠엔): 시

난방시설 12

난방시설에 관한 이야기입니다.

본문의 '开小一点'은 '(보일러의 온도를) 조금 줄이다'라는 뜻입니다.

A: 怎么这么热?
Zěn me zhè me rè?

把暖气开小一点。
Bă nuăn qì kāi xiăo yì diăn.

B: 打开窗户吧。
Dă kāi chuāng hu ba.

A: 暖气开这么大, 真是浪费。
Nuăn qì kāi zhè me dà, zhēn shì làng fèi.

A: 왜 이렇게 덥니? 보일러 좀 줄여.

B: 창문을 열어.

A: 보일러를 이렇게 세게 틀다니 낭비가 심하군.

단어정리

这么 zhème(쯔어머): 이토록

热 rè(르어): 덥다

暖气 nuănqì(누완치): 난방시설

开 kāi(카이): 전원을 켜다

小 xiăo(샤오): 작다

一点 yìdiăn(이띠엔): 조금

打开 dăkāi(다카이): 열다, 켜다

窗户 chuānghu(추앙후): 창문

真是 zhēnshì(쩐스): 정말로

浪费 làngfèi(랑페이): 낭비하다

13 황 사

황사로 자동차가 더러워진 친구의 이야기입니다.
'我想是~'는 '내 생각에는 ~한 것 같다'라는 뜻입니다.

A: 怎么车上有很多灰尘呢?
Zěn me chē shang yǒu hěn duō huī chén ne?

B: 我想是因为沙尘暴天气。
Wǒ xiǎng shì yīn wèi shā chén bào tiān qì.

把车停在停车场也这样。
Bǎ chē tíng zài tíng chē chǎng yě zhè yàng.

A: 去洗一次车。
Qù xǐ yí cì chē.

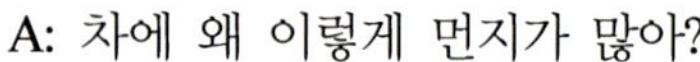

A: 차에 왜 이렇게 먼지가 많아?
B: 황사 때문인 것 같아. 차를 주차장에 세워도 이러네.
A: 세차 한번 해.

단어정리

怎么 zěnme(쩐머): 어째서
多 duō(뚸): 많다
因为 yīnwèi(인웨이): ~ 때문이다
天气 tiānqì(티엔치): 날씨
在 zài(짜이): ~에서
洗 xǐ(씨): 씻다
车 chē(츠어): 자동차
灰尘 huīchén(회이첸): 먼지
沙尘暴 shāchénbào(사천빠오): 황사
停 tíng(팅): 세우다
停车 tíngchē(팅츠어): 주차하다

이슬비 14

떨어져 있지만 봄비를 감상하며 전화통화를 하는 연인의 이야기입니다.

'~呢'는 진행형입니다.

A: 打开窗户看看外面。
Dǎ kāi chuāng hù kàn kan wài miàn.

外边下雨呢。
Wài biān xià yǔ ne.

B: 你那边雨大吗?
Nǐ nà biān yǔ dà ma?

A: 外面下着毛毛细雨呢。
Wài miàn xià zhe máo máo xì yǔ ne.

A: 창문 열고 바깥을 좀 봐봐. 밖에 비가 와.

B: 너 거기는 비 많이 오니?

A: 밖에 이슬비가 내리고 있어.

단어정리

打开 dǎkāi(다카이): 열다
窗户 chuānghù(촹후): 창문
看 kàn(칸): 보다
外面 wàimiàn(와이미엔): 바깥
外边 wàibiān(와이비엔): 밖, 바깥
下雨 xiàyǔ(샤위): 비가 내리다
那边 nàbiān(나비엔): 그쪽
大 dà(따): 크다
着 zhe(쯔어): 상태의 지속을 나타냄
毛毛细雨 máomáoxìyǔ(마오마오씨위): 이슬비, 보슬비

15 꽃샘추위

꽃샘추위에 대해 이야기하는 두 여성의 대화 내용입니다.
본문의 '春天了'는 '봄이 되었다'는 뜻입니다.

A: 春天了,
Chūn tiān le,
天气还是比较冷。
tiān qì hái shì bǐ jiào lěng.

B: 春寒嘛!
Chūn hán ma!
我真想穿春装。
Wǒ zhēn xiǎng chuān chūn zhuāng.

A: 봄인데도 날씨가 비교적 춥네.
B: 꽃샘추위잖아. 난 봄옷이 너무 입고 싶어.

단어정리

春天 chūntiān(춴티엔): 봄
还是 háishì(하이스): 여전히
冷 lěng(렁): 춥다
真 zhēn(쩐): 정말로
穿 chuān(촨): 입다
天气 tiānqì(티엔치): 날씨
比较 bǐjiào(비쨔오): 비교적
春寒 chūnhán(춴한): 꽃샘추위
想 xiǎng(샹): ~하고 싶다
春装 chūnzhuāng(춴쫭): 봄옷

개나리 16

환절기에 옷을 얇게 입은 딸과 엄마의 대화입니다.
'穿多一点'은 '많이 좀 입어라'는 뜻입니다.

A: 衣服穿多一点。
Yī fu chuān duō yì diǎn.

别着凉了。
Bié zháo liáng le.

B: 迎春花都开了。
Yíng chūn huā dōu kāi le.

该穿漂亮的衣服了。
Gāi chuān piào liang de yī fu le.

A: 옷을 좀 많이 입어. 감기 걸리지 말고.
B: 개나리도 피었는데 예쁜 옷을 입어야 할 때예요.

단어정리

衣服 yīfu(이푸): 옷
别 bié(삐에): ~하지 마라
迎春花 yíngchūnhuā(잉 화): 개나리
开 kāi(카이): 피어나다
漂亮 piàoliang(퍄오량): 예쁘다
穿 chuān(촨): 입다
着凉 zháoliáng(자오량): 감기에 걸리다
都 dōu(떠우): 모두
该 gāi(까이): 마땅히
的 de(떠): ~한

17 여 름

더워진 날씨에 관한 이야기입니다.

'已经~了'는 '벌써 ~이 되었다'이고 '又~ 又~'는 '~하고 ~하다'는 뜻입니다.

A: 今天天气真好。
Jīn tiān tiān qì zhēn hǎo.

夏天已经来了。
Xià tiān yǐ jīng lái le.

B: 我开始穿短袖了。
Wǒ kāi shǐ chuān duǎn xiù le.

天气又闷又热的。
Tiān qì yòu mēn yòu rè de.

A: 오늘 날씨 참 좋네요. 벌써 여름이 왔나 봐요.

B: 난 오늘 반팔 입었어. 날씨가 후텁지근해서.

단어정리

今天 jīntiān(찐티엔): 오늘
天气 tiānqì(티엔치): 날씨
真 zhēn(쩐): 정말로
好 hǎo(하오): 좋다
夏天 xiàtiān(샤티엔): 여름
来 lái(라이): 오다
开始 kāishǐ(카이스): 시작하다
短袖 duǎnxiù(뚜완셔우): 반팔
闷 mēn(먼): 답답하다
热 rè(르어): 덥다

우 산 18

비 오는 날 우산을 빌리는 사람의 이야기입니다.
'一把雨伞'은 '우산 한 자루'를 뜻합니다.

A: 怎么又下雨了?
Zěn me yòu xià yǔ le?

你有雨伞吗?
Nǐ yǒu yǔ sǎn ma?

B: 我只有一把雨伞。
Wǒ zhǐ yǒu yì bǎ yǔ sǎn.

办公室里还有一把。
Bàn gōng shì li hái yǒu yì bǎ.

A: 왜 또 비가 내리지? 우산 있어요?
B: 한 자루밖에 없는데요. 사무실에 또 한 자루 있어요.

단어정리

怎么 zěnme(쩐머): 왜
下雨 xiàyǔ(샤위): 비가 내리다
雨伞 yǔsǎn(위싼): 우산
把 bǎ(빠): 자루
里 li(리): 안에
又 yòu(여우): 또
有 yǒu(여우): 있다
只 zhǐ(즈): 다만
办公室 bàngōngshì(빤꽁스): 사무실
还 hái(하이): 또

19 선풍기

무더위에 에어컨 대신 선풍기를 사러가자는 친구의 이야기입니다.

본문의 '~吧'는 재촉의 뜻입니다.

A: 我们去买电风扇。
Wǒ men qù mǎi diàn fēng shàn.

B: 人家都买空调了,
Rén jia dōu mǎi kōng tiáo le,

还买什么风扇?
hái mǎi shén me fēng shàn?

A: 赶快走吧。
Gǎn kuài zǒu ba.

A: 우리 선풍기 사러 가자.
B: 남들은 에어컨 사는데 무슨 선풍기를 사?
A: 같이 가자.

단어정리

我们 wǒmen(워먼): 우리들
电风扇 diànfēngshàn(띠엔펑산): 선풍기
人家 rénjia(런쟈): 남, 다른 사람
空调 kōngtiáo(콩탸오): 에어컨
什么 shénme(선머): 무엇
走 zǒu(저우): 가다
买 mǎi(마이): 사다
都 dōu(떠우): 모두
还 hái(하이): 또, 게다가
赶快 gǎnkuài(간콰이): 어서

태 풍 20

텔레비전을 보면서 날씨에 대해 이야기하는 두 친구의 대화 내용입니다.

'还在~'는 '아직도 ~하다'는 뜻입니다.

A: 外面还在下雨吗?
Wài miàn hái zài xià yǔ ma?

B: 说是雨下到星期二,
Shuō shì yǔ xià dào xīng qī èr,

而且是台风。
ér qiě shì tái fēng.

A: 打开电视来看看。
Dǎ kāi diàn shì lái kàn kan.

A: 밖에 아직도 비 와?

B: 화요일까지 비가 온데, 게다가 태풍이라던데.

A: 텔레비전 켜봐.

단어정리

外面 wàimiàn(와미엔): 밖

下雨 xiàyǔ(샤위): 비가 오다

说 shuō(숴): 말하다

到 dào(따오): 도착하다

星期二 xīngqīèr(싱치얼): 화요일

而且 érqiě(얼치에): 게다가

打开 dǎkāi(다카이): 켜다

电视 diànshì(띠엔스): 텔레비전

来 lái(라이): 오다

看 kàn(칸): 보다

21 첫 눈

내리는 첫눈을 보며 전화통화를 하는 두 사람의 이야기입니다.
'正在~呢'는 '지금 ~하는 중'이라는 뜻입니다.

A: 你在干吗?
Nǐ zài gàn má?

B: 什么事?
Shén me shì?

A: 看看外面,
Kàn kan wài mian,

外面正在下雪呢。
wài mian zhèng zài xià xuě ne.

A: 지금 뭐해?
B: 왜?
A: 밖을 좀 봐봐. 밖에 지금 눈 온다.

단어정리

你 nǐ(니): 당신
干吗 gànmá(깐마): 무엇을 하는가?
事 shì(스): 일
外面 wàimian(와이미엔): 바깥
下 xià(샤): 내리다
在 zài(짜이): ~하는 중이다
什么 shénme(선머): 무엇
看 kàn(칸): 보다
正在 zhèngzài(쩡짜이): ~하는 중이다
雪 xuě(쉬에): 눈

폭설 22

눈이 내린 다음날 아침 한 가정의 모습입니다.
'别~了'는 '~하지 마라'는 뜻입니다.

A: 外面下了好大的雪。
Wài miàn xià le hǎo dà de xuě.

全白了。
Quán bái le.

B: 不知道上班会不会堵车?
Bù zhī dào shàng bān huì bu huì dǔ chē?

A: 你别开车去了。
Nǐ bié kāi chē qù le.

A: 밖에 눈이 엄청 왔어요. 온통 하얀데요.
B: 출근 때 차 안 막힐지 모르겠네?
A: 차 가지고 가지 말아요.

단어정리

外面 wàimiàn(와이미엔): 밖
下 xià(샤): 내리다
好 hǎo(하오): 매우
大 dà(따): 크다
雪 xuě(쉬애): 눈
全 quán(취엔): 전부
白 bái(빠이): 하얗다
知道 zhīdào(즈따오): 알다
上班 shàngbān(상빤): 출근하다
堵车 dǔchē(뚜츠어): 차가 막히다

23 천고마비

맑은 가을하늘을 바라보는 두 사람의 이야기입니다.
본문의 '秋高气爽'은 '천고마비'와 비슷한 뜻입니다.

A: 真是秋高气爽啊!
Zhēn shì qiū gāo qì shuǎng a!

天好蓝啊!
Tiān hǎo lán a!

B: 天气真好。
Tiān qì zhēn hǎo.

我们去兜风吧。
Wǒ men qù dōu fēng ba.

A: 정말 하늘도 높고 공기도 맑구나! 하늘이 정말 파랗군!
B: 날씨 정말 좋다. 우리 드라이브하러 가자.

단어정리

真是 zhēnshì(쩐스): 정말로
爽 shuǎng(솽): 시원하다
好 hǎo(하오): 매우, 좋다
天气 tiānqì(티엔치): 날씨[氣]
兜风 dōufēng(떠우펑): 드라이브하다[風]
秋 qiū(치우): 가을
天 tiān(톈): 하늘
蓝 lán(란): 파랗다[藍]
去 qù(취): 가다

날씨 24

서울에서 생활한 지 얼마 되지 않은 외국인 친구의 이야기입니다.

본문의 '下马威'는 '처음 시작부터 본때를 보여주다'라는 뜻입니다.

A: 今天天气好冷!
Jīn tiān tiān qì hǎo lěng!

我最受不了冷天气。
Wǒ zuì shòu bu liǎo lěng tiān qì.

B: 首尔的天气给了
Shǒu ěr de tiān qì gěi le

你一个下马威是不是?
nǐ yí ge xià mǎ wēi shì bu shì?

A: 오늘 날씨 정말 춥다! 나는 추운 날씨를 제일 못 견뎌!
B: 서울 날씨가 너한테 처음부터 너무 겁을 주는 거 아냐?

단어정리

今天 jīntiān(찐티엔): 오늘
好 hǎo(하오): 매우
最 zuì(쮀이): 가장
受不了 shòubuliǎo(서우뿌랴오): 견딜 수 없다, 참을 수 없다
首尔 Shǒuěr(서우얼): 서울[爾]
天气 tiānqì(티엔치): 날씨[氣]
冷 lěng(렁): 춥다
给 gěi(게이): 주다
一个 yíge(이꺼): 한 개[個]

25 가을 날씨

날씨에 대해 이야기하는 친구들의 대화 내용입니다.
'都~了'는 '~이 되었다'라는 뜻입니다.

A: 都秋天了,
Dōu qiū tiān le,

天气怎么还这么热?
Tiān qì zěn me hái zhè me rè?

B: 星期四下雨之后,
Xīng qī sì xià yǔ zhī hòu,

天气会变冷的。
tiān qì huì biàn lěng de.

A: 벌써 가을인데 날씨가 왜 아직도 이렇게 덥지?
B: 목요일에 비가 내리고 나면 날씨가 추워질 거야.

단어정리

秋天 qiūtiān(쳐우티엔): 가을
还 hái(하이): 아직도[還]
热 rè(르어): 덥다[熱]
下雨 xiàyǔ(쌰위): 비가 내리다
变 biàn(삐엔): 변하다[變]
天气 tiānqì(티엔치): 날씨[氣]
这么 zhème(쯔어머): 이토록[這麽]
星期四 xīngqīsì(싱치쓰): 목요일
之后 zhīhòu(쯔허우): ~한 뒤에[後]
冷 lěng(렁): 춥다

오 한 26

날씨도 더운데 두꺼운 외투를 입고 있는 친구의 이야기입니다.
'这么热'는 '이렇게 덥다'라는 의미입니다.

A: 天气这么热,
Tiān qì zhè me rè,

穿这么多干嘛?
chuān zhè me duō gān má?

快把外衣脱了。
Kuài bǎ wài yī tuō le.

B: 我感冒了，浑身发冷。
Wǒ gǎn mào le, hún shēn fā lěng.

A: 날씨가 이렇게 더운데, 옷을 왜 이렇게 많이 입었어?
빨리 외투 벗어.

B: 감기에 걸려 온몸에 오한이 나서 그래.

단어정리

天气 tiānqì(티엔치): 날씨[氣]
快 kuài(콰이): 빠르다
外衣 wàiyī(와이이): 외투
感冒 gǎnmào(간마오): 감기에 걸리다
浑身 húnshēn(훈선): 온몸[渾]
多 duō(뚸): 많다
把 bǎ(빠): ~을
脱 tuō(퉈): 벗다
发冷 fālěng(파렁): 오한이 나다[發]

27 비 오는 날

비 오는 날 두 친구가 나누는 대화 내용입니다.
본문의 '下雨天'은 '비 오는 날'을 말합니다.

A: 我最讨厌下雨天。
Wǒ zuì tǎo yàn xià yǔ tiān.

B: 为什么?
Wèi shén me?

我很喜欢下雨,
Wǒ hěn xǐ huan xià yǔ,

感觉多浪漫啊!
Gǎn jué duō làng màn a!

A: 난 비 오는 날이 제일 싫어.
B: 왜? 난 비 오는 게 좋은데. 얼마나 낭만적이니!

단어정리

最 zuì(쮀이): 가장
下 xià(쌰): 내리다
雨 yǔ(위): 비
天 tiān(티엔): 날
很 hěn(헌): 아주
感觉 gǎnjué(깐쥐에): 느끼다[覺]
多 duō(뚸): 얼마나, 많다
浪漫 làngmàn(랑만): 낭만적이다
讨厌 tǎoyàn(타오옌): 싫어하다, 밉살스럽다[討厭]

흐리다 28

날씨에 대해 이야기하는 두 친구의 대화 내용입니다.
본문의 '阴阴的'는 '흐리다'라는 의미입니다.

A: 天气阴阴的。
Tiān qì yīn yīn de,

今天晚上又要下雨了。
Jīn tiān wǎn shang yòu yào xià yǔ le.

B: 天气阴阴的,
Tiān qì yīn yīn de,

人也懒懒的。
rén yě lǎn lǎn de.

A: 날이 흐린 것을 보니 오늘 밤에 또 비가 올 것 같아.
B: 날이 흐리니까 몸도 축 늘어져.

단어정리

天气 tiānqì(티엔치): 날씨[氣]
今天 jīntiān(찐티엔): 오늘
又 yòu(여우): 또
下雨 xiàyǔ(쌰위): 비가 내리다
要~了 yào~le(야오~러): 곧 ~하다
阴 yīn(인): 흐리다[陰]
晚上 wǎnshang(완상): 저녁
懒 lǎn(란): 게으르다
人 rén(런): 사람

29 먹구름

비 오는 날 만난 두 친구가 나누는 대화 내용입니다.
'还在下雨'는 '아직도 비가 내리다'입니다.

A: 外面还在下雨吗?
Wài miàn hái zài xià yǔ ma?

要带伞吗?
Yào dài sǎn ma?

B: 现在不下雨了,
Xiàn zài bú xià yǔ le,

但是天气阴沉, 乌云密布。
dàn shì tiān qì yīn chén, wū yún mì bù.

A: 밖에 아직도 비가 오나? 우산 가져가야 해?
B: 지금은 비가 안 와. 그런데 날이 흐리고 먹구름이 가득해.

단어정리

外面 wàimiàn(와이미엔): 바깥
要 yào(야오): ~해야 한다
伞 sǎn(싼): 우산[伞]
但是 dànshì(딴스): 그러나
阴沉 yīnchén(인천): 흐린 모양[陰]
下雨 xiàyǔ(쌰위): 비가 내리다
带 dài(따이): 지니다[帶]
现在 xiànzài(씨엔짜이): 지금[現]
天气 tiānqì(티엔치): 날씨[氣]

예쁘다 30

'没有什么~'은 '~할 것이 없다'는 뜻입니다.

'대단한 것이 없다'라는 말은 '没有什么了不起'라고 표현합니다.

A: 你今天穿得这么漂亮,
Nǐ jīn tiān chuān de zhè me piào liang,

有什么重要的事吗?
yǒu shén me zhòng yào de shì ma?

B: 没有什么特别的。
Méi yǒu shén me tè bié de.

不过今天穿得比较整齐。
Bú guò jīn tiān chuān de bǐ jiào zhěng qí.

A: 오늘 예쁘게 하고 왔는데, 무슨 중요한 일 있니?

B: 별일 없어. 근데 좀 깔끔하게 하고 왔어.

단어정리

今天 jīntiān(찐티엔): 오늘
这么 zhème(쯔어머): 이렇게
什么 shénme(선머): 무엇
事 shì(스): 일
比较 bǐjiào(비쨔오): 비교적
穿 chuān(촨): 입다
漂亮 piàoliang(퍄오량): 예쁘다
重要 zhòngyào(쫑야오): 중요하다
不过 búguò(부꿔): 그러나
整齐 zhěngqí(정치): 깔끔하다

31 옷차림

'和~一样'은 '~와 같다'라는 의미를 갖습니다.

또 '你给我少管闲事'는 '내 일에 신경 쓰지 말라'는 뜻을 갖는 표현입니다.

A: 你今天怎么了?
Nǐ jīn tiān zěn me le?

穿着和平时不一样。
Chuān zhuó hé píng shí bù yí yàng.

B: 有什么不一样?
Yǒu shén me bù yí yàng?

你给我少管闲事。
Nǐ gěi wǒ shǎo guǎn xián shì.

A: 너 오늘 왜 그래? 평소하고 옷차림이 다른데.

B: 뭐가 달라? 남의 일에 신경 끄셔.

단어정리

今天 jīntiān(찐티엔): 오늘
怎么 zěnme(쩐머): 왜
穿着 chuānzhuó(찬줘): 옷차림
和 hé(흐어): ~과
平时 píngshí(핑스): 평소
有 yǒu(여우): 있다
什么 shénme(선머): 무엇
一样 yíyàng(이양): 같다
给 gěi(게이): ~에게, 주다
少 shǎo(사오): 적다
管 guǎn(관): 상관하다
闲事 xiánshì(시엔스): 쓸데없는 일

단정하다 32

'穿得很~'은 '옷차림이 ~하다'라는 의미를 갖습니다.

'그녀는 옷을 참 예쁘게 입습니다'는 '她 Tā(타: 그녀)穿得很漂亮'으로 표현합니다.

A: 你穿得很邋遢。
Nǐ chuān de hěn lā tā。

B: 我穿得邋里邋遢,
Wǒ chuān de lā li lā tā,

管你什么事?
guǎn nǐ shén me shì?

A: 穿漂亮点儿。
Chuān piào liang diǎnr。

A: 너 옷을 단정하지 않게 입었네.

B: 옷을 아무렇게나 입건 말건 네가 무슨 상관이야?

A: 예쁘게 입어라.

단어정리

穿 chuān(촨): 입다
邋遢 lāta(라타): 깔끔하지 않다
管 guǎn(관): 상관하다
什么 shénme(선머): 무엇
事 shì(스): 일
漂亮 piàoliang(퍄오량): 예쁘다
点儿 diǎnr(띠얼): 조금, 약간
邋里邋遢 lālilātā(라리라타): 산뜻하지 않다.

33 화려하다

'太~了'는 '너무 ~하다'의 뜻으로 본문의 '太华丽了'는 '옷이 너무 화려함'을 나타냅니다.

A: 你觉得这件衣服怎么样?
Nǐ jué de zhè jiàn yī fu zěn me yàng?

B: 太华丽了。
Tài huá lì le.

A: 那件黑色的呢?
Nà jiàn hēi isè de ne?

B: 你少穿黑的衣服好不好?
Nǐ shǎo chuān hēi de yī fu hǎo bu hǎo?

A: 이 옷 어때?
B: 너무 화려해.
A: 그럼 저 검은 옷은?
B: 너 검은색 옷 좀 그만 입어, 응?

단어정리

觉得 juéde(쥐에떠): ~라고 생각하다
这 zhè(쯔어): 이
件 jiàn(찌엔): 벌
衣服 yīfu(이푸): 옷
怎么样 zěnmeyàng(쩐머양): 어때
华丽 huálì(화리): 화려하다
黑色 hēisè(헤이쓰어): 검은색
少 shǎo(사오): 적다
穿 chuān(촨): 입다
好 hǎo(하오): 좋다

미니스커트 34

오랜만에 짧은 치마를 입고 출근한 여직원의 이야기입니다. '穿迷你裙'은 '미니스커트를 입다'는 뜻입니다.

A: 你今天穿迷你裙喔。
Nǐ jīn tiān chuān mí nǐ qún wo.

B: 对阿, 你觉得怎么样?
Duì a, Nǐ jué de zěn me yàng?

A: 我觉得很好看阿!
Wǒ jué de hěn hǎo kàn a!

B: 以后多穿裙子吧。
Yǐ hòu duō chuān qún zi ba.

A: 오늘 미니스커트 입었네.
B: 응, 어떤 것 같아?
A: 아주 예쁜데. 앞으로 자주 좀 입어.

단어정리

今天 jīntiān(찐티엔): 오늘
穿 chuān(촨): 입다
迷 mí(미): 현혹하다
裙(子) qún(zi)[췬(즈)]: 치마
对 duì(뚸이): 맞다, 옳다
觉得 juéde(쥐에떠): 느끼다
好看 hǎokàn(하오칸): 예쁘다
以后 yǐhòu(이허우): 앞으로
多 duō(뚸): 많다
吧 ba(빠): 권유의 뜻

35 정 장

여성의 정장차림을 선호하는 남성의 이야기입니다.
'看起来'는 '보기에는'이라는 뜻입니다.

A: 女人穿上西装,
Nǚ rén chuān shang xī zhuāng,

看起来很优雅。
kàn qǐ lái hěn yōu yá.

B: 你喜欢女人穿西装吗?
Nǐ xǐ huan nǚ rén chuān xī zhuāng ma?

A: 穿西装很漂亮啊!
chuān xī zhuāng hěn piào liang a!

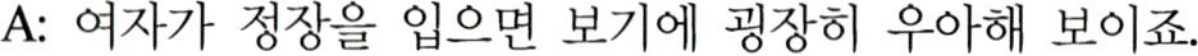

A: 여자가 정장을 입으면 보기에 굉장히 우아해 보이죠.
B: 정장 입는 여자 좋아하세요?
A: 정장 입으면 예쁘잖아요!

단어정리

女人 nǚrén(뉘런): 여성
穿 chuān(촨): 입다
上 shang(상): 동사 뒤에 쓰여 보어 역할을 함
漂亮 piàoliang(퍄오량): 예쁘다
很 hěn(헌): 매우
优雅 yōuyá(여우야): 우아하다
喜欢 xǐhuan(씨환): 좋아하다
西装 xīzhuāng(시쫭): 정장

방 문 36

비가 오는데 집으로 올 것인지 물어보는 사람들의 이야기입니다.

본문의 '会来的'은 '꼭 갈 것이다'라는 뜻입니다.

A: 现在外面下雨,
Xiàn zài wài miàn xià yǔ,

你们还会来吗?
nǐ men hái huì lái ma?

B: 会来的,
Huì lái de,

请你在家里等。
qǐng nǐ zài jiā lǐ děng.

A: 바깥에 비가 오는데, 그래도 오시겠어요?
B: 갈 겁니다. 집 안에서 기다려 주세요.

단어정리

现在 xiànzài(씨엔짜이): 지금[現]
外面 wàimiàn(와이미엔): 바깥
下雨 xiàyǔ(쌰위): 비가 내리다
还 hái(하이): 그래도, 아직도[還]
会 huì(회이): ~할 것이다[會]
请 qǐng(칭): ~해 주세요[請]
在 zài(짜이): ~에서
家里 jiālǐ(쨔리): 집안[裏]
等 děng(떵): 기다리다

37 청바지

즐겨 입는 옷차림에 대해 이야기하는 두 친구의 대화 내용입니다.

'只要~'는 '~하기만 하다면'이라는 뜻입니다.

A: 你喜欢什么样的衣服?
Nǐ xǐ huan shén me yàng de yī fu?

B: T恤衫、牛仔裤,
T xù shān、 niú zǎi kù,

只要穿上去很舒服,
zhǐ yào chuān shàng qù hěn shū fu,

我都很喜欢。
wǒ dōu hěn xǐ huan.

A: 어떤 옷 스타일을 좋아하세요?

B: 티셔츠나 청바지요. 입어서 편하기만 하면 저는 무조건 다 좋습니다.

단어정리

喜欢 xǐhuan(씨환): 좋아하다[歡]
上去 shàngqù(상취): 올라가다
什么样 shénmeyàng(선머양): 어떤 모양, 어떤 스타일[麽樣]
衣服 yīfu(이푸): 옷
T恤衫 Txùshān(티쉬산): T셔츠
牛仔裤 niúzǎikù(녀우자이쿠): 청바지[褲]
穿 chuān(촨): 입다
舒服 shūfu(수푸): 편안하다
都 dōu(떠우): 모두, 다

쌤통이다! 38

추운 날 옷을 얇게 입어 감기에 걸린 친구의 이야기입니다. '叫+사람+…'은 '~에게 …하라고 시키다'라는 뜻입니다.

A: 我嗓子疼。
Wǒ sǎng zi téng.

B: 感冒了是不是?
Gǎn mào le sh ìbu shì?

叫你多穿点衣服,
Jiào nǐ duō chuān diǎn yīfu,

老是不听话。活该!
lǎo shì bù tīng huà. Huó gāi!

A: 나 목 아파!

B: 감기에 걸린 거 아냐? 옷을 좀 따뜻하게 입으라고 해도 말을 안 듣더니. 쌤통이다!

단어정리

嗓子 sǎngzi(상쯔): 목
感冒 gǎnmào(깐마오): 감기 걸리다
叫 jiào(쨔오): 시키다
多 duō(뚸): 많다
穿 chuān(추완): 입다
活该 huógāi(훠까이): 쌤통이다
点 diǎn(띠엔): 조금
衣服 yīfu(이푸): 옷
老是 lǎoshì(라오스): 늘
听 tīng(팅): 듣다
话 huà(화): 이야기

39 안경

안경에 대해 이야기하는 두 사람의 대화 내용입니다.
본문의 '摘下来'는 '안경을 벗다'라는 뜻입니다.

A: 你的眼镜真漂亮。
Nǐ de yǎn jìng zhēn piào liang.

B: 真的假的?
Zhēn de jiǎ de?

这不是什么好眼镜!
Zhè bú shì shén me hǎo yǎn jìng!

A: 能摘下来给我看看吗?
Néng zhāi xià lái gěi wǒ kàn kan ma?

A: 네 안경 정말 예쁘다.
B: 진짜야? 정말? 이거 그렇게 좋은 안경 아닌데!
A: 안경 좀 벗어서 보여줄 수 있어?

단어정리

眼镜 yǎnjìng(옌찡): 안경[眼鏡]
真 zhēn(쩐): 정말로
真的 zhēnde(쩐떠): 진짜
假的 jiǎde(쨔떠): 거짓, 가짜
好 hǎo(하오): 좋다
能 néng(넝): 할 수 있다
摘 zhāi(짜이): 따다, 떼다
给 gěi(게이): ~에게
看 kàn(칸): 보다

넥타이 40

텔레비전을 보며 대화를 나누는 어느 부부의 이야기입니다. '戴领带'는 '넥타이를 매다'라는 뜻입니다.

A: 他戴的领带真漂亮,
Tā dài de lǐng dài zhēn piào liang.

你戴这样的领带也很好看。
Nǐ dài zhè yàng de lǐng dài yě hěn hǎo kàn.

B: 颜色也不错。
Yán sè yě bú cuò.

A: 我给你买你会戴吗?
Wǒ gěi nǐ mǎi nǐ huì dài ma?

A: 저 사람 넥타이 정말 예쁘다. 당신도 이런 넥타이 하면 예쁠 텐데.

B: 색깔도 괜찮네.

A: 사주면 매고 다닐 거야?

단어정리

戴 dài(따이): 착용하다
真 zhēn(쩐): 정말로
漂亮 piàoliang(퍄오량): 예쁘다
这样 zhèyàng(쯔어양): 이러하다
好看 hǎokàn(하오칸): 예쁘다
颜色 yánsè(옌쓰어): 색깔
不错 búcuò(부춰): 좋다, 괜찮다
给 gěi(게이): ~에게
买 mǎi(마이): 사다
会 huì(훼이): ~할 것이다

41 한 복

동생의 결혼식 계획을 세우는 친구의 이야기입니다.
'这个周末'은 '이번 주말'이라는 뜻입니다.

A: 这个周末我弟弟结婚。
Zhè ge zhōu mò wǒ dì di jié hūn.

B: 恭喜你。
Gōng xǐ nǐ.

你打算当天穿韩服吗?
Nǐ dǎ suan dāng tiān chuān hán fú ma?

A: 好久没穿韩服了。
Hǎo jiǔ méi chuān hán fú le.

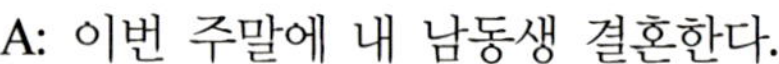

A: 이번 주말에 내 남동생 결혼한다.

B: 축하해. 그날 한복 입을 거야?

A: 한복 입은 지 꽤 오래됐는데.

단어정리

弟弟 dìdi(띠띠): 남동생
结婚 jiéhūn(찌에훈): 결혼하다
恭喜 gōngxǐ(꽁시): 축하하다
打算 dǎsuan(따수완): 계획하다
当天 dāngtiān(땅티엔): 당일
穿 chuān(촨): 입다
韩服 hánfú(한푸): 한복
好久 hǎojiǔ(하오쪄우): 오랫동안
没 méi(메이): ~하지 않았다

기분전환 42

가을이 되어 헤어스타일을 바꾸고 싶어 하는 여성의 이야기입니다.

'换换心情'은 '기분전환 하다'라는 뜻입니다.

A: 我想剪头发。
Wǒ xiǎng jiǎn tóu fa.

B: 现在头发很漂亮。
Xiàn zài tóu fa hěn piào liang.

别剪了。
Bié jiǎn le.

A: 我想换换心情。
Wǒ xiǎng huàn huan xīn qíng.

A: 나 머리 자르고 싶어.
B: 지금 머리 아주 예쁜데. 자르지 마!
A: 나 기분전환 하고 싶어.

단어정리

想 xiǎng(샹): ~하고 싶다
剪 jiǎn(찌엔): 자르다
头发 tóufa(터우파): 머리카락
现在 xiànzài(씨엔짜이): 지금
很 hěn(헌): 매우
漂亮 piàoliang(파우량): 예쁘다
别 bié(삐에): ~하지 마라
换 huàn(환): 바꾸다
心情 xīnqíng(씬칭): 기분
人 rén(런): 사람

Chinese

中國語會話

레스토랑 / 요리

01 중국요리

'~怎么样?'은 상대에게 무엇인가를 제의하는 표현이고, '我很乐意'는 그 제안을 기꺼이 받아들이는 것을 나타냅니다.

또 '没问题'는 '문제없다', '无所谓'는 '상관없다'라는 뜻입니다.

A: 一起吃午饭怎么样?
Yì qǐ chī wǔ fàn zěn me yàng?

B: 好啊! 我很乐意。
Hǎo a! Wǒ hěn lè yì.

A: 我想吃中餐, 中餐没问题吗?
Wǒ xiǎng chī zhōng cān, zhōng cān méi wèn ti ma?

B: 我无所谓。你想去哪儿啊?
Wǒ wú suǒ wèi。 Nǐ xiǎng qù nǎr a?

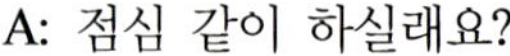

A: 점심 같이 하실래요?
B: 좋아요. 기꺼이요.
A: 저는 중국요리를 먹고 싶은데 중국요리 괜찮으세요?
B: 저는 상관없어요. 어디에 가고 싶으신데요?

단어정리

一起 yìqǐ(이치): 같이, 함께	乐意 lèyì(르어이): 좋아하다
吃 chī(츠): 먹다	中餐 zhōngcān(종찬): 중국 요리
午饭 wǔfàn(우판): 점심식사	问题 wèntí(원티): 문제
怎么样 zěnmeyàng(쩐머양): 어때	想 xiǎng(샹): ~하고 싶다
好 hǎo(하오): 좋다	去 qù(취): 가다
哪儿 nǎr(나얼): 어디	

예약 02

'在zài(짜이)+장소+上shang(상)'은 '~위에'라는 뜻입니다.
본문의 '在路上'은 '길에서'라는 말입니다.
또 '~不就行了吗?'는 '~하면 되지 않아요?'라는 뜻입니다.

A: 你们怎么一块儿来了?
Nǐ men zěn me yī kuàir lái le?

B: 在路上碰面了。
Zài lù shang pèng miàn le.

A: 怎么办? 只订了两个人的座位。
Zěn me bàn? Zhǐ dìng le liǎng ge rén de zuò wèi.

B: 换个三个人的座位不就行了吗?
Huàn ge sān ge rén de zuò wèi bú jiù xíng le ma?

A: 둘이 어떻게 같이 왔어요?
B: 길에서 만났어요.
A: 어떻게 하죠? 두 사람 자리로 예약을 했는데.
B: 세 사람 자리로 바꾸면 되죠 뭐?

단어정리

你们 nǐmen(니먼): 너희들
怎么 zěnme(쩐머): 어째서
一块儿 yīkuàir(이콰알): 함께, 같이
路 lù(루): 길
碰面 pèngmiàn(펑미엔): 만나다
办 bàn(빤): 하다
订 dìng(띵): 예약하다
人 rén(런): 사람
座位 zuòwèi(쭤웨이): 좌석, 자리
换 huàn(환): 바꾸다
个 ge(끄어): 개
只 zhǐ(즈): 단지

03 골목집

'快~了' 문형은 '곧 ~할 것이다'라는 의미입니다.

'여름이 곧 옵니다'라는 말은 '夏天xiàtiān(샤티엔: 여름)快到了'와 같이 표현합니다.

또 '再+동사+一下'는 '~을 좀 더 하다'라는 뜻입니다.

A: 对面小巷里头的那家。
Duì miàn xiǎo xiàng lǐ tou de nà jiā

B: 我知道你说的那一家。
Wǒ zhī dào nǐ shuō de nà yī jiā

A: 赶快去吧。我都快饿死了。
Gǎn kuài qù ba　Wǒ dōu kuài è sǐ le

B: 马上就到了，你再忍一下。
Mǎ shàng jiù dào le,　nǐ zài rěn yī xià。

A: 맞은편 골목 안에 있는 그 집이요.
B: 어느 집을 말하는지 알겠어요.
A: 빨리 가요. 배고파 죽을 지경이에요.
B: 곧 도착해요. 조금만 더 참아요.

단어정리

对面 duìmiàn(뛔이미엔): 맞은편
小巷 xiǎoxiàng(샤오샹): 골목
里头 lǐtou(리터우): 안
那 nà(나): 그
家 jiā(쨔): 집
到 dào(따오): 도착하다
说 shuō(숴): 말하다
赶快 gǎnkuài(간콰이): 어서
饿 è(으어): 배가 고프다
马上 mǎshàng(마상): 어서, 빨리
就 jiù(쪄우): 곧
忍 rěn(런): 참다

점심메뉴 04

'동사+着'은 '~한 채로 있다'로 상태의 지속이나 동작의 진행을 나타냅니다.

본문에서는 '吧(ba)'와 같이 쓰여 '앉아계세요'라는 청유의 뜻입니다.

또 '挺~的'은 '매우~하다'라는 뜻입니다.

A: 你坐着吧。我去点菜。
Nǐ zuò zhe ba　Wǒ qù diǎn cài.

B: 你点了什么菜?
Nǐ diǎn le shén me cài?

A: 这家的特别午餐价格挺贵的,
Zhè jiā de tè bié wǔ cān jià gé tǐng guì de,

我就点了那个。
wǒ jiù diǎn le nà ge.

A: 앉아계세요. 제가 가서 주문할게요.
B: 뭘 시켰어요?
A: 이 집에 특별 점심메뉴 가격이 아주 비싸거든요, 그것으로 주문했어요.

단어정리

坐 zuò(쭤): 앉다
点 diǎn(띠엔): 주문하다
菜 cài(차이): 반찬, 요리
什么 shénme(선머): 무엇
这 zhè(쯔어): 이
家 jiā(쟈): 집
特别 tèbié(트어삐에): 특별하다
午餐 wǔcān(우찬): 점심식사
价格 jiàgé(쨔그어): 가격
挺 tǐng(팅): 매우
贵 guì(꿰이): 비싸다
那个 nàge(나끄어): 그것

05 볶음밥

본문의 '点菜'는 '요리를 주문하다'라는 말입니다.
또 '只要~就够了'는 '~하기만 하면 충분하다'라는 표현입니다.

A: 你要吃什么?
Nǐ yào chī shén me?

B: 我吃蛋炒饭。
Wǒ chī dàn chǎo fàn.

A: 我请你吃饭, 你点贵的菜。
Wǒ qǐng nǐ chī fàn, nǐ diǎn guìde cài.

B: 我只要碗蛋炒饭就够了。
Wǒ zhǐ yào wǎn dàn chǎo fàn jiù gòu le.

A: 너 뭐 먹을 거야?
B: 나는 계란 볶음밥 먹을게.
A: 내가 쏠게, 비싼 걸로 주문해.
B: 나는 계란 볶음밥이면 충분해.

단어정리

要 yào(야오): ~하려 하다
吃 chī(츠): 먹다
蛋 dàn(딴): 계란
炒饭 chǎofàn(차오판): 볶음밥
请 qǐng(칭): 한턱내다
点 diǎn(띠엔): 주문하다
贵 guì(꿰이): 비싸다
菜 cài(차이): 요리, 반찬
只要 zhǐyào(즈야오): ~하기만 하면
碗 wǎn(완): 그릇, 공기
够 gòu(꺼우): 충분하다

샌드위치 06

본문의 '来得真早'는 '매우 일찍 왔음'을 말합니다.
또 '동사+了吗?'는 어떤 동작을 했는지를 묻는 표현입니다.

A: 今天来得真早。
Jīn tiān lái de zhēn zǎo.

早饭吃了吗?
Zǎo fàn chī le ma?

B: 吃了，你呢?
Chī le, nǐ ne?

A: 我买了三明治。
Wǒ mǎi le sān míng zhì.

A: 오늘 굉장히 일찍 오셨네요. 아침식사는 하셨어요?
B: 먹었어요. (당신은) 드셨어요?
A: 샌드위치를 사가지고 왔어요.

단어정리

今天 jīntiān(찐티엔): 오늘
来 lái(라이): 오다
真 zhēn(쩐):: 정말로
早 zǎo(자오): 일찍
早饭 zǎofàn(자오판): 아침식사
吃 chī(츠): 먹다
吗 ma(마): 의문조사
买 mǎi(마이): 사다
了 le(러): 동작의 완료를 나타냄
三明治 sānmíngzhì(산밍쯔): 샌드위치

07 불고기

무슨 고기를 먹을까 고민하는 두 친구의 이야기입니다.
'烤牛肉'는 '불고기', '로스트비프'입니다.

A: 我想吃烤牛肉。
Wǒ xiǎng chī kǎo niú ròu.

B: 烤肉太贵了。
Kǎo ròu tài guì le.

你吃别的好不好？
Nǐ chī bié de hǎo bu hǎo?

A: 那么吃五花肉怎么样?
Nà me chī wǔ huā ròu zěn me yàng?

A: 나 불고기 먹고 싶어.
B: 불고기는 너무 비싸. 다른 것 먹어.
A: 그럼 삼겹살 먹을까?

단어정리

想 xiǎng(샹): ~하고 싶다
吃 chī(츠): 먹다
烤 kǎo(카오): 불에 굽다
牛 niú(녀우): 소
肉 ròu(러우): 고기
太 tài(타이): 너무
贵 guì(꿰이): 비싸다
别的 biéde(삐에떠): 다른 것
好 hǎo(하오): 좋다
五花肉 wǔhuāròu(우화러우): 삼겹살

콩나물국 08

아침식사로 무엇을 먹을까 상의하는 두 부부의 이야기를 들어봅니다.

'在~里'는 '~안에서'입니다.

A: 早餐吃什么?
Zǎo cān chī shén me?

B: 豆芽汤怎么样?
Dòu yá tāng zěn me yàng?

我昨天买了豆芽,
Wǒ zuó tiān mǎi le dòu yá,

把豆芽放在冰箱里了。
bǎ dòu yá fàng zài bīng xiāng lǐ le.

A: 아침으로 뭘 먹지?

B: 콩나물국 어때요? 내가 어제 콩나물을 사서 냉장고에 넣어두었는데.

단어정리

早餐 zǎocān(자오찬): 아침식사
吃 chī(츠): 먹다
什么 shénme(선머): 무엇
豆芽 dòuyá(떠우야): 콩나물
汤 tāng(탕): 국
冰箱 bīngxiāng(삥샹): 냉장고
昨天 zuótiān(쭤티엔): 어제
买 mǎi(마이): 사다
把 bǎ(빠): ~을
放 fàng(팡): 놓다
在 zài(짜이): ~에서
里 lǐ(리): 안

09 국

아내의 요리 실력을 칭찬하는 남편의 이야기입니다. '多吃点'은 '많이 좀 먹다'입니다.

A: 这是什么汤?
Zhè shì shén me tāng?

味道还真不错。
Wèi dào hái zhēn bú cuò.

B: 好吃吗?
Hǎo chī ma?

那你要多吃点。
Nà nǐ yào duō chī diǎn.

A: 이게 무슨 국이야? 기똥차게 맛있는데.
B: 맛있어요? 그럼 많이 드셔야 해요.

단어정리

这 zhè(쯔어): 이것
是 shì(스): ~이다
什么 shénme(선머): 무엇
汤 tāng(탕): 국
味道 wèidào(웨이따오): 맛
还 hái(하이): 꽤
真 zhēn(쩐): 정말로
不错 búcuò(부춰): 괜찮다
好吃 hǎochī(하오츠): 맛있다
那 nà(나): 그렇다면
要 yào(야오): ~해야 한다
多 duō(뚸): 많다

족 발 10

외식을 하고 싶어 하는 아내와 남편의 이야기입니다.
'这(那)么+형용사'는 '이(그)토록 ~하다'는 뜻입니다.

A: 老公! 我想吃猪脚。
Lǎo gōng! Wǒ xiǎng chī zhū jiǎo.

我们去奖忠洞。
Wǒ men qù Jiǎng zhōng dòng.

B: 天气这么冷,
Tiān qì zhè me lěng,

跑那么远干吗呢?
pǎo nà me yuǎn gàn má ne?

A: 여보! 나 족발 먹고 싶어. 우리 장충동 가자.
B: 날씨가 이렇게 추운데, 뭐 그렇게 멀리까지 가?

단어정리

老公 lǎogōng(라오꽁): 여보![아내가 남편을 부르는 호칭]
想 xiǎng(샹): ~하고 싶다
吃 chī(츠): 먹다
猪 zhū(쭈): 돼지
脚 jiǎo(쟈오): 발
天气 tiānqì(티엔치): 날씨
冷 lěng(렁): 춥다
跑 pǎo(파오): 달리다
远 yuǎn(위엔): 멀다
干吗 gànmá(깐마): 왜

11 해물요리

저녁식사를 하자고 제의하는 친구의 이야기입니다.
'一起去'는 '함께 가다'는 뜻이고 '吧'는 '권유'를 나타냅니다.

A: 有约会吗?
Yǒu yuē huì ma?

晚上一起去吃饭吧。
Wǎn shang yì qǐ qù chī fàn ba.

B: 你们去哪里吃?
Nǐ men qù nǎli chī?

A: 去吃个海鲜怎么样?
Qù chī ge hǎi xiān zěn me yàng?

A: 약속 있어? 저녁식사 같이 하러 가자.
B: 너희들 어디 가서 먹을 건데?
A: 해물요리나 먹을까?

단어정리

有 yǒu(여우): 있다
约会 yuēhuì(위에회이): 약속
晚上 wǎnshang(완상): 저녁
一起 yìqǐ(이치): 함께
吃饭 chīfàn(츠판): 식사하다
你们 nǐmen(니먼): 너희들
去 qù(취): 가다
哪里 nǎli(나리): 어디
个 ge(끄어): 개
海鲜 hǎixiān(하이시엔): 해물
怎么样 zěnmeyàng(쩐머양): 어때

요리 주문 12

식당에서 중국요리를 주문하는 이야기입니다.
'我来+동사'는 화자가 적극적으로 어떤 동작을 할 것임을 의미합니다.

A: 我来点菜吧。
Wǒ lái diǎn cài ba.

菜单给我吧。
Cài dān gěi wǒ ba.

B: 我真不知道怎么点菜,
Wǒ zhēn bù zhī dào zěn me diǎn cài,

中国菜种类太多了 。
Zhōng guó cài zhǒng lèi tài duō le.

A: 제가 주문할게요. 메뉴 주세요.
B: 전 정말 어떻게 주문해야 하는지 모르겠어요, 중국요리는 종류가 너무 많아요.

단어정리

点 diǎn(띠엔): 주문하다
菜 cài(차이): 요리
种类 zhǒnglèi(종레이): 종류
太 tài(타이): 너무
多 duō(뚸): 많다
中国菜 Zhōngguócài(쭝궈차이): 중국요리
菜单 càidān(차이딴): 메뉴
知道 zhīdào(즈따오): 알다
怎么 zěnme(쩐머): 어떻게

13 배불러요?

친구에게 식사 대접을 하는 사람의 이야기입니다.
'吃得饱'는 '배부르게 먹었다'는 뜻입니다.

A: 吃得饱吗?
Chī de bǎo ma?

不够了再点吧。
Bú gòu le zài diǎn ba.

B: 肚子已经很饱了,
Dù zi yǐ jīng hěn bǎo le,

不用再点菜了。
bú yòng zài diǎn cài le.

A: 배불러요? 부족하면 더 시켜요.
B: 벌써 배불러서 더 주문할 필요 없을 것 같아요.

단어정리

吃 chī(츠): 먹다
得 de(떠): 조사
饱 bǎo(빠오): 배부르다
够 gòu(꺼우): 충분하다
再 zài(짜이): 다시
点 diǎn(띠엔): 주문하다
吧 ba(빠): 권유의 뜻을 지닌 조사
肚子 dùzi(뚜즈): 배
已经 yǐjīng(이찡): 벌써
不用 búyòng(부용): ~할 필요 없다

세트메뉴 14

분위기 좋은 식당에 온 두 사람의 이야기입니다.
'这家餐厅'은 '이 식당'을 뜻합니다.

A: 这家餐厅气氛不错吧?
Zhè jiā cān tīng qìf en bú cuò ba?

午餐套餐才九千块。
Wǔ cān tào cān cái jiǔ qiān kuài.

B: 你说九千块不贵?
Nǐ shuō jiǔ qiān kuài bú guì?

A: 九千块不算贵。
Jiǔ qiān kuài bú suàn guì.

A: 이 식당 분위기 좋지? 점심세트가 겨우 9천 원이야.
B: 9천 원이 안 비싸다고?
A: 9천 원이면 비싼 편이 아니지.

단어정리

餐厅 cāntīng(찬팅): 식당
气氛 qìfen(치펀): 분위기
不错 búcuò(부춰): 괜찮다
午餐 wǔcān(우찬): 점심식사
套餐 tàocān(타오찬): 세트메뉴
算 suàn(쑤안): 셈에 넣다
才 cái(차이): 겨우
说 shuō(숴): 말하다
千 qiān(치엔): 천
块 kuài(콰이): 원
贵 guì(꿰이): 비싸다

15 팥빙수

팥빙수를 무척 좋아하는 친구의 이야기입니다.
'这附近'은 '이 근처'라는 뜻입니다.

A: 你喜欢吃红豆冰吗?
Nǐ xǐ huan chī hóng dòu bīng ma?

这附近有一家非常好吃。
Zhè fùjìn yǒu yì jiā fēi cháng hǎo chī.

B: 我喜欢吃。
Wǒ xǐ huan chī.

你带我去吧。
Nǐ dài wǒ qù ba.

A: 팥빙수 좋아하세요?
이 근처에 굉장히 맛있는 집이 하나 있는데.

B: 저 좋아해요. 저 데리고 가세요.

단어정리

喜欢 xǐhuan(씨환): 좋아하다
吃 chī(츠): 먹다
红豆 hóngdòu(홍떠우): 팥
冰 bīng(삥): 얼음
附近 fùjìn(푸찐): 근처
一家 yìjiā(이짜): : 본문에서는 '상점'을 나타냄
非常 fēicháng(페이창): 굉장히
好吃 hǎochī(하오츠): 맛있다
带 dài(따이): 데리다
去 qù(취): 가다

체 면 16

친구에게 식사를 대접하는 사람의 이야기입니다.
'要是~的话'는 '만약에 ~하다면'입니다.

A: 要是不够的话,
Yào shì bú gòu de huà,

还可以再点一盘。
hái kě yǐ zài diǎn yì pán.

千万不要客气。
Qiān wàn bú yào kè qi.

B: 不要了。我已经很饱了。
Bú yào le. Wǒ yǐ jīng hěn bǎo le.

A: 만약에 모자라면 한 접시 더 시키세요. 체면 차리지 말고요.
B: 됐어요. 전 벌써 배불러요.

단어정리

够 gòu(꺼우): 충분하다
还 hái(하이): 또, 더
可以 kěyǐ(커이): ~할 수 있다
再 zài(짜이): 또, 다시
点 diǎn(띠엔): 주문하다
千万 qiānwàn(치엔완): 절대
客气 kèqi(크어치): 격식을 차리다
已经 yǐjīng(이찡): 이미, 벌써
饱 bǎo(바오): 배부르다
盘 pán(판): 접시

17 반 찬

점심 식사거리를 사기 위해 시장에 들른 부부의 이야기입니다. '有的是'는 '~이 굉장히 많다'는 뜻입니다.

A: 你想吃什么菜?
Nǐ xiǎng chī shén me cài?

B: 家里有的是菜,
Jiā li yǒu de shì cài,

就买一条青花鱼。
jiù mǎi yì tiáo qīng huā yú.

A: 不买水果吗?
Bù mǎi shuǐ guǒ ma?

A: 무슨 반찬 먹고 싶어?
B: 집에 반찬 많으니까 고등어 한 마리만 사요.
A: 과일은 안 사?

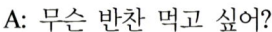

단어정리

想 xiǎng(샹): ~하고 싶다
吃 chī(츠): 먹다
什么 shénme(선머): 무엇
菜 cài(차이): 요리, 반찬
水果 shuǐguǒ(쉐이궈): 과일
买 mǎi(마이): 사다
条 tiáo(탸오): 마리
青花鱼 qīnghuāyú(칭화위): 고등어
家 jiā(쨔): 집
里 li(리): 안

해장국 18

전날 과음을 한 남편의 이야기입니다.
'好想~'은 '~을 굉장히 하고 싶다'라는 뜻입니다.

A: 我感觉有点不舒服。
Wǒ gǎn jué yǒu diǎnr bù shū fu.

好想吐!
Hǎo xiǎng tù!

B: 昨天喝太多了。
Zuó tiān hē tài duō le.

要不要喝点儿醒酒汤?
Yào bu yào hē diǎnr xǐng jiǔ tāng?

A: 나 속이 좀 안 좋은 것 같아. 오바이트하고 싶어.
B: 어제 술을 너무 많이 마셨어요. 해장국 좀 드실래요?

단어정리

感觉 gǎnjué(간쥐에): 느끼다
有点儿 yǒudiǎnr(여우띠얼): 조금
舒服 shūfu(수푸): 편안하다
吐 tù(투): 오바이트하다, 토하다
喝 hē(흐어): 마시다
太 tài(타이): 너무
多 duō(뚸): 많다
醒酒汤 xǐngjiǔtāng(싱져우탕): 해장국
昨天 zuótiān(줘티엔): 어제

19 새우 튀김

갑작스럽게 배탈이 난 아들의 이야기입니다.
본문의 '怎么办呢?'는 '어쩌면 좋아?'라는 말입니다.

A: 妈! 我肚子疼。
Mā! Wǒ dù zi téng.

B: 中午你吃了什么?
Zhōng wǔ nǐ chī le shén me?

A: 我就吃了冰箱里的炸虾。
Wǒ jiù chī le bīng xiāng li de zhá xiā.

B: 怎么办呢? 快过来吃药。
Zěn me bàn ne? Kuài guò lái chī yào.

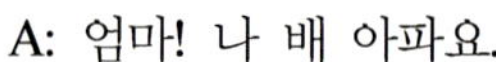

A: 엄마! 나 배 아파요.
B: 점심때 뭘 먹었니?
A: 냉장고에 있는 새우튀김 먹었죠.
B: 어쩌면 좋아? 어서 와서 약 먹어라.

단어정리

肚子 dùzi(뚜즈): 배	里 li(리): 안
疼 téng(텅): 아프다	炸 zhá(짜): 튀기다
中午 zhōngwǔ(쫑우): 점심	虾 xiā(샤): 새우
吃 chī(츠): 먹다	药 yào(야오): 약
什么 shénme(선머): 무엇	冰箱 bīngxiāng(삥샹): 냉장고

돼지족발 20

동료에게 돼지족발을 먹으러 가자고 말하는 친구의 이야기입니다.

'猪蹄儿'은 '돼지족발'을 뜻합니다.

A: 去吃猪蹄儿怎么样?
Qù chī zhū tír zěn me yàng?

B: 你想怎么样就怎么样吧。
Nǐ xiǎng zěn me yàng jiù zěn me yàng ba.

好吃吗?
Hǎo chī ma?

A: 猪蹄儿好好吃呀!
zhū tír hǎo hǎo chī ya!

A: 족발 먹으러 갈까?

B: 너하고 싶은 대로 해. 맛있어?

A: 돼지족발이 얼마나 맛있는데.

단어정리

去 qù(취): 가다
吃 chī(츠): 먹다
猪 zhū(주): 돼지
怎么样 zěnmeyàng(쩐머양): 어떻게 하다
好 hǎo(하오): 매우
就 jiù(쪄우): ~하면
吧 ba(빠): 권유의 뜻
好吃 hǎochī(하오츠): 맛있다
想 xiǎng(샹): ~하고 싶다

21 포장마차

추운 겨울날 포장마차에 들러 술 한잔하려는 친구들의 이야기입니다.

'好~啊!'는 '매우 춥다'는 뜻입니다.

A: 好冷啊!
Hǎo lěng a!

去路边摊吃辣椒酱炒米糕。
Qù lù biān tān chī là jiāo jiàng chǎo mǐ gāo.

B: 炒鸡胗配上烧酒也不错。
Chǎo jī zhēn pèi shang shāo jiǔ yě bú cuò.

我们赶快走吧。
Wǒ men gǎn kuài zǒu ba.

A: 아~ 추워! 포장마차에 들러 떡볶이 먹자.

B: 닭똥집 볶음에 소주도 좋지. 우리 빨리 가자.

단어정리

冷 lěng(렁): 춥다
路边摊 lùbiāntān(루삐엔탄): 포장마차
配上 pèishang(페이상): 어울리다
辣椒酱 làjiāojiàng(라쨔오쨩): 고추장
不错 búcuò(부춰): 괜찮다
赶快 gǎnkuài(간콰이): 어서
鸡胗 jīzhēn(찌전): 닭똥집
炒 chǎo(차오): 볶다
米糕 mǐgāo(미까오): 떡

김치 22

딸집에 김장김치를 가져다준 아버지와 외출한 딸의 이야기입니다.

'老婆'는 남편이 아내를 부르는 애칭입니다.

A: 老婆! 爸爸来了。
Lǎo po! Bà ba lái le.

B: 爸怎么来了?
Bà zěn me lái le?

A: 给我们拿泡菜。
Gěi wǒ men ná pào cài.

B: 我现在不能回去怎么办呢?
Wǒ xiàn zài bù néng huí qù zěn me bàn ne?

A: 여보! 아버님 오셨어.
B: 아빠가 왜 오셨어?
A: 우리 김치 갖다 주시러.
B: 난 지금 갈 수 없는데 어쩌지?

단어정리

爸爸 bàba(빠바): 아빠, 아버님
来 lái(라이): 오다
怎么 zěnme(쩐머): 왜
给 gěi(게이): ~에게
拿 ná(나): 잡다, 쥐다
泡菜 pàocài(파오차이): 김치
现在 xiànzài(씨엔짜이): 지금
能 néng(넝): ~할 수 있다
回去 huíqù(회이취): 돌아가다
怎么办 zěnmebàn(쩐머빤): 어쩌지

23 전복죽

전복죽을 끓이는 아내와 남편의 대화입니다.

'在+동사'는 동작의 진행을 나타내며 '在煮'는 '끓이는 중이다'라는 뜻입니다.

A: 你在煮什么?
Nǐ zài zhǔ shén me?

B: 我在煮鲍鱼粥。
Wǒ zài zhǔ bào yú zhōu.

A: 你煮这么多干吗?
Nǐ zhǔ zhè me duō gàn má?

B: 给你吃啊!
Gěi nǐ chī a!

A: 당신 뭐 끓여?
B: 전복죽 끓이고 있는 중이에요.
A: 왜 이렇게 많이 끓였어?
B: 당신 먹이려고요!

단어정리

在 zài(짜이): ~하는 중이다
煮 zhǔ(주): 끓이다
什么 shénme(선머): 무엇
鲍鱼 bàoyú(빠오위): 전복
粥 zhōu(저우): 죽
这么 zhème(쯔어머): 이토록
多 duō(뚸): 많다
给 gěi(게이): ~에게, 주다
吃 chī(츠): 먹다

라 면 24

저녁식사 메뉴를 놓고 고민하는 젊은 부부의 이야기입니다.
'方便面'은 '라면'을 뜻합니다.

A: 晚饭吃什么?
Wǎn fàn chī shén me?

B: 吃方便面。
Chī fāng biàn miàn.

A: 中午吃了晚上又吃啊?
Zhōng wǔ chī le wǎn shang yòu chī a?

我们吃饭吧。
Wǒ men chī fàn ba.

A: 저녁으로 뭘 먹지?
B: 라면 먹어요.
A: 점심때 먹었는데 또 먹어? 우리 밥 먹자.

단어정리

晚饭 wǎnfàn(완판): 저녁식사
吃 chī(츠):: 먹다
什么 shénme(선머): 무엇
方便 fāngbiàn(팡삐엔): 편리하다
面 miàn(미엔): 국수
中午 zhōngwǔ(쫑우): 정오
晚上 wǎnshang(완상): 저녁
又 yòu(여우): 또
我们 wǒmen(워먼): 우리들

25 돼지고기

김치찌개 요리법을 놓고 티격태격 싸우는 젊은 부부의 이야기입니다.

본문의 '泡菜辣汤'은 '김치찌개'를 뜻합니다.

A: 今晚吃泡菜辣汤。
Jīn wǎn chī pào cài là tāng.

B: 太好了。多放些猪肉。
Tài hǎo le. Duō fàng xiē zhū ròu.

A: 放什么猪肉啊?
Fàng shén me zhū ròu a?

汤里加金枪鱼多好吃啊!
Tāng li jiā jīn qiāng yú duō hǎo chī a!

A: 오늘 저녁때 김치찌개 먹자.
B: 신난다. 돼지고기 팍팍 넣고.
A: 무슨 돼지고기를 넣어? 참치 넣고 끓이면 얼마나 맛있는데!

단어정리

泡菜 pàocài(파오차이): 김치
辣 là(라): 맵다
汤 tāng(탕): 국
放 fàng(팡): 넣다
些 xiē(시에): 약간
猪肉 zhūròu(주러우): 돼지고기
里 lǐ(리): 안, 속
金枪鱼 jīnqiāngyú(찐창위): 참치
多 duō(뚸): 얼마나, 많다
好吃 hǎochī(하오츠): 맛있다

굴 26

생굴을 못 먹는 친구의 이야기입니다.

본문의 '放的'은 '넣은 것'이라는 의미를 가지며 음식 안에 넣은 요리재료를 말합니다.

A: 这泡菜味道很奇怪。
Zhè pào cài wèi dào hěn qí guài.

里面放的是什么?
Lǐ miàn fàng de shì shén me?

B: 好吃极了。
Hǎo chī jí le.

里面有生蚝很好吃。
Lǐ miàn yǒu shēng háo hěn hǎo chī.

A: 이 김치 맛이 이상해. 안에 넣은 게 뭐지?

B: 맛있기만 한데. 안에 굴이 들어서 맛있어.

단어정리

泡菜 pàocài(파오차이): 김치
味道 wèidào(웨이따오): 맛
很 hěn(헌): 아주
奇怪 qíguài(치꽈이): 이상하다
里面 lǐmiàn(리미엔): 안에
放 fàng(팡): 두다, 놓다
好吃 hǎochī(하오츠): 맛있다
极 jí(찌): 절정
有 yǒu(여우): 있다
生蚝 shēngháo(성하오): 생굴

27 김치찌개

주말 점심으로 김치찌개를 먹는 사람들의 이야기입니다.
'还不错'은 '그런대로 괜찮다'라는 뜻입니다.

A: 好吃吧?
Hǎo chī ba?

今天我做的泡菜汤怎么样?
Jīn tiān wǒ zuò de pào cài tāng zěn me yàng?

B: 还不错。
Hái bú cuò.

再给我一碗。
Zài gěi wǒ yì wǎn.

A: 맛있지? 오늘 내가 한 김치찌개 어때?
B: 괜찮은데. 한 그릇 더 줘.

단어정리

好吃 hǎochī(하오츠): 맛있다
今天 jīntiān(찐티엔): 오늘
做 zuò(쭤): 만들다
泡菜 pàocài(파오차이): 김치
汤 tāng(탕): 국
还 hái(하이): 그런대로
不错 búcuò(부춰): 좋다
再 zài(짜이): 다시
给 gěi(게이): 주다
碗 wǎn(완): 그릇

장미차 28

장미차를 보며 신기해하는 사람의 이야기입니다.
'想不到'는 '미처 생각하지 못했다'라는 뜻입니다.

A: 茶杯里的是什么?
Chá bēi lǐ de shì shén me?

B: 那是玫瑰。
Nà shì méi guī.

A: 玫瑰也能做茶吗?
Méi guī yě néng zuò chá ma?

想不到花儿也能做茶!
Xǎng bu dào huār yě néng zuò chá!

A: 찻잔 안에 있는 건 뭐야?
B: 그건 장미야.
A: 장미로 차를 만들 수 있어? 꽃으로 차를 만들다니 상상도 못했네.

단어정리

茶杯 chábēi(차뻬이): 찻잔
里 lǐ(리): 안
那 nà(나): 그
是 shì(스): ~이다
玫瑰 méiguī(메이꿰이): 장미
也 yě(예): ~도
能 néng(넝): 할 수 있다
做 zuò(쭤): 하다
花儿 huār(활): 꽃

29 스테이크

스테이크를 먹으러 간 연인의 이야기입니다.
'还不错'은 '그런대로 괜찮다'라는 뜻입니다.

A: 听说这里的牛排很好吃。
Tīng shuō zhè lǐ de niú pái hěn hǎo chī.

我们赶快上去吧。
Wǒ men gǎn kuài shàng qù ba.

B: 气氛还不错，
Qìfen hái bú cuò.

价格一定很贵。
Jià gé yí dìng hěn guì.

A: 여기 스테이크 맛있다고 하던데. 우리 어서 올라가자.
B: 분위기는 괜찮은데. 가격이 틀림없이 비쌀걸.

단어정리

听说 tīngshuō(팅숴): 듣자하니
这里 zhèlǐ(쯔어리): 이곳
牛排 niúpái(녀우파이): 스테이크
好吃 hǎochī(하오츠): 맛있다
赶快 gǎnkuài(간콰이): 어서
上去 shàngqù(상취): 올라가다
气氛 qìfen(치펀): 분위기
价格 jiàgé(쨔거): 가격
一定 yídìng(이띵): 틀림없이
贵 guì(꿰이): 비싸다

미역국 30

남편의 생일을 준비하는 아내의 이야기입니다.
본문의 '过生日'는 '생일을 보내다'라는 뜻입니다.

A: 我明天要煮海带汤。
Wǒ míng tiān yào zhǔ hǎi dài tāng.

B: 谁过生日?
sheí guò shēng rì?

A: 明儿我老公生日。
Míngr wǒ lǎo gong shēng rì.

B: 送老公什么礼物?
Sòng lǎo gong shén me lǐ wù?

A: 내일 미역국을 끓여야 해.
B: 누구 생일이야?
A: 내일이 남편 생일이야.
B: 남편에게 뭘 선물할 건데?

단어정리

明天 míngtiān(밍티엔): 내일
要 yào(야오): : ~해야 한다
煮 zhǔ(주): 끓이다
海带 hǎidài(하이따이): 미역
汤 tāng(탕): 국
谁 sheí(세이): 누구
明儿 míngr(미얼): 내일
老公 lǎogong(라오꽁): 남편
送 sòng(쏭): 선물하다
礼物 lǐwù(리우): 선물

31 월병

추석날 친구를 위해 월병을 챙겨온 사람의 이야기입니다.
'去不了'는 '갈 수 없다'입니다.

A: 你在哪里?
Nǐ zài nǎ lǐ?

我给你带月饼来了。
Wǒ gěi nǐ dài yuè bǐng lái le.

B: 我刚好有事去不了了,
Wǒ gāng hǎo yǒu shì qù bu liǎo le,

怎么办呢?
Zěn me bàn ne?

A: 너 어디야? 내가 너 주려고 월병 가져왔는데.
B: 마침 일이 생겨서 갈 수가 없는데, 어쩌지?

단어정리

在 zài(짜이): ~에서
哪里 nǎlǐ(나리): 어디[裏]
给 gěi(게이): ~에게
带 dài(따이): 휴대하다
刚好 gānghǎo(깡하오): 마침[剛]
有事 yǒushì(여우스): 일이 있다
怎么 zěnme(쩐머): 왜[麽]
办 bàn(빤): 처리하다[辦]
月饼 yuèbǐng(위에삥): 추석날[餠] 중국인들이 먹는 달 모양의 과자

햄버거 32

즐겨먹는 음식에 대해 이야기하는 두 친구의 대화 내용입니다. '爱吃中餐'은 '중국요리를 즐겨먹다'라는 뜻입니다.

A: 你喜欢吃什么东西?
Nǐ xǐ huan chī shén me dōng xi?

B: 我爱吃中餐,
Wǒ ài chī zhōng cān,

不过我也喜欢吃汉堡。
bú guò wǒ yě xǐ huan chī hàn bǎo.

A: 中餐我也喜欢。
Zhōng cān wǒ yě xǐ huan.

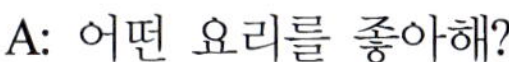

A: 어떤 요리를 좋아해?
B: 나는 중국요리를 즐겨 먹지만 햄버거도 좋아해.
A: 중국요리라면 나도 좋아하는데.

단어정리

喜欢 xǐhuan(씨환): 좋아하다[歡]
吃 chī(츠): 먹다
东西 dōngxi(똥시): 물건, 본문에서는 '먹는 음식'을 말함[東]
爱 ài(아이): 사랑하다[愛]
也 yě(예): ~도
汉堡 hànbǎo(한빠오): 햄버거[漢]
不过 búguò(부꿔): 그러나[過]

33 홍어회

먹을거리를 찾아 홍어회를 먹으러 가는 친구들의 이야기입니다.

본문의 '斑鳐'는 '홍어'를 뜻합니다.

A: 我们今天去尝点好吃的。
Wǒ men jīn tiān qù cháng diǎn hǎo chī de.

去吃斑鳐吧。
Qù chī bān yáo ba.

你有没有吃过?
Nǐ yǒu mei yǒu chī guo?

B: 我从来没吃过。
Wǒ cóng lái méi chī guo.

A: 우리 오늘 맛있는 것 좀 먹으러 가자. 가서 홍어 먹자. 홍어 먹어봤어?

B: 한 번도 안 먹어봤어.

단어정리

我们 wǒmen(워먼): 우리들[們]
今天 jīntiān(찐티엔): 오늘
尝 cháng(창): 맛보다[嘗]
点 diǎn(띠엔): 조금[點]
去 qù(취): 가다
吃 chī(츠): 먹다
过 guo(궈): ~을 해 본적 있다[過]
从来 cóngláiméi(총라이): 지금까지[從]
好吃的 hǎochīde(하오츠떠): 맛있는 음식, 맛있는 것

인스턴트식품 34

나쁜 식습관으로 소화가 안 되는 친구의 이야기입니다.
'对~不好'는 '~에 좋지 않다'입니다.

A: 最近吃了很多泡面,
Zuì jìn chī le hěn duō pào miàn,

我消化不良。
wǒ xiāo huà bù liáng.

B: 不要吃太多速食,
Bù yào chī tài duō sù shí,

对胃不好,会消化不良。
duì wèi bù hǎo, huì xiāo huà bù liáng.

A: 요즘 라면을 많이 먹었더니 소화가 안 되네.
B: 인스턴트식품 많이 먹지 마. 위에도 안 좋고 소화도 안 돼.

단어정리

最近 zuìjìn(쮜이찐): 최근
吃 chī(츠): 먹다
泡面 pàomiàn(파오미엔): 라면[麵]
会 huì(회이): ~할 것이다
太 tài(타이): 너무
胃 wèi(웨이): 위
好 hǎo(하오): 좋다
消化 xiāohuà(샤오화): 소화
速食 sùshí(수스): 인스턴트식품

35 종업원

음식점에서 요리를 주문하는 친구들의 이야기입니다.
'上菜'는 '요리를 내다'라는 뜻입니다.

A: 服务员!
Fú wù yuán!

等人来了再上菜。
Děng rén lái le zài shàng cài.

B: 我们先吃吧。
Wǒ men xiān chī ba.

他们来了再点一份。
Tā men lái le zài diǎn yí fèn.

A: 종업원! 우리 일행이 오면 그때 음식을 올려주세요.
B: 우리 먼저 먹자. 걔들 오면 또 주문하면 되잖아.

단어정리

服务 fúwù(푸우): 봉사하다[務]
等 děng(떵): 기다리다
人 rén(런): 사람
来 lái(라이): 오다[來]
先 xiān(씨엔): 먼저, 우선
们 men(먼): 들['인칭대명사+们'은 복수를 나타냄] [們]
点 diǎn(띠엔): 주문하다[點]
一份 yífèn(이펀): 한 부
再 zài(짜이): 또, 다시

붕어빵 36

붕어빵에 대해 이야기하는 두 친구의 대화 내용입니다.
'特別+형용사'는 '굉장히 ~하다'라는 뜻입니다.

A: 这是什么? 面包吗?
Zhè shì shén me? Miàn bāo ma?

样子很像一条鱼。
Yàng zi hěn xiàng yì tiáo yú.

B: 这叫小金鱼面包,
Zhè jiào xiǎo jīn yú miàn bāo.

冬天吃特别好吃。
Dōng tiān chī tè bié hǎo chī.

A: 이게 뭐야? 빵이야? 모양이 꼭 물고기 같아.
B: 붕어빵이야. 겨울에 먹으면 굉장히 맛있어.

단어정리

这 zhè(쯔어): 이[這]
什么 shénme(선머): 무엇[麽]
样子 yàngzi(양쯔): 모양[樣]
像 xiàng(썅): 닮다
鱼 yú(위): 물고기[魚]
小金鱼 xiǎojīnyú(샤오찐위): 붕어
冬天 dōngtiān(뚱티엔): 겨울
吃 chī(츠): 먹다
条 tiáo(탸오): 마리[條]

37 오징어

오징어를 아주 좋아하는 두 사람의 이야기입니다.
본문의 '辣椒酱'은 '고추장'을 뜻합니다.

A: 这鱿鱼真好吃。
Zhè yóu yú zhēn hǎo chī.

沾着辣椒酱真好吃。
zhān zhe là jiāo jiàng zhēn hǎo chī.

B: 这鱿鱼的味道真好。
Zhè yǒu yú de wèi dao zhēn hǎo.

我喜欢吃鱿鱼。
Wǒ xǐ huan chī yóu yú.

A: 이 오징어 정말 맛있다. 고추장에 찍어먹으니 더 맛있어.
B: 이 오징어 맛 진짜 좋다. 난 오징어를 즐겨 먹어.

단어정리

这 zhè(쯔어): 이[這]
鱿鱼 yóuyú(여우위): 오징어
真 zhēn(쩐): 정말
好吃 hǎochī(하오츠): 맛있다
着 zhe(쯔어): ~한 채로 있다
味道 wèidao(웨이따오): 맛
喜欢 xǐhuan(씨환): 좋아하다[歡]
吃 chī(츠): 먹다
沾 zhān(짠): 적시다

장어구이 38

장어를 먹으러 간 친구들의 대화 내용입니다.
본문의 '和~不一样'은 '~과 다르다'라는 뜻입니다.

A: 这家的鳗鱼特别好吃。
Zhè jiā de mán yú tè bié hǎo chī.

这家店的鳗鱼做法
Zhè jiā diàn de mán yú zuò fǎ

和别家不一样。
hé bié jiā bù yí yàng.

B: 就是太远了。
jiù shì tài yuǎn le.

A: 이 집 장어 굉장히 맛있어. 이 집 장어 만드는 방법이 다른 집하고 좀 달라.
B: 근데 너무 멀어.

단어정리

家 jiā(쨔): 가게를 셀 때 쓰임
特别 tèbié(트어삐에): 특별하다
好吃 hǎochī(하오츠): 맛있다
鳗鱼 mányú(만위): 장어[鰻]
做法 zuòfǎ(쭤파): 만드는 방법
别 bié(삐에): 다르다
就是 jiùshì(쪄우스): 설사 ~라도
远 yuǎn(위엔): 멀다[遠]
店 diàn(띠엔): 상점

39 음식 포장

맛있는 음식을 집에 포장해 가려는 친구의 이야기입니다.
본문의 '好吃'는 '맛있다'라는 뜻입니다.

A: 这家餐厅的沙拉很好吃。
Zhè jiā cān tīng de shā lā hěn hǎo chī.

我想打包回去,
Wǒ xiǎng dǎ bāo huí qù,

给我家人品尝。
gěi wǒ jiā rén pǐn cháng.

B: 你真体贴。
Nǐ zhēn tǐ tiē.

A: 이 식당 샐러드 정말 맛있네요. 가족들 좀 맛보라고 포장해서 가져가고 싶어요.

B: 정말 자상하시네요.

단어정리

餐厅 cāntīng(찬팅): 레스토랑[廳]
沙拉 shālā(사라): 샐러드
打包 dǎbāo(다빠오): 포장하다
给 gěi(게이): ~에게[給]
品尝 pǐncháng(핀창): 맛보다[嚐]
体贴 tǐtiē(티티에): 자상하다[體帖]
回去 huíqù(회이취): 돌아가다
家人 jiārén(쨔런): 가족

외 식 40

거의 매일 외식을 하는 친구의 이야기입니다.
'在外面吃饭'은 '바깥에서 식사하다'라는 뜻입니다.

A: 天天在外面吃饭,
Tiān tiān zài wài miàn chī fàn,

没有什么胃口。
méi yǒu shén me wèi kǒu.

B: 你自己会做饭吗?
Nǐ zì jǐ huì zuò fàn ma?

A: 不会。
Bú huì.

A: 매일 밖에서 밥을 먹으니 입맛이 없어요.
B: 밥 할 줄 아세요?
A: 할 줄 몰라요.

단어정리

天天 tiāntiān(티엔티엔): 매일
在 zài(짜이): ~에서
外面 wàimiàn(와이미엔): 바깥
没有 méiyǒu(메이여우): 없다
胃口 wèikǒu(웨이커우): 입맛
自己 zìjǐ(쯔지): 자신, 스스로
会 huì(회이): 할 줄 알다[會]
做饭 zuòfàn(쭤판): 밥을 하다[飯]
什么 shénme(선머): 무엇[麽]

41 삼겹살

한국의 맛있는 삼겹살에 대해 친구가 외국인과 대화를 나누는 내용입니다.

'吃过'는 '먹어본 적이 있다'라는 뜻입니다.

A: 在韩国菜中烤五花肉
Zài Hán guó cài zhōng kǎo wǔ huā ròu
是最具代表性的。
shì zuì jù dài biǎo xìng de.
你吃过吗?
Nǐ chī guò ma?

B: 吃过一次。
Chī guò yí cì.

A: 한국 요리 가운데 삼겹살은 가장 대표적인 요리입니다.
드셔보셨나요?
B: 한 번 먹어봤습니다.

단어정리

在 zài(짜이): ~에서
韩国 Hánguó(한궈): 한국[韓國]
菜 cài(차이): 요리
中 zhōng(쫑): 가운데
五花肉 wǔhuāròu(우화러우): 삼겹살
代表性 dàibiǎoxìng(다이뱌오씽): 대표적이다
吃 chī(츠): 먹다
一次 yícì(이츠): 한 번
烤 kǎo(카오): 굽다

식생활 42

동료의 식생활에 관해 충고하는 두 사람의 이야기입니다.
'定时定量'은 '제때 일정량'을 말합니다.

A: 饮食要定时定量。
Yǐn shí yào dìng shí dìng liàng.

要多吃鱼类、蔬菜。
Yào duō chī yú lèi、shū cài.

B: 鱼类和蔬菜中
Yú lèi hé shū cài zhōng

不饱和脂肪酸含量丰富。
bù bǎo hé zhī fáng suān hán liàng fēng fù.

A: 음식은 제때 일정량으로 먹어야 해. 어류랑 채소도 많이 먹어야 해.

B: 어류랑 채소에는 불포화지방산이 많아서 좋아.

단어정리

饮食 yǐnshí(인스): 음식[飮食]
要 yào(야오): ~해야 한다
多 duō(뚸): 많다
吃 chī(츠): 먹다
不饱和脂肪酸 bùbǎohézhīfángsuān(뿌바오허즈팡쏸): 불포화지방산[飽]
含量 hánliàng(한량): 함량
丰富 fēngfù(펑푸): 풍부하다[豊]
鱼类 yúlèi(위레이): 어류[魚類]
蔬菜 shūcài(수차이): 채소

43 건강음식

건강에 좋은 음식에 관해 이야기하는 친구들의 대화 내용입니다.

'可以缓解'는 '호전되게 하다'라는 뜻입니다.

A: 听说水果中的维生素C
Tīng shuō shuǐ guǒ zhōng de wéi shēng sù C

和鱼类中的脂肪酸
hé yú lèi zhōng de zhī fáng suān

可以缓解哮喘症状。
kě yǐ huǎn jiě xiāo chuǎn zhèng zhuàng.

B: 真的吗?
Zhēn de ma?

A: 과일에 있는 비타민C랑 어류에 있는 지방산이 천식을 낫게 할 수 있대.

B: 정말?

단어정리

听说 tīngshuō(팅숴): 듣자하니[聽]
水果 shuǐguǒ(쉐이궈): 과일
维生素 wéishēngsù(웨이성쑤): 비타민
鱼类 yúlèi(위레이): 어류[魚類]
哮喘 xiāochuǎn(샤오촨): 천식
症状 zhèngzhuàng(쩡좡): 증상
真的 zhēnde(쩐떠): 정말로
脂肪酸 zhīfángsuān(즈팡쏸): 지방산

한턱내다 44

'我来请客'는 '내가 한턱낼게요'라는 말입니다.

또 '가운데'라는 의미일 때 '中'은 1성이지만 '적중하다'라는 뜻으로 쓰일 때는 4성으로 발음합니다.

A: 我们今天去餐厅吃饭。
Wǒ men jīn tiān qù cān tīng chī fàn.

我来请客，大家一块去吧。
Wǒ lái qǐng kè, dà jiā yí kuài qù ba.

B: 你怎么啦？中乐透彩了？
Nǐ zěn me la? Zhòng lè tòu cǎi le?

A: 吃饭也是种享受嘛。
Chī fàn yě shì zhǒng xiǎng shòu ma.

A: 오늘 우리 레스토랑에 가서 밥 먹자.
내가 쏠게. 모두 같이 가자.

B: 왜 그래? 로또에 당첨되기라도 한 거야?

A: 밥 먹는 것도 즐거움이잖아.

단어정리

今天 jīntiān(찐티엔): 오늘
餐厅 cāntīng(찬팅): 식당
吃饭 chīfàn(츠판): 식사하다
请客 qǐnkè(칭크어): 한턱내다
大家 dàjiā(따쟈): 여러분, 모두
中 zhòng(종): 당첨되다
乐透彩 lètòucǎi(러터우차이): 로또
种 zhǒng(종): 종류
享受 xiǎngshòu(샹셔우): 즐거움
一块 yíkuài(이콰이): 같이, 함께

45 단골집

'즐겨 찾는 단골집이나 늘 가는 곳'은 '老地方'이고 '오랜 친구'는 '老朋友(péngyou: 친구)'이며 '在+장소+见'은 '~에서 만나다'라는 뜻입니다.

A: 我今天心情不太好。
Wǒ jīn tiān xīn qíng bú tài hǎo.

想去烫烫头发。
Xiǎng qù tàng tang tóu fa.

B: 你心情不好我请你吃饭吧。
Nǐ xīn qíng bù hǎo wǒ qǐng nǐ chī fàn ba.

我们在老地方见。
Wǒ men zài lǎo dì fang jiàn.

A: 나 오늘 기분이 안 좋아서 파마를 하고 싶어.
B: 기분이 안 좋다니 내가 밥을 쏴야겠는걸.
매일 보던 데서 만나자.

단어정리

今天 jīntiān(찐티엔): 오늘
心情 xīnqíng(신칭): 기분
想 xiǎng(샹): ~하고 싶다
去 qù(취): 가다
烫 tàng(탕): 파마하다
头发 tóufa(터우파): 머리카락
请 qǐng(칭): 한턱내다
吃饭 chīfàn(츠판): 식사하다
老 lǎo(라오): 오래된
地方 dìfang(띠팡): 장소
见 jiàn(찌엔): 만나다

》 문화 / 미디어

01 영화

'在+장소'는 '~에 있다'라는 뜻입니다.

'请~, 好吗?'는 상대에게 무엇인가를 부탁하는 공손한 표현입니다.

A: 喂! 你在哪儿?
Wèi! Nǐ zài nǎr?

B: 我在停车场。
Wǒ zài tíng chē chǎng。

请等我十分钟, 好吗?
Qǐng děng wǒ shí fēn zhōng, hǎo ma?

A: 电影几点开始?
Diàn yǐng jǐ diǎn kāi shǐ?

A: 여보세요! 너 어디야?

B: 나 주차장이야. 10분만 기다려 줄 수 있어?

A: 영화는 몇 시에 시작하는데?

단어정리

喂 wèi(웨이): 여보세요
在 zài(짜이): ~에서
哪儿 nǎr(나알): 어디
停车场 tíngchēchǎng(팅처창): 주차장
开始 kāishǐ(카이스): 시작하다
等 děng(떵): 기다리다
分钟 fēnzhōng(펀종): 분
电影 diànyǐng(띠엔잉): 영화
几点 jǐdiǎn(찌띠엔): 몇 시
请 qǐng(칭): ~해 주세요

영화상영 02

'还有~'는 '아직도 ~이 있다'로 본문의 '还有十分钟'은 '아직도 10분이라는 시간이 있음'을 말합니다.

A: 我们要看的电影,
Wǒ men yào kàn de diàn yǐng,

十一点五分开始上映。
shí yī diǎn wǔ fēn kāi shǐ shàng yìng.

B: 现在还有十分钟。
Xiàn zài hái yǒu shí fēn zhōng.

你别着急。
Nǐ bié zháo jí.

A: 우리가 보려는 영화는 11시 5분에 상영해.

B: 아직 10분이나 남았네. 서두르지 마.

단어정리

要 yào(야오): ~하려고 하다
看 kàn(칸): 보다
电影 diànyǐng(띠엔잉): 영화
开始 kāishǐ(카이스): 시작하다
上映 shàngyìng(상잉): 상영하다
现在 xiànzài(씨엔짜이): 지금
还 hái(하이): 아직
有 yǒu(여우): 있다
分钟 fēnzhōng(펀쫑): 분
别 bié(삐에): ~하지 마라
着急 zháojí(자오지): 조급해하다

03 인터넷예매

'~一下'는 '잠시 ~을 하다'로 본문의 '等一下'는 '잠시 기다리다'입니다.

또 '让+사람+久等了'는 '~를 오래 기다리게 했다'는 뜻입니다.

A: 网上预约需要换票。
Wǎng shang yù yuē xū yào huàn piào.

你等一下我去换票。
Nǐ děng yí xià wǒ qù huàn piào.

不好意思，让你久等了。
Bù hǎo yì si, ràng nǐ jiǔ děng le.

B: 没关系。
Méi guān xi.

A: 인터넷예매를 하면 반드시 표를 교환해야 하거든, 잠깐만 기다려 표 좀 바꾸고. 오래 기다리게 해서 미안.

B: 괜찮아.

단어정리

网上 wǎngshang(왕상): 인터넷으로
预约 yùyuē(위웨): 예약하다
需要 xūyào(쉬야오): 필요하다
换 huàn(환): 바꾸다
票 piào(퍄오): 표
一下 yíxià(이샤): 잠시, 잠깐
意思 yìsi(이스): 뜻
让 ràng(랑): ~으로 하여금
久 jiǔ(져우): 오래
等 děng(떵): 기다리다

영화배우 04

'没注意到'에서 '到'는 '~에 이르다'라는 뜻입니다.
또 '~也不错, ~也很好'는 '~도 괜찮고 ~도 좋음'을 나타냅니다.

A: 女演员穿的衣服真漂亮。
Nǚ yǎn yuán chuān de yī fu zhēn piào liang.

B: 我没注意到呢。
Wǒ méi zhù yì dào ne.

A: 电影内容也不错,
Diàn yǐng nèi róng yě bú cuò,

女主角的演技也很好。
nǚ zhǔ jué de yǎn jì yě hěn hǎo.

A: 여배우가 입은 옷 예쁘더라.
B: 주의해서 못 봤네.
A: 영화 내용도 괜찮고 여배우 연기도 좋았어.

단어정리

演员 yǎnyuán(이엔위엔): 배우
穿 chuān(촨): 입다
衣服 yīfu(이푸): 옷
真 zhēn(쩐): 정말로
漂亮 piàoliang(퍄오량): 예쁘다
内容 nèiróng(네이롱): 내용
不错 búcuò(부춰): 괜찮다
主角 zhǔjué(주쥐에): 주인공
演技 yǎnjì(이엔찌): 연기
注意 zhùyì(쭈이): 주의하다

05 기 자

'看到~'는 '~을 보게 되다'라는 뜻으로 '看到新闻没有?'는 뉴스를 보았는지를 묻는 말입니다.

A: 你看到今天的新闻没有?
Nǐ kàn dào jīn tiān de xīn wén méi yǒu?

B: 到底发生什么事了?
Dào dǐ fā shēng le shén me shì le?

A: 一名记者被绑架了。
Yì míng jì zhě bèi bǎng jià le.

B: 你赶快打开电视。
Nǐ gǎn kuài dǎ kāi diàn shì.

A: 너 오늘 뉴스 봤니?
B: 도대체 무슨 일이 났는데?
A: 기자 한 명이 납치됐데.
B: 빨리 텔레비전 좀 켜봐.

단어정리

今天 jīntiān(찐티엔): 오늘
新闻 xīnwén(씬원): 뉴스
到底 dàodǐ(따오띠): 도대체
发生 fāshēng(파성): 발생하다
事 shì(스): 일
记者 jìzhě(찌즈어): 기자
被 bèi(뻬이): 피동의 의미
绑架 bǎngjià(방쨔아): 납치되다
赶快 gǎnkuài(간콰이): 어서, 빨리
打开 dǎkāi(따카이): 켜다, 열다
电视 diànshì(띠엔스): 텔레비전

텔레비전 06

텔레비전을 보고 있는 두 사람의 이야기를 들어봅니다.
'转频道'는 '텔레비전의 채널을 돌리다'입니다.

A: 你要看什么?
Nǐ yào kàn shén me?

我可以转频道吗?
Wǒ kě yǐ zhuǎn pín dào ma?

B: 电视播什么节目呢?
Diàn shì bō shén me jié mù ne?

我想看连续剧。
Wǒ xiǎng kàn lián xù jù.

A: 뭐 볼래? 채널 좀 돌려도 돼?
B: 텔레비전에서 뭐 하지? 나는 드라마가 보고 싶은데.

단어정리

你 nǐ(니): 당신
要 yào(야오): ~하려 하다
看 kàn(칸): 보다
什么 shénme(선머): 무엇
可以 kěyǐ(크어이): 할 수 있다
转 zhuǎn(주완): 돌리다
频道 píndào(핀따오): 채널
电视 diànshì(띠엔스): 텔레비전
播 bō(뿨): 방송하다
节目 jiémù(찌에무): 프로그램
想 xiǎng(샹): ~하고 싶다
连续剧 liánxùjù(리엔쉬쮜): 드라마

07 텔레비전

시끄러운 텔레비전 소리 때문에 공부를 못하고 있는 한 친구의 이야기 들어봅니다.

A: 你能不能把声音放小一点?
Nǐ néng bu néng bǎ shēng yīn fàng xiǎo yì diǎn?

声音太大了。
Shēng yīn tài dà le.

B: 对不起。
Duì bu qǐ.

我以为你出去了。
Wǒ yǐ wéi nǐ chū qù le.

A: 텔레비전 소리 좀 줄여줄 수 있어? 소리가 너무 커.
B: 미안해. 난 네가 외출한 줄 알았어.

단어정리

能 néng(넝): ~할 수 있다
把 bǎ(바): ~을
声音 shēngyīn(성인): 소리
放 fàng(팡): 놓다, 두다
小 xiǎo(샤오): 작다
一点 yìdiǎn(이띠엔): 조금, 약간
太 tài(타이): 너무
大 dà(따): 크다
我 wǒ(워): 나
以为 yǐwéi(이웨이): ~라고 여기다
出去 chūqù(추취): 나가다

리모컨 08

리모컨을 놓고 벌어지는 두 친구의 이야기입니다. '别~'은 '~하지 마라'입니다.

A: 遥控器在哪里?
Yáo kòng qì zài nǎlǐ?

B: 我在听广播呢。
Wǒ zài tīng guǎng bō ne.

别打开电视。
Bié dǎ kāi diàn shì.

A: 我要看连续剧呀!
Wǒ yào kàn lián xù jù ya!

A: 리모컨 어디 있어?
B: 나 지금 라디오 듣고 있어. 텔레비전 켜지 마.
A: 드라마 봐야 한단 말이야.

단어정리

遥控器 yáokòngqì(야오콩치): 리모컨
在 zài(짜이): ~에 있다, ~하고 있는 중이다
打开 dǎkāi(다카이): 켜다, 열다
电视 diànshì(띠엔스): 텔레비전
看 kàn(칸): 보다
连续剧 liánxùjù(리엔쉬쮜): 드라마
呢 ne(너): 동작이 계속됨
哪里 nǎlǐ(나리): 어디
听 tīng(팅): 듣다
广播 guǎngbō(광뿨): 라디오

09 사 진

사진을 보며 유년을 회상하는 부부의 이야기입니다.
'不觉得~吗?'는 '~하다고 생각하지 않나요?'라는 뜻입니다.

A: 这是你小时候的照片啊?
Zhè shì nǐ xiǎo shí hou de zhào piàn a?

B: 对! 是我初中的时候照的。
Duì! Shì wǒ chū zhōng de shí hou zhào de.

你不觉得可爱吗?
Nǐ bù jué de kě ài ma?

A: 好可爱! 可爱极了。
Hǎo kě ài! Kě ài jí le.

A: 이게 당신 어릴 적 사진이야?
B: 응! 중학교 때 찍은 거야. 귀엽지 않아?
A: 너무 귀여워! 귀여워 죽겠어.

단어정리

这 zhè(쯔어): 이
小 xiǎo(샤오): 작다, 어리다
时候 shíhou(스허우): 때
的 de(떠): ~한, ~의
照片 zhàopiàn(짜오피엔): 사진
对 duì(뛔이): 그렇다
初中 chūzhōng(추쫑): 중학교
觉得 juéde(쥐에떠): 느끼다
可爱 kěài(크어아이): 귀엽다
好 hǎo(하오): 좋다
极了 jíle(찌러): 굉장히 ~하다

공포영화 10

공포영화를 본 친구의 이야기입니다.
'想不起来'는 '생각이 떠오르지 않다'는 뜻입니다.

A: 那部电影好恐怖。
Nà bù diàn yǐng hǎo kǒng bù.

B: 你看了什么电影?
Nǐ kàn le shén me diàn yǐng?

A: 题目我想不起来。
Tí mù wǒ xiǎng bu qǐ lái.

反正是鬼片。
Fǎn zhèng shì guǐ piān.

A: 그 영화 정말 무섭더라.
B: 무슨 영화를 봤는데?
A: 제목은 생각나지 않는데, 어쨌든 귀신 나오는 영화였어.

단어정리

部 bù(뿌): 편[영화를 세는 양사]
电影 diànyǐng(띠엔잉): 영화
好 hǎo(하오): 매우
恐怖 kǒngbù(콩뿌): 무섭다
什么 shénme(선머): 무엇
题目 tímù(티무): 제목
想 xiǎng(샹): 생각하다
起来 qǐlái(치라이): 일어나다
反正 fǎnzhèng(판쩡): 어쨌든
鬼 guǐ(궤이): 귀신
片 piān(피엔): 필름[胶jiāo片]의 준말

11 영화스토리

영화를 보고 나온 두 사람의 이야기입니다.

'好看'은 '예쁘다' 또는 '(영화 · 책 등이) 재미있다'는 뜻입니다.

A: 这部电影很好看,
Zhè bù diàn yǐng hěn hǎo kàn,

故事内容也很丰富。
gù shì nèi róng yě hěn fēng fù.

B: 你看我哭的。
Nǐ kàn wǒ kū de.

真是非常动人。
Zhēn shì fēi cháng dòng rén.

A: 이 영화 정말 재미있다. 스토리도 알찬 것 같아.
B: 나 운 것 좀 봐. 진짜 너무너무 감동적이다.

단어정리

部 bù(뿌): 편[영화를 세는 양사]
电影 diànyǐng(띠엔잉): 영화
很 hěn(헌): 매우
故事 gùshi(꾸스): 이야기
内容 nèiróng(네이롱): 내용
丰富 fēngfù(펑푸): 풍부하다
看 kàn(칸): 보다
哭 kū(쿠): 울다
真是 zhēnshì(쩐스): 정말로
非常 fēicháng(페이창): 굉장히
动人 dòngrén(똥런): 감동적이다

뉴스 12

드라마 보는 시간을 놓쳐버린 친구의 이야기입니다.
'已经~了'는 '벌써 ~을 했다'는 뜻입니다.

A: 现在正在播什么节目?
Xiàn zài zhèng zài bō shén me jié mù?

B: 现在播新闻。
Xiàn zài bō xīn wén.

A: 连续剧几点播放?
Lián xù jù jǐ diǎn bō fàng?

B: 已经播放了。
Yǐ jīng bō fàng le.

A: 지금 무슨 프로그램 해?
B: 지금 뉴스 하는데.
A: 드라마는 언제 해?
B: 벌써 했어.

단어정리

现在 xiànzài(씨엔짜이): 지금
正在 zhèngzài(쩡짜이): ~하고 있는 중이다
连续剧 liánxùjù(리엔쉬쮜): 드라마
几点 jǐdiǎn(찌띠엔): 몇 시
播放 bōfàng(뿨팡): 방송하다
已经 yǐjīng(이찡): 벌써, 이미
新闻 xīnwén(씬원): 뉴스
播 bō(뿨): 방송하다
什么 shénme(선머): 무엇, 무슨
节目 jiémù(찌에무): 프로그램

13 스캔들

텔레비전을 보며 연예인에 대해 이야기하는 두 사람의 대화 내용입니다.

'前一阵子'는 '지난번'이라는 뜻입니다.

A: 我觉得她很漂亮。
Wǒ jué de tā hěn piào liang.

身材好穿什么都很漂亮。
Shēn cái hǎo chuān shén me dōu hěn piào liang.

B: 你喜欢她吗?
Nǐ xǐ huan tā ma?

前一阵子还闹出了丑闻。
Qian yí zhèn zi hái nào chū le chǒu wén.

A: 저 여자 너무 예쁜 것 같아. 몸매가 좋아 뭘 입어도 다 예뻐.

B: 저 여자 좋아해? 지난번에 스캔들 났잖아.

단어정리

觉得 juéde(쥐에떠): 느끼다
漂亮 piàoliang(퍄오량): 예쁘다
身材 shēncái(선차이): 몸매
穿 chuān(촨): 입다
什么 shénme(선머): 무엇
喜欢 xǐhuan(씨환): 좋아하다
还 hái(하이): 게다가
闹 nào(나오): 떠들다
丑闻 chǒuwén(처우원): 스캔들
都 dōu(떠우): 모두

유행가 14

젊은이들이 좋아하는 음악이 시끄럽게 느껴지는 중년남자의 이야기입니다.

'听过'는 '들어본 적이 있다'는 뜻입니다.

A: 什么歌这么难听?
Shén me gē zhè me nán tīng?

B: 最近流行的音乐。
Zuì jìn liú xíng de yīn yuè.

难道你没听过吗?
Nán dào nǐ méi tīng guo ma?

A: 吵死人了。
Chǎo sǐ rén le.

A: 무슨 노래가 이렇게 듣기 싫니?
B: 요즘 유행하는 음악인데요. 못 들어보신 건 아니겠죠?
A: 시끄러워 죽겠다.

단어정리

什么 shénme(선머): 무엇
歌 gē(끄어): 노래
难听 nántīng(난팅): 듣기 싫다
最近 zuìjìn(쮜이찐): 최근
音乐 yīnyuè(인위에): 음악
难道 nándào(난따오): 설마 ~하겠는가?
吵 chǎo(차오): 시끄럽다
人 rén(런): 사람
流行 liúxíng(려우싱): 유행하다

15 유명가수

텔레비전을 보면서 나누는 두 사람의 대화 내용입니다.
'唱得真好'는 '노래를 참 잘 부르다'라는 뜻이 있습니다.

A: 她是谁呀?
Tā shì shéi ya?

B: 她是韩国有名歌手。
Tā shì Hán guó yǒu míng gē shǒu.

她唱歌唱得真好。
Tā chàng gē chàng de zhēn hǎo.

A: 长得也很有魅力。
Zhǎng de yě hěn yǒu mèi lì.

A: 저 여자 누구야?
B: 한국의 유명가수야. 노래 정말 잘 불러.
A: 얼굴도 참 매력적으로 생겼다.

단어정리

是 shì(스): ~이다
谁 shéi(세이): 누구
韩国 Hánguó(한궈): 한국
有名 yǒumíng(여우밍): 유명하다
歌手 gēshǒu(끄어서우):: 가수
真 zhēn(쩐): 정말로
长 zhǎng(장): 생기다
有 yǒu(여우): 있다
魅力 mèilì(메이리): 매력
唱歌 chànggē(창끄어): 노래 부르다

드라마 16

드라마에 대해서 이야기하는 두 친구의 대화 내용입니다. '有意思'는 '재미있다'라는 뜻입니다.

A: 这个连续剧真没有意思。
Zhè ge lián xù jù zhēn méi yǒu yì si.

B: 你怎么看这个呢?
Nǐ zěn me kàn zhè ge ne?

新播的连续剧更有意思。
Xīn bō de lián xù jù gèng yǒu yì si.

A: 连续剧叫什么来着?
Lián xù jù jiào shén me lái zhe?

A: 이 드라마 정말 재미없어요.
B: 왜 이걸 봐? 새로 하는 드라마가 더 재미있는데.
A: 그 드라마 제목이 뭔데?

단어정리

这 zhè(쯔어): 이것
连续剧 liánxùjù(리엔쉬쮜): 드라마
没有 méiyǒu(메이여우): 없다
意思 yìsi(이스): 뜻, 의미
看 kàn(칸): 보다
播 bō(뻐): 방송하다
更 gèng(껑): 더욱
叫 jiào(쨔오): 부르다
来着 láizhe(라이저): ~이었다
新 xīn(신): 새로운

17 채 널

뉴스를 보자는 남편과 드라마를 고집하는 아내의 대화입니다.
'这么~'는 '이토록 ~하다'는 뜻입니다.

A: 看新闻吧。
Kàn xīn wén.

B: 不行。
Bù xíng.

我得看连续剧。
Wǒ děi kàn lián xù jù.

A: 你怎么这么喜欢看连续剧?
Nǐ zěn me zhè me xǐ huan kàn lián xù jù?

A: 뉴스 보자.
B: 싫어, 난 드라마 봐야 해.
A: 왜 이렇게 드라마를 좋아하는 거야?

단어정리

看 kàn(칸): 보다
新闻 xīnwén(신원): 뉴스
吧 ba(바): 권유의 뜻
行 xíng(싱): 괜찮다
连续剧 liánxùjù(리엔쉬쮜): 드라마
怎么 zěnme(쩐머): 어째서
这么 zhème(쯔어머): 이토록
喜欢 xǐhuan(씨환): 좋아하다
得 děi(데이): ~해야 한다

TV 토론 18

대선후보가 나오는 텔레비전 프로그램을 즐겨보는 사람의 이야기입니다.

'感兴趣'는 '관심을 갖다'는 뜻입니다.

A: 你爱看什么电视节目?
Nǐ ài kàn shén me diàn shì jié mù?

B: 我最近收看电视台邀请
Wǒ zuì jìn shōu kàn diàn shì tái yāo qǐng

大选候选人的讨论会。
dà xuǎn hòu xuǎn rén de tǎo lùn huì.

A: 对此我也很感兴趣。
Duì cǐ wǒ yě hěn gǎn xìng qu.

A: 무슨 텔레비전 프로를 즐겨봐?

B: 요즘 방송국에서 대선 후보자들을 초청해서 토론하는 걸 봐.

A: 나도 관심 있게 보고 있어.

단어정리

爱 ài(아이): 사랑하다
节目 jiémù(찌에무): 프로그램
对此 duìcǐ(뛔이츠): 이에 대해
收看 shōukàn(서우칸): 시청하다
邀请 yāoqǐng(야오칭): 초청하다
候选人 hòuxuǎnrén(허우쉬엔런): 후보자
最近 zuìjìn(쮀이찐): 최근
电视台 diànshìtái(띠엔스타이): 방송국

19 예 매

예매한 영화를 보기 전 식당에 들른 두 친구의 이야기입니다.
'来不及'은 '시간적 여유가 없다'라는 뜻입니다.

A: 我们是几点的电影?
Wǒ men shì jǐ diǎn de diàn yǐng?

B: 六点的。
Liù diǎn de.

A: 来不及了，赶快吃。
Lái bu jí le, gǎn kuài chī.

B: 别着急还来得及。
Bié zháo jí hái lái de jí.

A: 우리 몇 시 영화야?
B: 여섯 시 영화야.
A: 시간 없다. 어서 먹자.
B: 서두르지 마. 아직 시간 있어.

단어정리

我们 wǒmen(워먼): 우리들
几 jǐ(찌): 몇
点 diǎn(띠엔): 시
电影 diànyǐng(띠엔잉): 영화
吃 chī(츠): 먹다
别 bié(삐에): ~하지 마라
着急 zháojí(자오지): 서두르다
还 hái(하이): 아직도
赶快 gǎnkuài(간콰이): 어서

영화표 20

인터넷으로 구입한 영화 예매표를 가지고 영화를 보러 온 친구들의 이야기입니다.

'电脑编号'는 '컴퓨터 바코드'를 의미합니다.

A: 我们得换票。
Wǒ men děi huàn piào.

B: 这儿有电脑编号, 不需要!
Zhèr yǒu diàn nǎo biān hào bù xū yào.

A: 真的吗?
Zhēn de ma?

B: 对呀! 我问过了。
Duì ya! Wǒ wèn guo le.

A: 우리 표를 바꿔야 해.
B: 여기에 바코드가 있어서 그럴 필요 없어.
A: 정말?
B: 그래. 내가 물어봤어.

단어정리

得 děi(데이): ~해야 한다
换 huàn(환): 바꾸다
票 piào(퍄오): 표
这儿 zhèr(쯔얼): 이곳
需要 xūyào(쉬야오): 필요하다
真的 zhēnde(쩐더): 정말로
问 wèn(원): 묻다
过 guo(궈): ~해 본적이 있다
有 yǒu(여우): 있다

21 콘서트

콘서트를 보러 가기로 한 날 공연이 취소돼 황당해하는 부부의 이야기입니다.

A: 老婆! 来短信了。
Lǎo po! Lái duǎn xìn le.

B: 什么短信?
Shén me duǎn xìn?

A: 今天的演唱会被取消了。
Jīn tiān de yǎn chàng huì bèi qǔ xiāo le.

歌手住院了。
Gē shǒu zhù yuàn le.

A: 여보! 문자메시지 왔어.
B: 무슨 문자인데?
A: 오늘 콘서트가 취소됐데. 가수가 병원에 입원했다네.

단어정리

老婆 lǎopo(라오풔): 남편이 아내를 부르는 말
什么 shénme(선머): 무엇
短信 duǎnxìn(뚜완씬): 문자메시지
被 bèi(뻬이): ~에게 당하다
取消 qǔxiāo(취샤오): 취소하다
歌手 gēshǒu(끄어서우): 가수
今天 jīntiān(찐티엔): 오늘
住院 zhùyuàn(쭈위엔): 입원하다
演唱会 yǎnchànghuì(옌창회이): 콘서트

프로그램 22

드라마를 즐겨보는 부인과 그렇지 않은 남편의 이야기입니다. '马上就开始了'는 '곧 시작하다'라는 뜻입니다.

A: 你别换台。
Nǐ bié huàn tái.

现在是广告,
Xiàn zài shì guǎng gào,

节目马上就开始了。
Jié mù mǎ shàng jiù kāi shǐ le.

B: 好啦! 我知道了。
Hǎo la! Wǒ zhī dào le.

A: 채널 돌리지 마요. 지금은 광고지만, 프로그램 금방 시작할 거예요.

B: 네! 알았다고요.

단어정리

别 bié(삐에): ~하지 마라
换 huàn(환): 바꾸다
台 tái(타이): 채널
现在 xiànzài(씨엔짜이): 지금
广告 guǎnggào(광까오): 광고
节目 jiémù(찌에무): 프로그램
马上 mǎshàng(마상): 곧
开始 kāishǐ(카이스): 시작하다
知道 zhīdào(즈따오): 알다

23 신 문

신문을 읽지 않는 애인에게 면박을 주는 친구의 이야기입니다. '一周看一次'는 '일주일에 한번 보다'라는 뜻입니다.

A: 你怎么从来不看报呢?
Nǐ zěn me cóng lái bú kàn bào ne?

B: 偶尔看。
Ǒu ěr kàn.

A: 我看你从来不看报。
Wǒ kàn nǐ cóng lái bú kàn bào.

B: 我至少一周看一次。
Wǒ zhì shǎo yì zhōu kàn yí cì.

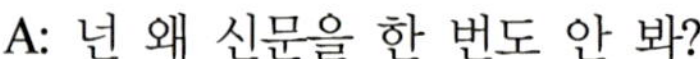

A: 넌 왜 신문을 한 번도 안 봐?
B: 가끔 보는데.
A: 한 번도 안 보던데.
B: 나 적어도 일주일에 한 번은 봐.

단어정리

怎么 zěnme(쩐머): 왜[麽]
至少 zhìshǎo(쯔사오): 적어도
从来 cónglái(총라이): 과거부터[從] 지금까지 부정형식이 뒤에 쓰임
一周 yìzhōu(이쩌우): 한 주
报 bào(빠오): 신문[報]
次 cì(츠): 번
偶尔 ǒuěr(어우얼): 가끔[爾]
看 kàn(칸): 보다

음 악 24

음악에 대해 이야기하는 두 친구의 이야기입니다.
'什么音乐'은 '어떤 음악'을 뜻합니다.

A: 你喜欢听音乐吗?
Nǐ xǐ huan tīng yīn yuè ma?

B: 当然喜欢了。
Dāng rán xǐ huan le

A: 你喜欢什么音乐?
Nǐ xǐ huan shén me yīn yuè?

B: 流行音乐吧。
Liú xíng yīn yuè ba.

A: 음악 즐겨 들으세요?
B: 물론 좋아하죠.
A: 어떤 음악을 좋아하세요?
B: 유행음악이죠, 뭐.

단어정리

你 nǐ(니): 당신
喜欢 xǐhuan(씨환): 좋아하다[歡]
听 tīng(팅): 듣다[聽]
音乐 yīnyuè(인위에): 음악[樂]
什么 shénme(선머): 무엇[麽]
流行 liúxíng(려우싱): 유행하다
吧 ba(빠): 말투를 나타내는 조사
当然 dāngrán(땅란): 당연히[當]

25 잡지모델

잡지모델보다 예쁘다는 말에 기뻐하는 친구의 이야기입니다. '封面女郎'은 여성잡지의 커버모델을 의미합니다.

A: 那时尚杂志的
Nà shí shàng zá zhì de

封面女郎好漂亮好优雅。
fēng miàn nǚ láng hǎo piào liang hǎo yōu yǎ.

我也那么完美就好了!
Wǒ yě nà me wán měi jiù hǎo le!

B: 我觉得你比她更漂亮。
Wǒ jué de nǐ bǐ tā gèng piào liang.

A: 저 패션잡지 커버모델이 정말 너무 예쁘고 우아하다. 나도 저렇게 완벽했으면 좋겠어!

B: 난 네가 저 여자보다 더 예쁜데.

단어정리

时尚 shíshàng(스상): 유행[時]
杂志 zázhì(자쯔): 잡지[雜誌]
优雅 yōuyǎ(여우야): 우아하다[優]
更 gèng(껑): 더욱
漂亮 piàoliang(퍄오량): 예쁘다
觉得 juéde(쥐에떠): ~라고 생각하다, 느끼다[覺]
比 bǐ(삐): ~보다
那么 nàme(나머): 그토록[麽]
完美 wánměi(완메이): 완벽하다

예술가 26

예술가에 대해 이야기하는 두 친구의 대화 내용입니다.
'让人敬佩'는 '감탄할 만하다'라는 뜻입니다.

A: 他们真的是艺术家,
Tā men zhēn de shì yì shù jiā,

态度非常严谨,
tài dù fēi cháng yán jǐn,

我对他们非常尊敬。
wǒ duì tā men fēi cháng zūn jìng.

B: 这种态度真让人敬佩。
Zhè zhǒng tài dù zhēn ràng rén jìng pèi.

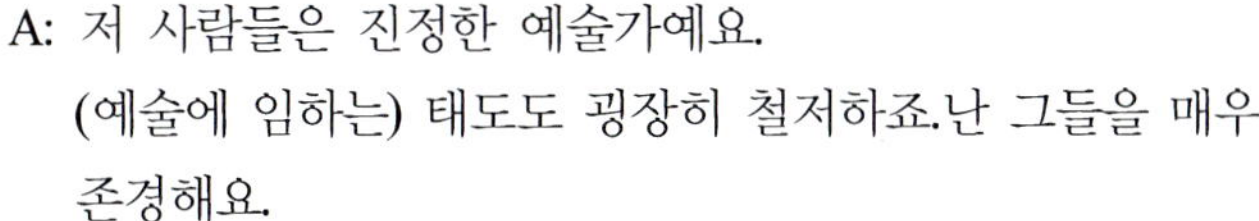

A: 저 사람들은 진정한 예술가예요.
(예술에 임하는) 태도도 굉장히 철저하죠.난 그들을 매우 존경해요.

B: 이런 태도는 정말 대단하지.

단어정리

艺术家 yìshùjiā(이수쨔): 예술가[藝術]
尊敬 zūnjìng(쭌찡): 존경하다
种 zhǒng(종): 종류[種]
让 ràng(랑): ~로 하여금[讓]
敬佩 jìngpèi(찡페이): 감탄하다
态度 tàidù(타이뚜): 태도[態]
非常 fēicháng(페이창): 매우
严谨 yánjǐn(옌진): 철저하다[嚴謹]
对 duì(뛔이): ~에 대해[對]

27 유명인사

유명한 사람을 보고도 알아보지 못하는 친구의 이야기입니다.
본문의 '小有名气'는 '유명하다'라는 뜻입니다.

A: 她是谁?
Tā shì shuí?

B: 人家是名人。
Rén jiā shì míng rén.

A: 我哪知道?
Wǒ nǎ zhī dào?

B: 她是小有名气的歌手。
Tā shì xiǎo yǒu míng qì de gē shǒu.

A: 저 여자 누구야?
B: 저 사람 유명한 사람이야.
A: 내가 어떻게 알아?
B: 저 여자 유명한 가수야.

단어정리

她 tā(타): 그녀
谁 shuí(쉐이): 누구[誰]
人家 rénjiā(런쨔): 다른 사람
名人 míngrén(밍런): 유명한 사람
哪 nǎ(나): 어디
知道 zhīdào(즈따오): 알다
名气 míngqì(밍치): 유명세[氣]
的 de(떠): ~한
歌手 gēshǒu(끄어서우): 가수

극 본 28

텔레비전 드라마에 대해 이야기하는 친구들의 대화 내용입니다.

'好看'은 '재미있다'라는 뜻입니다.

A: 这个电视剧太好看了。
Zhè ge diàn shì jù tài hǎo kàn le.

我们全家都在看呀!
Wǒ men quán jiā dōu zài kàn a!

B: 真是太好看了。
Zhēn shì tài hǎo kàn le.

剧情也好，演技也不错!
Jù qíng yě hǎo, yǎn jì yě bú cuò!

A: 이 드라마 정말 너무 재미있어. 우리는 온 식구가 전부 이 드라마를 보고 있어!

B: 정말 재미있더라! 극본도 좋고 연기도 좋아.

단어정리

个 ge(끄어): 개[個]

电视剧 diànshìjù(띠엔스쮜): 드라마[電視劇]

好 hǎo(하오): 좋다

演技 yǎnjì(옌찌): 연기

真是 zhēnshì(쩐스): 정말로

剧情 jùqíng(쮜칭): 극본

太 tài(타이): 너무

全家 quánjiā(취엔쨔): 온가족

不错 búcuò(부춰): 좋다, 괜찮다[錯]

29 데이트

영화를 보면서 데이트를 하려는 두 사람의 대화 내용입니다. 본문의 '看电影'은 '영화를 보다'라는 뜻입니다.

A: 你有约会吗?
Nǐ yǒu yuē huì ma?

B: 没有啊! 你呢?
Méi yǒu a! Nǐ ne?

A: 我也没有。
Wǒ yě méi yǒu.

B: 那我们看电影吧。
Nà wǒ men kàn diàn yǐng ba.

A: 약속 있어?
B: 없어. 너는?
A: 나도 없어.
B: 그럼 우리 영화 보자.

단어정리

有 yǒu(여우): 있다
约会 yuēhuì(위에회이): 약속[約會]
没有 méiyǒu(메이여우): 없다
也 yě(예): ~도
那 nà(나): 그렇다면
我们 wǒmen(워먼): 우리들[們]
看 kàn(칸): 보다
电影 diànyǐng(띠엔잉): 영화[電]
吧 ba(빠): 권유 · 재촉을 나타냄

무술영화 30

무술영화에 대해 이야기하는 두 친구의 대화 내용입니다. 본문의 '一定不能错过'는 '결코 놓쳐서는 안 된다'라는 뜻입니다.

A: 最近什么电影好看?
Zuì jìn shén me diàn yǐng hǎo kàn?

B: 你喜欢看武打片吗?
Nǐ xǐ huan kàn wǔ dǎ piān ma?

如果你喜欢看武打片
Rú guǒ nǐ xǐ huan kàn wǔ dǎ piān

这部电影一定不能错过。
Zhè bù diàn yǐng yí dìng bù néng cuò guò.

A: 요즘 무슨 영화가 재미있어?

B: 너 무술영화 좋아해? 만약에 무술영화를 좋아하면 이 영화는 절대 놓쳐서는 안 돼.

단어정리

最近 zuìjìn(쮀이찐): 최근
电影 diànyǐng(띠엔잉): 영화[電]
好看 hǎokàn(하오칸): 재미있다
武打片 wǔdǎpiān(우따피엔): 무술영화
能 néng(넝): 할 수 있다
错过 cuòguò(춰꿔): 지나치다[錯過]
喜欢 xǐhuan(씨환): 좋아하다[歡]
看 kàn(칸): 보다
部 bù(뿌): 편
如果 rúguǒ(루궈): 만약에

31 코미디영화

자신이 좋아하는 영화에 대해 이야기하는 친구들의 대화 내용입니다.

'喜剧片'은 '코미디영화'를 말합니다.

A: 我不喜欢看恐怖片。
Wǒ bù xǐ huan kàn kǒng bù piān.

可是我喜欢看
Kě shì wǒ xǐ huan kàn

喜剧片和动作片。
xǐ jù piān hé dòng zuò piān.

B: 我都喜欢。
Wǒ dōu xǐ huan.

A: 난 공포영화는 싫어. 그렇지만 코미디영화랑 액션영화는 좋아해.

B: 난 다 좋던데.

단어정리

不 bù(뿌): 아니다
喜欢 xǐhuan(씨환): 좋아하다[歡]
看 kàn(칸): 보다
恐怖 kǒngbù(콩뿌): 공포
可是 kěshi(크어스): 그러나
和 hé(흐어): ~와
动作 dòngzuò(똥쭤): 동작[動]
都 dōu(떠우): 모두

가수 32

유명 여가수에 대해 이야기하는 대화 내용입니다.
'不仅~而且~'는 '~뿐 아니라 게다가 ~하다'라는 표현입니다.

A: 这个女歌手是谁?
Zhè ge nǚ gē shǒu shì shéi?

B: 她现在真是红得发紫。
Tā xiàn zài zhēn shì hóng de fā zǐ.

不仅唱得好,
bù jǐn chàng de hǎo,

而且造型也很特别。
ér qiě zào xíng yě hěn tè bié.

A: 이 여자가수 누구야?
B: 이 사람 지금 진짜 인기야. 노래도 잘 부르고 스타일도 독특해.

단어정리

歌手 gēshǒu(끄어서우): 가수
谁 shéi(세이): 누구[誰]
现在 xiànzài(씨엔짜이): 지금[現]
真是 zhēnshi(쩐스): 정말
红得发紫 hóng de fāzǐ(홍떠파쯔): 명성이 극에 달하다[紅得发紫]
唱 chàng(창): [노래를] 부르다
造型 zàoxíng(짜오싱): 스타일
也 yě(예): ~도
特别 tèbié(트어삐에): 특별하다

33 퀴즈

방송사에서 열린 퀴즈 프로그램에 출연하게 된 친구의 이야기입니다.

'猜题目'는 '퀴즈문제를 풀다'라는 의미입니다.

A: 猜题目是我的强项。
Cāi tí mù shì wǒ de qiáng xiàng.

要是能够夺得奖金,
Yào shì néng gòu duó dé jiǎng jīn,

那种感觉真的太美妙了。
nà zhǒng gǎn jué zhēn de tài měi miào le.

B: 希望你有好运。
Xī wàng nǐ yǒu hǎo yùn.

A: 퀴즈문제를 푸는 것은 내 특기야. 만약에 상금을 타게 된다면 그 느낌은 정말 최고일 거야.

B: 행운을 빌어.

단어정리

强项 qiángxiàng(챵샹): 강한 종목
要是 yàoshì(야오스): 만약에
能够 nénggòu(넝꺼우): 할 수 있다
希望 xīwàng(시왕): 희망하다
好运 hǎoyùn(하오윈): 행운[運]
感觉 gǎnjué(깐쮜에): 느낌[覺]
美妙 měimiào(메이먀오): 미묘하다
夺得 duódé(뚸더): 얻다[奪]
奖金 jiǎngjīn(쨩찐): 상금[奬]

공 연 34

지인을 공연에 초대하는 친구의 이야기입니다.
'在家看书'는 '집에서 독서를 하다'라는 뜻입니다.

A: 周末你有空吗?
Zhōu mò nǐ yǒu kòng ma?

B: 我打算在家看书。
Wǒ dǎ suàn zài jiā kàn shū.

星期天我先生表演
Xīng qī tiān wǒ xiān sheng biǎo yǎn

吉他弹唱, 你能来吗?
jí tā tán chàng, nǐ néng lái ma?

A: 주말에 시간 있어요?
B: 집에서 책을 좀 보려고요.
A: 일요일에 우리 남편이 기타공연을 하는데 오실 수 있으세요?

단어정리

周末 zhōumò(저우뭐): 주말
空 kòng(콩): 시간
打算 dǎsuàn(따수완): ~할 예정이다
看书 kànshū(칸수): 책을 읽다[书]
星期天 xīngqītiān(싱치티엔): 일요일
表演 biǎoyǎn(빠오옌): 공연하다
吉他 jítā(찌타): 기타
弹唱 tánchàng(탄창): 연주하며 노래하다
能 néng(넝): 할 수 있다

35 음악회

음악회에 가고 싶어 하는 아내와 남편이 나누는 대화 내용입니다.

'听演奏会'는 '음악회를 듣다'라는 의미입니다.

A: 我真想去听演奏会。
Wǒ zhēn xiǎng qù tīng yǎn zòu huì.

B: 我今天临时有事,
Wǒ jīn tiān línshí yǒu shì,

去不了了。
qù bu liǎo le.

改天再去吧。
Gǎi tiān zài qù ba.

A: 정말로 음악회 공연을 보러가고 싶어요.

B: 오늘은 갑자기 일이 생겨서 못갈 것 같아요. 다음에 갑시다.

단어정리

真 zhēn(쩐): 정말로
想 xiǎng(샹): ~하고 싶다
今天 jīntiān(찐티엔): 오늘
改天 gǎitiān(가이티엔): 다른 날
再 zài(자이): 다시
事 shì(스): 일
去不了 qùbuliǎo(취뿌랴오): 갈 수 없다
临时 línshí(린스): 일시적으로[臨時]
有 yǒu(여우): 있다

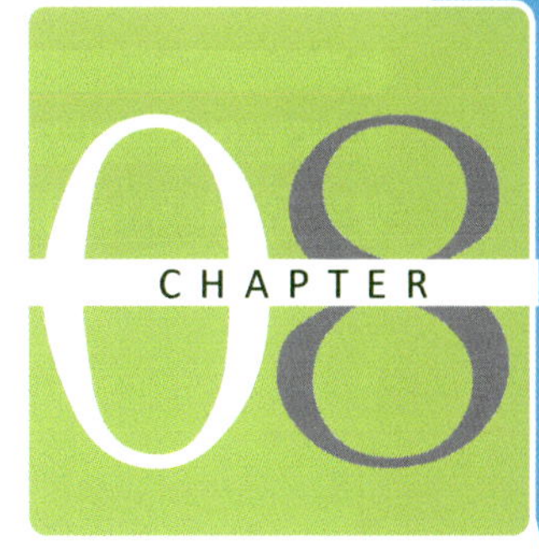

병원 / 의료

01 배탈

'一直~'은 '줄곧 ~하다' 또는 '계속 ~하다'라는 의미입니다. 본문의 '一直摸肚子'는 '계속 배를 쓰다듬다'라는 말입니다. 또 '吃错东西'는 '음식을 잘못 먹었다'라는 뜻입니다.

A: 你怎么一直摸你的肚子呢?
Nǐ zěn me yì zhí mō nǐ de dù zi ne?

B: 我肚子疼。
Wǒ dù zi téng.

A: 是不是吃错东西了?
Shì bu shì chī cuò dōng xi le?

B: 我也不知道。
Wǒ yě bù zhī dào.

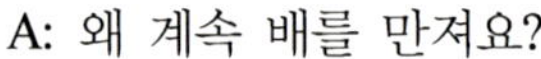

A: 왜 계속 배를 만져요?
B: 배가 아파요.
A: 뭐 잘못 먹었어요?
B: 나도 몰라요.

단어정리

怎么 zěnme(쩐머): 어떻게
摸 mō(뭐): 쓰다듬다
肚子 dùzi(뚜즈): 배
吃 chī(츠): 먹다
东西 dōngxi(똥시): 물건
不 bù(뿌): 아니다
一直 yìzhí(이즈): 줄곧, 계속
的 de(떠): ~의
疼 téng(텅): 아프다
错 cuò(춰): 잘못하다
也 yě(예): ~도
知道 zhīdào(즈따오): 알다

병 원 02

'~干吗?'는 '왜', '어째서'라는 뜻으로 본문의 '去医院干吗?'는 '병원에는 무슨 일로 가는데?'라는 말입니다.

A: 她说她要去医院。
Tā shuō tā yào qù yī yuàn.

B: 去医院干吗?
Qù yī yuàn gàn má?

发生了什么事?
Fā shēng le shén me shì?

A: 她昨晚发生车祸了。
Tā zuó wǎn fā shēng chē huò le.

A: 병원을 가야한다고 하더라.
B: 병원에 왜 가는데? 무슨 일 생겼어?
A: 어제 밤에 차 사고가 났데.

단어정리

看 kàn(칸): 보다
你 nǐ(니): 당신
挺 tǐng(팅): 매우
好 hǎo(하오): 좋다
家人 jiāren(쨔런): 식구들
也 yě(예): ~도
都 dōu(떠우): 모두
他们 tāmen(타먼): 그들
您 nín(닌): 당신
什么 shénme(선머): 무엇
时候 shíhou(스허우): 때
回国 huíguó(회이궈): 귀국하다

03 검 사

'又不能~了'는 '~을 또 할 수 없게 되다'라는 말로 '또 못가겠네요'는 '又不能去qù(취: 가다)了'로 표현합니다.

A: 情况严重吗?
Qíng kuàng yán zhòng ma?

B: 她说不严重,
Tā shuō bù yáng zhòng,

但是要去医院检查一下。
dàn shì yào qù yī yuàn jiǎn chá yí xià.

A: 这次又不能见面了。
Zhècì yòu bù néng jiàn miàm le.

A: 상황이 심각하데?

B: 걔 말로는 심각하지 않대. 그래도 병원에 검사는 받으러 가야겠다고.

A: 이번에도 또 못 만나는구나.

단어정리

情况 qíngkuàng(칭쾅): 상황
但是 dànshì(딴스): 그러나
检查 jiǎnchá(지엔차): 검사하다
这次 zhècì(쯔어츠): 이번
能 néng(넝): ~할 수 있다
严重 yánzhòng(이엔쫑): 심각하다
医院 yīyuàn(이위엔): 병원
一下 yíxià(이샤): ~을 좀 하다
又 yòu(여우): 또
见面 jiànmiàm(찌엔미엔): 만나다

목감기 04

'是不是~了?'는 '~인 것 아닙니까?'라는 뜻으로 본문의 '是不是感冒了?'는 '감기에 걸린 것 아닙니까?'라는 의미를 갖습니다.

A: 你不舒服吗?
Nǐ bù shū fu ma?

B: 我的嗓子很疼。
Wǒ de sǎn gzi hěn téng.

A: 最近气温变化很大,
Zuì jìn qì wēn biàn huà hěn dà,

是不是感冒了?
shì bu shì gǎn mào le?

A: 너 어디 아프니?
B: 목이 아파.
A: 요즘 기온 변화가 심한데, 감기 걸린 거 아니야?

단어정리

看 kàn(칸): 보다
你 nǐ(니): 당신
挺 tǐng(팅): 매우
好 hǎo(하오): 좋다
家人 jiāren(쨔런): 식구들
也 yě(예): ~도
都 dōu(떠우): 모두
他们 tāmen(타먼): 그들
您 nín(닌): 당신
什么 shénme(선머): 무엇
时候 shíhou(스허우): 때
回国 huíguó(회이궈): 귀국하다

05 과 로

'怎么没~呢?'는 '왜 ~하지 않았습니까?'로 본문의 '他怎么没来呢?'는 그가 오지 않은 이유를 묻는 말이고 문장 끝의 '呢'는 어감을 부드럽게 합니다.

A: 今天他怎么没来呢?
Jīn tiān tā zěn me méi lái ne?

B: 听说他住院了。
Tīng shuō tā zhù yuàn le.

他疲劳过度昏倒了。
Tā pí láo guò dù hūn dǎo le.

A: 我们是不是要去探病?
Wǒ men shì bu shì yào qù tàn bìng?

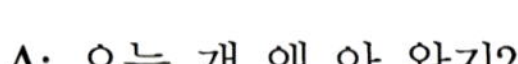

A: 오늘 걔 왜 안 왔지?
B: 걔 있잖아 병원에 입원했대. 과로로 쓰러졌대.
A: 우리 병문안 가야 하는 것 아니니?

단어정리

今天 jīntiān(찐티엔): 오늘	怎么 zěnme(쩐머): 왜
来 lái(라이): 오다	听说 tīngshuō(팅숴): 듣자하니
住院 zhùyuàn(쭈위엔): 입원하다	疲劳 píláo(피라오): 피로하다
过度 guòdù(꿔뚜): 도를 넘다	昏倒 hūndǎo(훈다오): 쓰러지다
去 qù(취): 가다	探病 tànbìng(탄삥): 병문안하다

인후통 06

'舒服'은 옷의 착용감이 좋거나 마음이 편안하거나 또는 안마를 받아 몸이 시원한 것 등을 나타냅니다.

A: 我嗓子疼。
Wǒ sǎng zi téng.

B: 又不舒服啊?
Yòu bù shū fu a?

去看医生吧。
Qù kàn yī sheng ba.

A: 最近我的身体很差。
Zuì jìn wǒ de shēn tǐ hěn chà.

A: 나 목 아파.
B: 또 아파? 병원에 가봐.
A: 요즘 내 건강이 말이 아니야.

단어정리

嗓子 sǎngzi(상즈): 목
疼 téng(텅): 아프다
又 yòu(여우): 또
舒服 shūfu(수푸): 편안하다
去 qù(취): 가다
看 kàn(칸): 보다
医生 yīsheng(이성): 의사
最近 zuìjìn(쮜이찐): 최근
身体 shēntǐ(선티): 건강
很 hěn(헌): 아주
差 chà(차): 부족하다

07 회 복

본문의 '舒服多了'는 아프거나 불편했던 상황에서 벗어나 몸이 많이 좋아지거나 편안해진 것을 말합니다.

A: 我肚子疼。
Wǒ dù zi téng.

B: 赶快去厕所。
Gǎn kuài qù cè suǒ.

肚子舒服多了没有?
Dù zi shū fu duō le méi yǒu?

A: 现在好多了。
Xiàn zài hǎo duō le.

A: 나 배 아파.
B: 어서 화장실에 가봐.
배가 좀 나아졌지?
A: 지금은 많이 좋아졌어.

단어정리

肚子 dùzi(뚜즈): 배
赶快 gǎnkuài(간콰이): 어서
厕所 cèsuǒ(츠어수어): 화장실
多 duō(뚸): 많다
现在 xiànzài(씨엔짜이): 지금
疼 téng(텅): 아프다
去 qù(취): 가다
舒服 shūfu(수푸): 편안하다
没有 méiyǒu(메이여우): 없다
好 hǎo(하오): 좋다

감기기운 08

'会~的'은 '~하게 될 것이다'라는 말로 본문의 '会着凉的'은 '감기에 걸리게 될 것임'을 말합니다.

A: 你别睡在沙发上,
Nǐ bíe shuì zài shā fā shàng,

会着凉的, 到房间去躺着。
huì zháo liáng de, dào fāng jiān qù tǎng zhe.

B: 我在看电视呢。
Wǒ zài kàn diàn shì ne.

看完了我再过去睡。
Kàn wán le wǒ zài guò qù shuì.

A: 소파에서 주무시지 마세요. 감기 걸려요.
방에 가서 누우세요.

B: 나 텔레비전 보고 있어요. 다 본 다음에 가서 잘게요.

단어정리

别 bíe(삐에): ~하지 마라
在 zài(짜이): ~에서
会 huì(회이): ~할 것이다
到 dào(따오): ~에, ~로
躺 tǎng(탕): 눕다
电视 diànshì(띠엔스): 텔레비전
睡 shuì(쉐이): 잠을 자다
沙发 shāfā(사파): 소파
着凉 zháoliáng(자오량): 감기 걸리다
房间 fángjiān(팡찌엔): 방
看 kàn(칸): 보다

09 약

본문의 '要不要紧?'은 사태가 심각한지를 묻는 말이고 '要不要~?'는 '~을 할까요?'의 뜻을 갖습니다.

A: 你怎么了?

Nǐ zěn me le?

B: 我突然觉得肚子很疼。

Wǒ tū rán jué de dù zi hěn téng.

A: 要不要紧?

Yào bu yào jǐn?

要不要我去买点药?

Yào bu yào wǒ qù mǎi diǎn yào?

A: 왜 그래요?

B: 갑자기 배가 아프네요.

A: 괜찮으세요? 제가 약을 좀 사올까요?

단어정리

怎么 zěnme(쩐머): 어째서

突然 tūrán(투란): 갑자기

觉得 juéde(쥐에떠): 느끼다

肚子 dùzi(뚜즈): 배

疼 téng(텅): 아프다

紧 jǐn(진): 팽팽하다

要 yào(야오): 요구하다

去 qù(취): 가다

买 mǎi(마이): 사다

点 diǎn(띠엔): 조금

药 yào(야오): 약

숨차다 10

감기에 걸린 친구를 위로하는 한 친구의 이야기를 들어봅니다.
'喘不过起来'는 '숨차다'입니다.

A: 你吃药了没有?
Nǐ chī yào le méi yǒu?

B: 刚才吃了。
Gāng cái chī le.

A: 咳得真厉害。
Ké de zhēn lì hài.

B: 我咳得喘不过气来。
Wǒ ké de chuǎn bu guò qì lái.

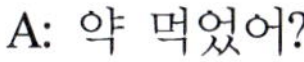

A: 약 먹었어?
B: 방금 먹었어.
A: 기침을 심하게 하네.
B: 기침 때문에 숨이 찰 정도야.

단어정리

吃 chī(츠): 먹다
没有 méiyǒu(메이여우): 없다
了 le(러): ~했다
真 zhēn(쩐): 정말로
喘 chuǎn(촨): 숨차다
气 qì(치): 호흡, 숨
药 yào(야오): 약
刚才 gāngcái(깡차이): 방금
咳 ké(크어): 기침하다
厉害 lìhài(리하이): 대단하다
过来 guòlái(꿔라이): 건너오다

11 복 통

복통을 호소하는 친구의 이야기입니다.
'不舒服'은 '몸이 좋지 않음'을 말합니다.

A: 我肚子不舒服。
Wǒ dù zi bù shū fu.

B: 怎么了?
Zěn me le?

是不是吃错东西了?
Shì bu shì chī cuò dōng xi le?

A: 你有没有消化药?
Nǐ yǒu méi yǒu xiāo huà yào?

A: 나 배 아파.
B: 왜 그러지? 뭘 잘못 먹었나?
A: 소화제 있어?

단어정리

肚子 dùzi(뚜즈): 배
怎么 zěnme(쩐머): 어째서
不是 búshì(부스): ~이 아니다
错 cuò(춰): 틀리다
有 yǒu(여우): 있다
消化 xiāohuà(샤오화): 소화하다
舒服 shūfu(수푸): 편안하다
是 shì(스): ~이다
吃 chī(츠): 먹다
东西 dōngxi(똥시): 물건
没有 méiyǒu(메이여우): 없다

검사결과 12

건강상태가 나빠진 한 남자의 이야기 들어볼까요? '得~'은 '~해야 한다'입니다.

A: 我今天去医院检查了。
Wǒ jīn tiān qù yī yuàn jiǎn chá le.

B: 检查结果怎么样?
Jiǎn chá jié guǒ zěn me yàng?

A: 非常不好。
Fēi cháng bù hǎo.

医生说我得住院。
Yī shēng shuō wǒ děi zhù yuàn.

A: 나 오늘 병원에 가서 검사받았어.
B: 검사결과가 어떻게 나왔어?
A: 굉장히 안 좋아. 의사가 입원해야 한대.

단어정리

今天 jīntiān(찐티엔): 오늘
去 qù(취): 가다
医院 yīyuàn(이위엔): 병원
检查 jiǎnchá(지엔차): 검사하다
结果 jiéguǒ(지에궈): 결과
非常 fēicháng(페이창): 굉장히
不 bù(뿌): 아니다
好 hǎo(하오): 좋다
医生 yīshēng(이성): 의사
说 shuō(숴): 말하다
住院 zhùyuàn(쭈위엔): 입원하다

13 병문안

병원에 입원한 환자를 찾아온 친구의 이야기를 들어봅니다.
'特来'는 '특별히 찾아왔음'을 말합니다.

A: 听说你生病了。
Tīng shuō nǐ shēng bìng le.

特来看望,
Tè lái kàn wàng,

祝早日康复!
zhù zǎo rì kāng fù!

B: 谢谢你, 请坐下。
Xiè xie nǐ, qǐng zuò xià.

A: 편찮으시다는 얘기 듣고 이렇게 찾아왔습니다.
쾌유를 빌어요!

B: 고맙습니다. 앉으세요.

단어정리

听说 tīngshuō(팅쉬): 듣자하니
生病 shēngbìng(성삥): 병이 나다
特 tè(트어): 특별히
来 lái(라이): 오다
看望 kànwàng(칸왕): 방문하다
祝 zhù(쭈): 기원하다
早 zǎo(짜오): 일찍
日 rì(을): 날, 일
康 kāng(캉): 건강
复 fù(푸): 회복하다
请 qǐng(칭): ~해주세요
坐下 zuòxià(쭤샤): 앉다

급성위염 14

급성위염으로 병원에 실려 온 사람의 이야기를 들어봅니다. '~了吗?'는 '~을 했습니까?'입니다.

A: 他得了急性胃炎,
Tā dé le jí xìng wèi yán,

又被送进医院来了。
yòu bèi sòng jìn yī yuàn lái le.

B: 现在还在医院吗?
Xiàn zài hái zài yī yuàn ma?

住院了吗?
Zhù yuàn le ma?

A: 그 사람이 급성위염에 걸려 또 병원으로 실려 왔어요.
B: 지금도 아직 병원에 있나요? 입원했어요?

단어정리

得 dé(뜨어): 얻다, [병에] 걸리다
胃炎 wèiyán(웨이옌): 위염
被 bèi(뻬이): ~에 의해
医院 yīyuàn(이위엔): 병원
还 hái(하이): 아직도
住院 zhùyuàn(쭈위엔): 입원하다
急性 jíxìng(지씽): 급성
又 yòu(여우): 또
送 sòng(쑹): 보내다
现在 xiànzài(씨엔짜이): 지금
在 zài(짜이): ~에 있다

15 감 기

감기에 걸린 친구의 이야기입니다. '没+동사'는 '~하지 않았다'입니다.

A: 你怎么又咳嗽了?
Nǐ zěnme yòu késou le?

昨天没吃药吗?
Zuó tiān méi chī yào ma?

B: 忘了没吃,
Wàng le méi chī,

感冒好像加重了。
gǎn mào hǎo xiàng jiā zhòng le.

A: 왜 또 기침을 하고 그러니? 어제 약 안 먹었어?
B: 까먹고 안 먹었어. 감기가 심해진 것 같아.

단어정리

怎么 zěnme(쩐머): 어째서
咳嗽 késou(크어서우): 기침하다
吃 chī(츠): 먹다
忘 wàng(왕): 잊다
加 jiā(짜): 더하다
好像 hǎoxiàng(하오샹): ~인 것 같다
又 yòu(여우): 또
昨天 zuótiān(줘티엔): 어제
药 yào(야오): 약
感冒 gǎnmào(간마오): 감기
重 zhòng(쭝): [정도가] 심하다

감기약 16

감기로 고생하는 사람과 대신 약을 사러가는 친구의 이야기입니다.

'给你买药'은 '대신 약을 사다'는 뜻입니다.

A: 我去给你买药。
Wǒ qù gěi nǐ mǎi yào.

你有什么症状?
Nǐ yǒu shén me zhèng zhuàng?

B: 一直咳嗽个不停,
Yì zhí ké sou ge bù tíng,

嗓子有点疼。
sǎng zi yǒu diǎn téng.

A: 내가 가서 약을 사올게. 증상이 어때?

B: 기침이 멈추지 않고 계속 나오고 목도 좀 아파.

단어정리

去 qù(취): 가다
给 gěi(게이): 대신하여
买 mǎi(마이): 사다
药 yào(야오): 약
症状 zhèngzhuàng(쩡쭈왕): 증상
一直 yìzhí(이쯔): 계속
咳嗽 késou(크어서우): 기침하다
停 tíng(팅): 멈추다
嗓子 sǎngzi(상쯔): 목
有点 yǒudiǎn(여우띠엔): 조금
疼 téng(텅): 아프다

17 휴 식

일주일째 감기로 고생하는 사람의 이야기를 들어봅니다.
'好好休息'은 '푹 쉬다'라는 뜻입니다.

A: 你怎么又吃药?
Nǐ zěn me yòu chī yào?

B: 感冒还没好。
Gǎn mào hái méi hǎo.

A: 不是叫你好好休息的吗?
Bú shì jiào nǐ hǎo hāo xiū xi de ma?

已经感冒一个星期了。
Yǐ jīng gǎn mào yí ge xīng qī le.

A: 왜 또 약이야?
B: 감기가 아직 안 나았어.
A: (내가) 푹 쉬라고 했잖아? 벌써 일주일째 감기로 고생이잖아.

단어정리

怎么 zěnme(쩐머): 어째서
吃药 chīyào(츠야오): 약을 먹다
还 hái(하이): 아직
叫 jiào(쨔오): ~하게 하다
已经 yǐjīng(이찡): 벌써
星期 xīngqī(싱치): 요일
又 yòu(여우): 또
感冒 gǎnmào(깐마오): 감기 걸리다
好 hǎo(하오): 좋다, 병이 낫다
休息 xiūxi(셔우시): 쉬다
一个 yíge(이끄어): 한 개

유행성감기 18

추운 날 옷을 적게 입어 감기에 걸린 사람의 이야기입니다.
'好好休息'은 '푹 쉬다'는 뜻입니다.

A: 我突然觉得浑身不舒服。
Wǒ tū rán jué de hún shēn bù shū fu.

B: 最近流行感冒。
Zuì jìn liú xíng gǎn mào.

叫你穿多点也不听话,
Jiào nǐ chuān duō diǎn yě bù tīng huà,

吃点药好好休息。
chī diǎn yào hǎo hāo xiū xi.

A: 갑자기 온몸이 아프네.
B: 요즘 감기가 유행이야. 옷을 좀 많이 입으라고 했는데 말도 안 듣고, 약 좀 먹고 푹 쉬어.

단어정리

突然 tūrán(투란): 갑자기
浑身 húnshēn(훈선): 온몸
最近 zuìjìn(쬐이찐): 최근
叫 jiào(쨔오): 시키다
听话 tīnghuà(팅화): 말을 듣다
休息 xiūxi(셔우시): 쉬다
觉得 juéde(쥐에떠): 느끼다
舒服 shūfu(수푸): 편안하다
流行 liúxíng(려우싱): 유행하다
点 diǎn(띠엔): 조금
药 yào(야오): 약

19 수 술

수술을 받은 친구를 걱정하는 사람의 이야기입니다.
'不要~'는 '~하지 마라'는 뜻입니다.

A: 你身体好多了没有?
Nǐ shēn tǐ hǎo duō le méi yǒu?

B: 好多了。
Hǎo duō le.

但是医生叫我休息几天。
Dàn shì yī shēng jiào wǒ xiūxi jǐ tiān.

A: 手术后多休息, 不要操劳。
Shǒu shù hòu duō xiū xi, bú yào cāo láo.

A: 몸은 많이 좋아졌어?
B: 좋아졌어. 그런데 의사가 며칠 더 쉬라고 하더라고.
A: 수술 뒤에는 푹 쉬어야 해. 과로하면 안 돼.

단어정리

身体 shēntǐ(선티): 몸
多 duō(뚸): 많다
但是 dànshì(딴스): 그러나
医生 yīshēng(이성): 의사
休息 xiūxi(시우시): 휴식하다
几天 jǐtiān(찌티엔): 며칠
手术 shǒushù(서우수): 수술
后 hòu(허우): ~한 뒤에
操劳 cāoláo(차오라오): 과로하다

과식 20

과식으로 배탈이 난 남편의 이야기를 들어봅니다.
'闹肚子'는 '배탈이 나다'는 뜻입니다.

A: 老婆! 我肚子疼。
Lǎo po! Wǒ dù zi téng.

现在真的有点难受,
Xiàn zài zhēn de yǒu diǎn nán shòu,

不知道吃错什么了我。
bù zhī dào chī cuò shén me le wǒ.

B: 吃太多了所以闹肚子。
Chī tài duō le suǒ yǐ nào dù zi.

A: 여보! 나 배 아파. 지금 아파서 못 견딜 것 같아.
뭘 잘못 먹었는지 모르겠네.
B: 과식해서 배탈이 난 거예요.

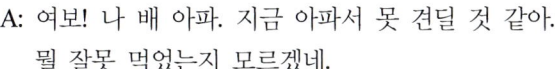

단어정리

肚子 dùzi(뚜즈): 배
真的 zhēnde(쩐떠): 정말로
难受 nánshòu(난서우): 괴롭다
吃 chī(츠): 먹다
什么 shénme(선머): 무엇
现在 xiànzài(씨엔짜이): 지금
有点 yǒudiǎn(여우띠엔): 조금
知道 zhīdào(즈따오): 알다
错 cuò(춰): 실수, 잘못
所以 suǒyǐ(쒀이): 그래서

21 소화불량

오밤중에 배가 아파 잠을 이루지 못하는 사람의 이야기입니다.
'睡不着觉'은 '잠이 오지 않다'는 뜻입니다.

A: 我睡不着觉。
Wǒ shuì bu zháo jiào.

B: 怎么了?
Zěn me le?

哪儿不舒服?
Nǎr bù shū fu?

A: 好像肚子有些涨。
Hǎo xiàng dù zi yǒu xiē zhàng.

A: 나 잠이 안 와.
B: 왜 그래? 어디 아파?
A: 배가 좀 더부룩한 것 같아.

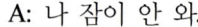

단어정리

睡觉 shuìjiào(쉐이쨔오): 잠들다
着 zháo(자오): 동사 뒤에서 목적의 달성을 표시
怎么 zěnme(쩐머): 왜
不 bù(뿌): 아니다
好像 hǎoxiàng(하오샹): ~인 것 같다
有些 yǒuxiē(여우시에): 다소, 약간
哪儿 nǎr(나알): 어디
舒服 shūfu(수푸): 편안하다
肚子 dùzi(뚜즈): 배
涨 zhàng(짱): 팽창하다

복약시간 22

식사 후에 약을 먹으라고 권하는 아내의 이야기입니다.
'还没~呢'는 '아직 ~을 하지 않았다'는 뜻입니다.

A: 你吃药了没有?
Nǐ chī yào le méi yǒu?

B: 还没吃呢。
Hái méi chī ne.

A: 怎么到现在还没吃呢?
Zěn me dào xiàn zài hái méi chī ne?

饭后三十分钟该吃药。
Fàn hòu sān shí fēn zhōng gāi chī yào.

A: 약 먹었어요?
B: 아직 안 먹었는데.
A: 아직까지 안 먹으면 어떡해? 식후 30분에는 약을 먹어야죠.

단어정리

吃 chī(츠): 먹다
还 hái(하이): 아직도
到 dào(따오): ~까지
没 méi(메이): ~하지 않았다
后 hòu(허우): 후, 뒤
该 gāi(까이): ~해야 한다
药 yào(야오): 약
怎么 zěnme(쩐머): 어째서
现在 xiànzài(씨엔짜이): 지금
饭 fàn(판): 밥
分钟 fēnzhōng(펀쫑): 분

23 회충약

밥을 먹고도 금방 허기가 지는 친구의 이야기입니다.
'两个小时'는 '두 시간'이라는 뜻입니다.

A: 真奇怪。
Zhēn qí guài.

两个小时以前吃了饭,
liǎng ge xiǎo shí yǐ qián chī le fàn,

怎么又饿呢?
zěn me yòu è ne?

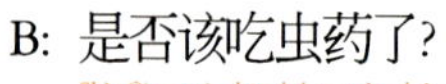

B: 是否该吃虫药了?
Shì fǒu gāi chī chóng yào le?

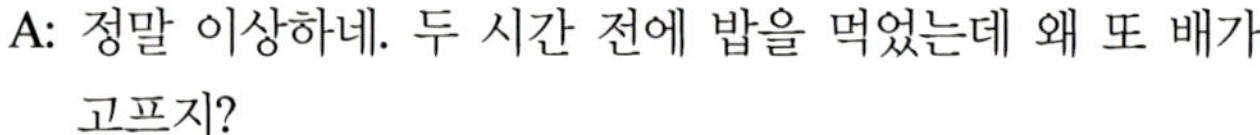

A: 정말 이상하네. 두 시간 전에 밥을 먹었는데 왜 또 배가 고프지?

B: 회충약 먹어야 하는 거 아냐?

단어정리

真 zhēn(쩐): 정말로
奇怪 qíguài(치꽈이): 이상하다
以前 yǐqián(이치엔): ~전에
吃 chī(츠): 먹다
饭 fàn(판): 밥
怎么 zěnme(쩐머): 왜
又 yòu(여우): 또
饿 è(으어): 배고프다
该 gāi(까이): ~해야 한다
是否 shìfǒu(스퍼우): ~인지 아닌지
虫药 chóngyào(총야오): 회충약

위장통 24

외국에서 음식이 안 맞아 배탈이 난 친구의 이야기입니다.
'好~啊!'는 '매우 ~하다'라는 뜻입니다.

A: 我肚子好疼啊!
Wǒ dù zi hǎo téng a!

B: 又怎么了?
Yòu zěn me le?

吃错东西了是不是?
Chī cuò dōng xi le shì bi shì?

A: 肚子好像在搅似的。
Dù zi hǎo xiàng zài jiǎo shì de.

A: 나 배 너무 아파!
B: 또 왜 그래? 뭐 잘못 먹은 거 아냐?
A: 배 속에서 반죽을 하는 것 같아.

단어정리

肚子 dùzi(뚜즈): 배
好 hǎo(하오): 매우
疼 téng(텅): 아프다
又 yòu(여우): 또
怎么 zěnme(쩐머): 어째서
吃 chī(츠): 먹다
错 cuò(춰): 틀리다
东西 dōngxi(똥시): 물건
搅 jiǎo(쨔오): 휘젓다, 반죽하다
似的 shìde(스떠): ~처럼
好像 hǎoxiàng(하오샹): ~인 것 같다

25 얼굴색

갑작스런 남편의 기침에 놀란 아내의 이야기입니다.
'两下'는 '두 번'이라는 뜻입니다.

A: 你怎么咳嗽了?
Nǐ zěn me ké sou le?

B: 我只是咳嗽了两下。
Wǒ zhǐ shì ké sou le liǎng xià.

A: 你脸色有些难看。
Nǐ liǎn sè yǒu xiē nán kàn.

赶快吃药去。
Gǎn kuài chī yào qù.

A: 왜 갑자기 기침이야?
B: 그냥 기침만 두 번 했을 뿐인데.
A: 얼굴색도 좀 안 좋네. 어서 가서 약 먹어요.

단어정리

怎么 zěnme(쩐머): 왜
下 xià(샤): 번
有些 yǒuxiē(여우시에): 다소
赶快 gǎnkuài(간콰이): 어서
药 yào(야오): 약
咳嗽 késou(크어서우): 기침
脸色 liǎnsè(리엔쓰어): 안색
难看 nánkàn(난칸): 보기 안 좋다
吃 chī(츠): 먹다
只是 zhǐshì(즈스): 단지 ~일 뿐이다

문병 26

친척 문병을 온 사람과의 전화통화 내용입니다.
'在+장소'는 '~에 있다'는 뜻입니다.

A: 你现在在哪儿?
Nǐ xiàn zài zài nǎr?

B: 我现在在医院。
Wǒ xiàn zài zài yī yuàn.

我亲戚住院了,
Wǒ qīn qī zhù yuàn le,

所以过来探病。
suǒ yǐ guò lái tàn bìng.

A: 너 지금 어디야?
B: 나 지금 병원이야. 친척이 병원에 입원해서 문병 왔어.

단어정리

现在 xiànzài(씨엔짜이): 지금
哪儿 nǎr(나알): 어디
亲戚 qīnqī(친치): 친척
了 le(러): ~했다
过来 guòlái(꿔라이): 건너오다
在 zài(짜이): ~에서
医院 yīyuàn(이위엔): 병원
住院 zhùyuàn(쭈위엔): 입원하다
所以 suǒyǐ(쒀이): 그래서
探病 tànbìng(탄삥): 문병하다

27 갑상선 암

병원으로 문병을 온 사람들의 이야기를 들어봅니다.
'动手术'은 '수술하다'이고 '什么时候'는 '언제'라는 뜻입니다.

A: 他得了什么病?
Tā dé le shén me bìng?

B: 他得了甲状腺癌,
Tā dé le jiǎ zhuàng xiàn ái,

但是动手术之后好了。
dàn shì dòng shǒu shù zhī hòu hǎo le.

A: 什么时候能出院?
Shén me shí hou néng chū yuàn?

A: 그가 무슨 병에 걸렸나요?
B: 갑상선 암에 걸렸는데, 수술하고 다 나았어요.
A: 언제 퇴원할 수 있어요?

단어정리

得 dé(뜨어): 얻다
病 bìng(삥): 병
癌 ái(아이): 암
之后 zhīhòu(즈허우): ~한 뒤에
能 néng(넝): ~할 수 있다
什么 shénme(선머): 무엇
甲状腺 jiǎzhuàngxiàn(자쫭시엔): 갑상선
但是 dànshì(딴스): 그러나
好 hǎo(하오): 좋다
出院 chūyuàn(추위엔): 퇴원하다

약물 효과 28

감기에 걸린 친구의 이야기입니다.
본문의 '没什么效果'는 '별 효과를 보지 못했다'는 뜻입니다.

A: 嗓子很疼。
Sǎng zi hěn téng.

我真的很难受。
Wǒ zhēn de hěn nán shòu.

B: 你吃药了没有?
Nǐ chī yào le méi yǒu?

A: 吃了药也没什么效果。
Chī le yào yě méi shén me xiào guǒ.

A: 목 아파. 정말 못 견디겠어.
B: 약 먹었어?
A: 먹었는데 별 효과가 없네.

단어정리

嗓子 sǎngzi(상즈): 목
疼 téng(텅): 아프다
吃 chī(츠): 먹다
没 méi(메이): 없다
效果 xiàoguǒ(샤오궈): 효과
很 hěn(헌): 매우
真的 zhēnde(쩐떠): 정말로
药 yào(야오): 약
什么 shénme(선머): 무엇
难受 nánshòu(난서우): 견딜 수 없다, 괴롭다

29 꽃바구니

병원에 꽃바구니를 보내려다 포기하는 친구의 이야기입니다.
'生孩子'는 '애를 낳다'는 뜻입니다.

A: 不能送花去医院。
Bù néng sòng huā qù yī yuàn.

难道你不知道吗?
Nán dào nǐ bù zhī dào ma?

B: 朋友生了孩子,
Péng you shēng le hái zi,

那么该送什么呢?
nà me gāi sòng shén me ne?

A: 병원에는 꽃을 보낼 수 없어. 그거 몰랐어?
B: 친구가 애를 낳았는데, 그럼 뭘 선물하지?

단어정리

能 néng(넝): 할 수 있다
花 huā(화): 꽃
医院 yīyuàn(이위엔): 병원
孩子 háizi(하이즈): 아이
该 gāi(까이): 마땅히
送 sòng(쏭): 선물하다, 보내다
去 qù(취): 가다
朋友 péngyou(펑여우): 친구
那么 nàme(나머): 그렇다면
什么 shénme(선머): 무엇

소화 30

소화가 안 되어 걱정하고 있는 친구의 대화 내용입니다.
'做个检查'는 '검사를 받다'입니다.

A: 你怎么不吃饭?
Nǐ zěn me bù chī fàn?

B: 今天我消化不好。
Jīn tiān wǒ xiāo huà bù hǎo.

A: 你去医院做个检查。
Nǐ qù yī yuàn zuò ge jiǎn chá.

B: 吃药就好。
Chī yào jiù hǎo.

A: 왜 밥을 안 먹어?
B: 오늘 내가 소화가 안 되네.
A: 병원 가서 검사 받아.
B: 약 먹으면 돼.

단어정리

怎么 zěnme(쩐머): 왜
饭 fàn(판): 밥
消化 xiāohuà(샤오화): 소화
医院 yīyuàn(이위엔): 병원
就 jiù(쪄우): ~하면
吃 chī(츠): 먹다
今天 jīntiān(찐티엔): 오늘
去 qù(취): 가다
药 yào(야오): 약
好 hǎo(하오): 좋다

31 소화제

약을 먹는 친구에게 어디가 아픈지 묻는 친구의 이야기입니다. 본문의 '那'는 '那么(nàme)'의 줄임말입니다.

A: 你身体不好吗?
Nǐ shēn tǐ bù hǎo ma?

B: 不是啊!
Bú shì a!

A: 那你怎么吃药呢?
Nà nǐ zěn me chī yào ne?

B: 我吃的是消化药。
Wǒ chī de shì xiāo huà yào.

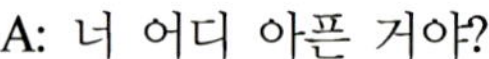

A: 너 어디 아픈 거야?
B: 아니야.
A: 그런데 왜 약을 먹어?
B: 내가 먹은 거는 소화제야.

단어정리

身体 shēntǐ(선티): 몸, 건강
好 hǎo(하오): 좋다
那 nà(나): 그렇다면
吃 chī(츠): 먹다
消化 xiāohuà(샤오화): 소화하다
不 bù(뿌): 아니다
不是 búshì(부스): 아니다
怎么 zěnme(쩐머): 어째서
药 yào(야오): 약

문 상 32

문상을 같이 가자고 제의하는 동료의 이야기입니다.
'一起去'는 '함께 가다'라는 뜻입니다.

A: 张组长的母亲去世了。
Zhāng zǔ zhǎng de mǔ qīn qù shì le.

下班以后一起去吊丧。
Xià bān yǐ hòu yì qǐ qù diào sàng.

你也一起去吧。
Nǐ yě yì qǐ qù ba.

B: 我怀孕了，不能过去。
Wǒ huái yùn le, bù néng guò qù.

A: 장팀장님 어머님이 돌아가셨대.
퇴근하고 같이 문상 갈 건데. 너도 같이 가자.
B: 나는 임신을 해서 갈 수 없어.

단어정리

母亲 mǔqīn(무친): 어머니
下班 xiàbān(샤빤): 퇴근하다
一起 yìqǐ(이치): 함께
怀孕 huáiyùn(화이윈): 임신하다
过去 guòqù(꿔취): 건너하다
去世 qùshì(취스): 세상을 떠나다
以后 yǐhòu(이허우): ~한 뒤에
吊丧 diàosàng(따오상): 문상하다
能 néng(넝): ~ 할 수 있다

33 외 투

애인이 감기에 걸릴까 봐 외투를 입으라고 챙겨주는 남자의 이야기입니다.

'穿上'은 '입다'라는 뜻입니다.

A: 穿上外套。
Chuān shang wài tào.

B: 不要。
Bú yào.

A: 着凉了怎么办?
Zháo liáng le zěn me bàn?

秋天到了，早晚天气很冷。
Qiū tiān dào le, zǎo wǎn tiān qì hěn lěng.

A: 외투 입어.

B: 싫어.

A: 감기 걸리면 어떡해? 가을이 돼서 아침저녁으로 추워.

단어정리

外套 wàitào(와이타오): 외투
秋天 qiūtiān(치우티엔): 가을
早 zǎo(자오): 아침
天气 tiānqì(티엔치): 날씨
冷 lěng(렁): 춥다
着凉 zháoliáng(자오량): 감기에 걸리다
到 dào(따오): 도착하다
晚 wǎn(완): 저녁
很 hěn(헌): 아주

배 차 34

감기에는 배차가 좋다고 알려주는 친구의 이야기입니다.
'听说~'은 '듣자하니~'라는 뜻입니다.

A: 我好像感冒了。
Wǒ hǎo xiàng gǎn mào le.

B: 听说梨茶可以治感冒。
Tīng shuō lí chá kě yǐ zhì gǎn mào.

A: 怎么做呀?
Zěn me zuò ya?

B: 很简单，我给你做吧。
Hěn jiǎn dān, wǒ gěi nǐ zuò ba.

A: 나 감기에 걸린 것 같아.
B: 배차가 감기에 좋다고 하던데.
A: 어떻게 만드는데?
B: 아주 쉬워, 내가 만들어줄게.

단어정리

感冒 gǎnmào(간마오): 감기 걸리다
梨 lí(리): 배
茶 chá(차): 차
可以 kěyǐ(크어이): ~할 수 있다
治 zhì(쯔): 치료하다
简单 jiǎndān(지엔딴): 간단하다
给 gěi(게이): ~에게
做 zuò(쭤): 만들다, 하다
好像 hǎoxiàng(하오샹): 마치 ~인 것 같다

35 오십견

운동 부족으로 어깨가 자주 결리는 친구의 이야기입니다.
'给+사람+按摩'는 '~에게 안마해 주다'라는 뜻입니다.

A: 我每天肩膀很酸。
Wǒ měi tiān jiān bǎng hěn suān.

给我按摩一下好不好?
Gěi wǒ àn mó yí xià hǎo bu hǎo?

B: 你受伤了吗?
Nǐ shòu shāng le ma?

A: 不。我觉得是运动不足。
Bù. Wǒ jué de shì yùn dòng bù zú.

A: 난 매일 어깨가 결려. 나 안마 좀 해줄래?
B: 어디 다쳤어?
A: 아니. 운동 부족인 것 같아.

단어정리

每天 měitiān(메이티엔): 매일
酸 suān(쑤완): 나른하다
一下 yíxià(이샤): ~을 좀 하다
觉得 juéde(쥐에떠): 느끼다
不足 bùzú(뿌주): 부족하다
肩膀 jiānbǎng(찌엔빵): 어깨
按摩 ànmó(안뭐): 안마하다
受伤 shòushāng(서우상): 다치다
运动 yùndòng(윈똥): 운동

위장 36

위장에 탈이 났는지 속이 안 좋은 친구의 이야기입니다.

본문에서 '不舒服'은 '몸이 아프다'이고 '吃不下'는 '먹지 못하다'라는 뜻입니다.

A: 你还不舒服吗?
Nǐ hái bù shū fu ma?

B: 我觉得胃不舒服。
Wǒ jué de wèi bù shū fu.

吃也吃不下太多的东西,
Chī yě chī bu xià tài duō de dōng xi,

全身也没有力气。
quán shēn yě méi yǒu lì qi.

A: 아직도 몸이 안 좋아?

B: 위가 안 좋은 것 같아. 먹어도 너무 많이 못 먹겠고, 온 몸에 기운도 없어.

단어정리

还 hái(하이): 아직도
胃 wèi(웨이): 위
太 tài(타이): 너무
东西 dōngxi(똥시): 물건, 먹는 것
没有 méiyǒu(메이여우): 없다
觉得 juéde(쥐에떠): 느끼다
吃 chī(츠): 먹다
多 duō(뚸): 많다
全身 quánshēn(취엔선): 온몸
力气 lìqi(리치): 기운

37 비염

콧물을 흘리는 친구를 걱정하는 동료의 이야기입니다.
'又~又~'는 '~하고 ~하다'라는 뜻입니다.

A: 你感冒了吗?
Nǐ gǎn mào le ma?

B: 没有啊!
Méi yǒu a!

A: 又咳嗽又流鼻涕的。
Yòu ké sou yòu liú bí tì de.

B: 我有鼻炎。
Wǒ yǒu bí yán.

A: 감기 걸렸어?
B: 아니!
A: 기침하고 콧물도 흘리는데.
B: 나 비염 있어.

단어정리

感冒 gǎnmào(깐마오): 감기 걸리다
流 liú(려우): 흐르다
我 wǒ(워): 나
鼻炎 bíyán(삐옌): 비염
咳嗽 késou(크어서우): 기침하다
鼻涕 bíti(삐티): 콧물
有 yǒu(여우): 가지고 있다
有 méiyǒu(메이여우): 아니다, 가지고 있지 않다

입원 38

친구의 문병을 갔다가 병실에 혼자 있는 친구를 보고 속상해 하는 사람의 이야기입니다.

'不在'는 '없다'는 의미입니다.

A: 你老婆呢?
Nǐ lǎo po ne?

B: 她回家了。
Tā huí jiā le.

A: 丈夫开刀住院了,
Zhàng fu kāi dāo zhù yuàn le,

还不在丈夫身旁。
hái bú zài zhàng fu shēn páng.

A: 부인은?

B: 집에 갔어.

A: 남편이 수술해서 입원을 했는데도, 남편 옆에 없고 말이야.

단어정리

老婆 lǎopo(라오풔): 부인
丈夫 zhàngfu(짱푸): 남편
住院 zhùyuàn(쭈위엔): 입원하다
在 zài(짜이): 있다
旁 páng(팡): 옆
回家 huíjiā(훼이쨔): 귀가하다
开刀 kāidāo(카이따오): 수술하다
还 hái(하이): 그럼에도 불구하고
身 shēn(썬): 몸

39 코성형

성형수술을 고려하고 있는 여성의 이야기입니다.
'怎么了?'는 '왜?'라는 뜻으로 원인 등을 묻는 표현입니다.

A: 我想整容。
Wǒ xiǎng zhěng róng.

B: 怎么了?
Zěn me le?

哪里你不喜欢?
Nǎ li nǐ bù xǐ huan?

A: 我想整高个鼻。
Wǒ xiǎng zhěng gāo ge bí.

A: 나 성형수술 받고 싶어.
B: 왜? 어디가 마음에 안 드는데?
A: 코를 좀 높이고 싶어.

단어정리

想 xiǎng(샹): ~하고 싶다
哪里 nǎli(나리): 어디
喜欢 xǐhuan(씨환): 좋아하다
高 gāo(까오): 높다
鼻 bí(삐): 코
整容 zhěngróng(정롱): 성형수술하다
不 bù(뿌): 아니다
整 zhěng(정): 정리하다
个 ge(끄어): 개

허리를 다친 친구의 이야기입니다.
'给+사람+按摩'는 '~에게 안마를 해주다'라는 뜻입니다.

A: 你腰疼不疼?
Nǐ yāo téng bu téng?

B: 疼。
Téng.

A: 虽然不是很专业,
Suī rán bú shì hěn zhuān yè,

我给你按摩吧。
wǒ gěi nǐ àn mó ba.

A: 허리 아파?
B: 아파.
A: 비록 프로는 아니지만, 내가 안마를 해줄게.

단어정리

腰 yāo(야오): 허리
虽然 suīrán(쉐이란): 비록
很 hěn(헌): 매우
给 gěi(게이): ~에게
吧 ba(빠): 제의의 어감을 나타냄
疼 téng(텅): 아프다
不是 búshì(부스): 아니다
专业 zhuānyè(주안예): 전문적이다
按摩 ànmó(안뭐): 안마하다

41 몸살

환절기에 몸살로 고생하는 친구의 이야기입니다.
'有~的症状'은 '~한 증상이 있다'라는 뜻입니다.

A: 赶快起床啦!
Gǎn kuài qǐ chuáng la!

都九点了。
Dōu jiǔ diǎn le.

B: 我身体不舒服,
Wǒ shēn ti bù shū fu,

有发烧头晕的症状。
yǒu fā shāo tóu yūn de zhèng zhuàng.

A: 어서 일어나! 벌써 아홉시나 됐는데!
B: 나 몸이 안 좋아. 열나고 어지러워!

단어정리

赶快 gǎnkuài(간콰이): 어서[趕]
都 dōu(떠우): 모두
身体 shēntǐ(선티): 몸[體]
发烧 fāshāo(파사오): 열나다[發燒]
症状 zhèngzhuàng(쩡좡): 증상[狀]
起床 qǐchuáng(치촹): 기상하다
点 diǎn(띠엔): 시[點]
舒服 shūfu(수푸): 편안하다
头晕 tóuyūn(터우윈): 어지럽다[頭]

병원식사 42

병원에 문병을 간 친구의 이야기입니다.
본문의 '不怎么好吃'은 '별로 맛이 없다'라는 뜻입니다.

A: 你现在身体怎么样?
Nǐ xiàn zài shēn ti zěn me yàng?

饭吃得怎么样?
Fàn chī de zěn me yàng?

B: 医院的饭不怎么好吃。
Yī yuàn de fàn bù zěn me hǎo chī.

不过身体好多了。
Bú guò shēn ti hǎo duō le.

A: 지금 몸은 어때? 밥은 잘 먹어?
B: 병원 밥은 별로 맛이 없어. 그런데 몸은 많이 좋아졌어.

단어정리

现在 xiànzài(씨엔짜이): 지금[現]
饭 fàn(판): 밥[飯]
医院 yīyuàn(이위엔): 병원[醫]
不过 búguò(부꿔): 그러나[過]
多 duō(뚸): 많다
身体 shenti(선티): 몸, 건강[體]
吃 chī(츠): 먹다
好吃 hǎochī(하오츠): 맛있다
好 hǎo(하오): 좋다

43 진 찰

목과 어깨가 뻐근해서 병원을 찾은 환자와 의사의 대화 내용입니다.

본문의 '麻麻的'는 '저리다'라는 뜻입니다.

A: 我的肩膀经常麻麻的。
Wǒ de jiān bǎng jīng cháng má má de.

也经常感觉到颈部酸痛,
Yě jīng cháng gǎn jué dào jǐng bù suān tòng,

很容易疲劳。
hěn róng yì pí láo.

B: 我来看一下。
Wǒ lái kàn yí xià.

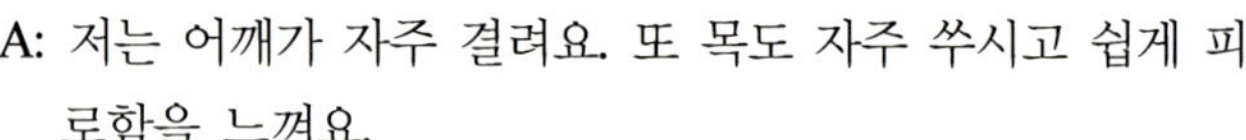

A: 저는 어깨가 자주 결려요. 또 목도 자주 쑤시고 쉽게 피로함을 느껴요.

B: 어디 봅시다.

단어정리

- 肩膀 jiānbǎng(찌엔빵): 어깨
- 感觉 gǎnjué(깐쮜에): 느끼다[觉]
- 酸痛 suāntòng(수완통): 쑤시다
- 疲劳 píláo(피라오): 피로하다[劳]
- 经常 jīngcháng(찡창): 자주[经]
- 颈部 jǐngbù(찡뿌): 목[颈]
- 容易 róngyì(롱이): 쉽다
- 看 kàn(칸): 보다

심장병 44

심장병에 걸린 친구를 돌보는 사람의 이야기입니다.
본문의 '晕过去'는 '쓰러지다'라는 뜻입니다.

A: 她身体不好,
Tā shēn tǐ bù hǎo,

有心脏病,
yǒu xīn zàng bìng,

晕了过去怎么办?
yūn le guò qù zěn me bàn?

B: 赶快叫救护车。
Gǎn kuài jiào jiù hù chē.

A: 그녀는 건강이 안 좋아요. 심장병도 있고요.
쓰러지면 어떻게 하죠?
B: 빨리 구급차를 부르세요.

단어정리

身体 shēntǐ(선티): 몸, 건강[體]
有 yǒu(여우): 있다
过去 guòqù(꿔취): 건너가다[過]
叫 jiào(쨔오): 부르다
好 hǎo(하오): 좋다
心脏病 xīnzàngbìng(씬짱삥): 심장병[臟]
赶快 gǎnkuài(깐콰이): 어서[趕]
救护车 jiùhùchē(쪄우후츠어): 구급차[護車]

45 구급차

위급한 상황을 발견한 두 사람이 나누는 대화 내용입니다. 본문의 '不好了'는 '큰일 났다'라는 의미입니다.

A: 不好了。
Bù hǎo le.

有人昏倒了。
Yǒu rén hūn dǎo le.

B: 赶快叫救护车。
Gǎn kuài jiào jiù hù chē.

快打119叫救护车。
Kuài dǎ yāo yāo jiǔ jiào jiù hù chē.

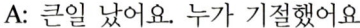

A: 큰일 났어요. 누가 기절했어요.
B: 어서 구급차 불러요. 빨리 119에 전화해서 구급차를 불러요.

단어정리

好 hǎo(하오): 좋다
昏倒 hūndǎo(훈따오): 기절하다
叫 jiào(쨔오): 부르다
打 dǎ(따): [전화를] 걸다
有人 yǒurén(여우런): 누군가
赶快 gǎnkuài(간콰이): 어서[趕]
快 kuài(콰이): 빠르다
救护车 jiùhùchē(쪄우흐츠어): 구급차[護車]

디스크수술 46

디스크수술을 받은 동료를 문병하는 친구들의 대화 내용입니다.

'几号病房?'은 병실을 묻는 표현입니다.

A: 她是几号病房?
Tā shì jǐ hào bìng fáng?

B: 1709号病房。
Yāo qī líng jiǔ hào bìng fáng.

A: 她做了什么手术?
Tā zuò le shén me shǒu shù?

B: 腰椎间盘突出。
Yāo zhuī jiān pán tū chū.

A: 걔 몇 호 병실에 있어?

B: 1709호실이야.

A: 무슨 수술을 한 거야?

B: 허리 디스크.

단어정리

她 tā(타): 그녀
几 jǐ(찌): 몇[幾]
号 hào(하오): 번[號]
病房 bìngfáng(삥팡): 입원실
做 zuò(쭤): 하다
手术 shǒushù(서우수): 수술[術]
腰 yāo(야오): 허리
椎 zhuī(쮀이): 척추
间 jiān(찌엔): 사이[間]
突出 tūchū(투추): 뚫고 나오다

47 성형수술

성형수술에 대해 이야기하는 친구들의 대화 내용입니다.
'和~好了'는 '~와 사이가 좋아졌다'라는 뜻입니다.

A: 我想去整容。
Wǒ xiǎng qù zhěng róng.

B: 整容? 为什么?
Zhěng róng? Wèi shén me?

A: 因为我没人家漂亮!
Yīn wèi wǒ méi rén jiā piào liàng!

我男朋友和别人好了。
Wǒ nán péng you hé bié rén hǎo le.

A: 성형수술 하고 싶어.
B: 성형수술? 왜?
A: 내가 걔만큼 예쁘지 않아서 내 남자친구가 걔랑 사귀잖아.

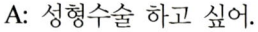

단어정리

想 xiǎng(샹): ~하고 싶다
去 qù(취): 가다
整容 zhěngróng(정롱): 성형수술하다
因为 yīnwèi(인웨이): ~하기 때문에
人家 rénjiā(런쨔): 다른 사람, 남
漂亮 piàoliàng(퍄오량): 예쁘다
和 hé(흐어): ~와
别人 biérén(삐에런): 다른 사람
男朋友 nán péngyou(난펑여우): 남자친구

내시경 검사 48

대장내시경 검사 결과를 보기 위해 반차 휴가를 낸 동료의 이야기입니다.

'请半天假'는 '반차를 내다'라는 뜻입니다.

A: 你上次做的大肠镜
Nǐ shàng cì zuò de dà cháng jìng

检查结果出来了没有?
jiǎn chá jié guǒ chū lái le méi yǒu?

B: 今天就出来了。
Jīn tiān jiù chū lái le.

我请了半天假。
Wǒ qǐng le bàn tiān jià.

A: 지난번에 했던 대장내시경 결과 나왔어요?

B: 오늘 나와요. 반차를 냈어요.

단어정리

上次 shàngcì(상츠): 지난번

检查 jiǎnchá(지엔차): 검사하다[檢]

出来 chūlái(추라이): 나오다

请 qǐng(칭): 청하다[請]

做 zuò(쭤): 하다

结果 jiéguǒ(지에궈): 결과

今天 jīntiān(찐티엔): 오늘

半天假 bàntiānjià(빤티엔쨔): 반차

大肠镜 dàchángjìng(따창찡): 대장내시경[腸鏡]

49 주 사

감기에 걸려 여러 번 약을 먹고 있는 친구의 이야기입니다.
'还不好'는 '아직도 (감기가) 낫지 않았다'라는 뜻입니다.

A: 感冒怎么还不好?
Gǎn mào zěn me hái bù hǎo?

喉咙痛，流鼻涕，打喷嚏。
Hóu lóng tòng, liú bí tì, dǎ pēn tì.

B: 吃药还不好,
Chī yào hái bù hǎo,

那么就要打针了。
nà me jiù yào dǎ zhēn le.

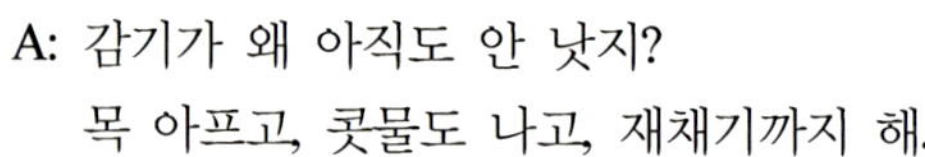

A: 감기가 왜 아직도 안 낫지?
목 아프고, 콧물도 나고, 재채기까지 해.

B: 약을 먹어도 안 낫네. 그럼 주사를 맞아야지 뭐.

단어정리

感冒 gǎnmào(간마오): 감기 걸리다
流 liú(려우): 흐르다
打喷嚏 dǎpēntì(다펀티): 재채기하다
药 yào(야오): 약[药]
打针 dǎzhēn(다전): 주사를 맞다
喉咙 hóulóng(허우롱): 목[咙]
鼻涕 bítì(비티): 콧물
吃 chī(츠): 먹다
还 hái(하이): 아직도[还]

기침 50

며칠째 계속 기침을 하는 친구의 이야기입니다.
'怎么回事?'는 '어찌된 일이지?'라는 의미입니다.

A: 你怎么一直咳嗽?
Nǐ zěn me yì zhí ké sou?

这几天一直咳嗽,
Zhè jǐ tiān yì zhí ké sou,

这是怎么回事?
Zhè shì zěn me huí shì?

B: 回家休息一会儿就好的。
Huí jiā xiū xi yí huìr jiù hǎo de.

A: 왜 계속 기침을 하지?
요 며칠 계속 기침이네, 도대체 왜 그러는 거야?
B: 집에 가서 좀 쉬면 돼.

단어정리

一直 yìzhí(이즈): 계속, 줄곧
回 huí(회이): 번
回家 huíjiā(회이쨔): 귀가하다
一会儿 yíhuìr(이훼얼): 잠시[會兒]
这几天 zhèjǐtiān(쯔어찌티엔): 요 며칠[這幾]
咳嗽 késou(커서우): 기침하다
事 shì(스): 일
休息 xūxi(셔우시): 쉬다
好 hǎo(하오): 좋다

51 치 석

치석이 많아서 정기적으로 스케일링을 받는다는 친구간의 대화 내용입니다.

'日积月累'는 '갈수록 더해 가다'라는 뜻입니다.

A: 我平均一年一次
Wǒ píng jūn yì nián yí cì

进行定期洁牙。
jìn xíng dìng qī jié yá.

B: 洁牙可以清除
Jié yá kě yǐ qīng chú

日积月累的牙结石。
rì jī yuè lěi de yá jié shí.

A: 저는 평균 일 년에 한 번씩 정기적으로 스케일링을 받아.
B: 스케일링은 쌓인 치석을 제거해 주지.

단어정리

平均 píngjūn(핑쥔): 평균
次 cì(츠): 번
定期 dìngqī(띵치): 정기
清除 qīngchú(칭추): 제거하다
年 nián(니엔): 해
进行 jìnxíng(진싱): 진행하다[進]
洁牙 jiéyá(지에야): 스케일링[潔]
牙结石 yájiéshí(야지에스): 치석

스케일링 52

스케일링을 받으면서 아팠다는 친구들의 대화 내용입니다. 본문의 '有点难受'는 '좀 아프다'라는 뜻입니다.

A: 洗牙疼不疼?
Xǐ yá téng bu téng?

B: 洗牙还是有点难受的。
Xǐ yá hái shì yǒu diǎn nán shòu de.

我洗过两次,
Wǒ xǐ guo liǎng cì,

有点酸, 出血很多。
yǒu diǎn suān, chū xiě hěn duō.

A: 스케일링하면 아파요?
B: 스케일링은 조금 아파요.
난 두 번 했는데 조금 시리고 피도 많이 났어요.

단어정리

洗牙 xǐyá(시야): 스케일링
疼 téng(텅): 아프다
难受 nánshòu(난서우): 아프다[難]
两 liǎng(량): 둘
有点 yǒudiǎn(여우띠엔): 조금[點]
酸 suān(쏸): 시다
出血 chūxiě(추쉬에): 피나다
多 duō(뚸): 많다
过 guo(궈): ~해 본적이 있다(동사 뒤에 붙어 경험을 나타냄)[過]

53 충치

치과에서 충치 치료를 받은 친구의 이야기입니다.
본문의 '好几颗'는 '여러 개'를 말합니다.

A: 我有好几颗蛀牙,
Wǒ yǒu hǎo jǐ kē zhù yá,

刚补好。
gāng bǔ hǎo.

B: 我也要去牙科。
Wǒ yě yào qù yá kē.

你是在哪儿治疗的?
Nǐ shì zài nǎr zhì liáo de?

A: 충치가 여러 개 됐는데 다 치료했어.

B: 나도 치과를 가야 하는데. 어디서 치료받았어?

단어정리

有 yǒu(여우): 가지고 있다
蛀牙 zhùyá(쭈야): 충치
补 bǔ(뿌): 보충하다[補]
牙科 yákē(야크어): 치과
哪儿 nǎr(나알): 어디[兒]
好 hǎo(하오): 좋다, 매우
刚 gāng(깡): 막[剛]
去 qù(취): 가다
在 zài(짜이): ~에서
治疗 zhìliáo(쯔랴오): 치료하다[療]

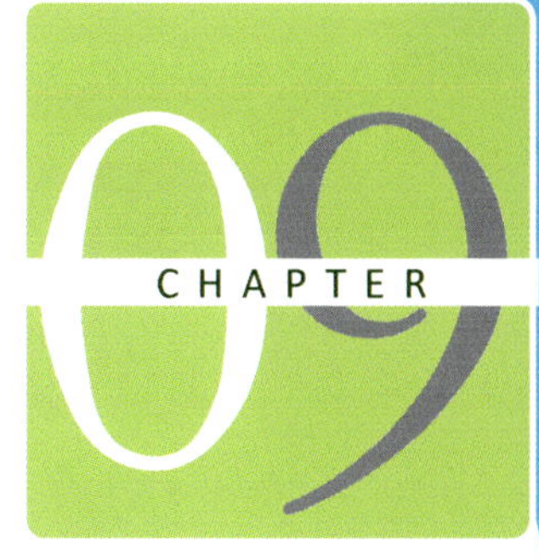

사랑 / 결혼

01 부모님

'跟+사람+一起+동사'는 '~와 함께 ~을 하다', '给+사람+打(个)+招呼'는 '~에게 인사를 하다'라는 뜻입니다.

본문에서는 '부모님께 인사드리는 것'을 의미합니다.

A: 我跟我男朋友一起去我家,
Wǒ gēn wǒ nán péngyou yì qǐ qù wǒ jiā,

给父母亲打个招呼。
gěi fù mǔ qīn dǎ ge zhāo hu.

B: 结婚的事你们说好了吗?
Jié hūn de shì nǐ men shuō hǎo le ma?

A: 没有机会说这些话。
Méi yǒu jī huì shuō zhè xiē huà.

A: 나랑 내 남자친구랑 우리 집에 같이 가서
부모님께 인사를 좀 드리기로 했어.

B: 결혼 얘기 다 끝낸 거야?

A: 그런 얘기들은 할 기회가 없었어.

단어정리

跟 gēn(껀): ~와
男 nán(난): 남자
朋友 péngyou(펑여우): 친구
一起 yìqǐ(이치): 같이, 함께
家 jiā(쨔): 집
给 gěi(게이): ~에게
結婚 jiéhūn(지에훈): 결혼
事 shì(스): 일
没有 méiyǒu(메이여우): 없다
机会 jīhuì(찌회이): 기회
父母亲 fùmǔqīn(푸무친): 부모님
打招呼 dǎzhāohu(따자오후): 인사하다
些 xiē(시에): 조금, 약간, 몇

첫선 02

'是~的'은 말하는 사람의 생각을 강조하여 나타냅니다.

본문의 '那是不可能的'는 '절대 그런 일이 일어나지 않을 것임'을 강조하여 표현한 것입니다.

A: 你有什么可紧张的?
Nǐ yǒu shén me kě jǐn zhāng de?

B: 我就担心我父母亲不喜欢他。
Wǒ jiù dān xīn wǒ fù mǔ qīn bù xǐ huan tā.

A: 那是不可能的。
Nà shì bù kě néng de.

你喜欢的人他们也一定喜欢的。
Nǐ xǐ huan de rén tā men yě yí dìng xǐ huan de.

A: 네가 긴장될 게 뭐가 있니?
B: 나는 우리 부모님이 그 사람을 안 좋아하실까 봐 걱정이야.
A: 그럴 리 없어.
네가 좋아하는 사람인데 부모님도 틀림없이 좋아하실 거야.

단어정리

什么 shénme(선머): 무엇, 어떤
紧张 jǐnzhāng(진짱): 긴장하다
担心 dānxīn(딴씬): 걱정하다
喜欢 xǐhuan(씨환): 좋아하다
他们 tāmen(타먼): 그들
一定 yídìng(이띵): 틀림없이
可 kě(크어): ~할 만하다
就 jiù(쪄우): 강조의 표현
父母亲 fùmǔqīn(푸무친): 부모님
可能 kěnéng(크어넝): 가능하다
也 yě(예): ~도

03 허 락

'终于~了'는 '드디어~하게 되었다'라는 의미를 갖습니다.
'有没有~?'는 '~을 했는지 안 했는지'를 묻는 표현입니다.

A: 妈妈终于允许我结婚了。
Mā ma zhōng yú yǔn xǔ wǒ jié hūn le.

B: 真的吗?
Zhēn de ma?

有没有告诉你男朋友?
Yǒu méi yǒu gào su nǐ nán péng you?

A: 我还没告诉他呢。
Wǒ hái méi gào su tā ne.

A: 엄마가 드디어 내 결혼을 허락하셨어.
B: 정말? 남자친구한테 말했니?
A: 아직 말하지 않았어.

단어정리

妈妈 māma(마마): 엄마
允许 yǔnxǔ(윈쉬): 허락하다
真的 zhēnde(쩐떠): 정말로
男 nán(난): 남자
还 hái(하이): 아직도
终于 zhōngyú(쫑위): 드디어
结婚 jiéhūn(지엔훈): 결혼하다
告诉 gàosu(까오쑤): 알려주다
朋友 péngyou(펑여우): 친구

청혼 04

'还没~'은 '아직 ~하지 않았다'라는 말입니다.
또 '还不能~'은 '아직 ~을 할 수 없다'라는 뜻을 갖습니다.

A: 妈妈允许你结婚的事,
Mā ma yǔn xǔ nǐ jié hūn de shì,
你为什么不告诉他呢?
Nǐ wèi shén me bú gào su tā ne?

B: 他还没跟我求婚,
Tā hái méi gēn wǒ qiú hūn,
所以我还不能说。
suǒ yǐ wǒ hái bù néng shuō.

A: 엄마가 결혼 승낙하신 것을 왜 그 사람한테 말 안 해?
B: 나한테 아직 청혼도 안 했는데, 그래서 아직은 말 못해.

단어정리

妈妈 māma(마마): 엄마
结婚 jiéhūn(지에훈): 결혼하다
为什么 wèishénme(웨이선머): 왜
求婚 qiúhūn(쳐우훈): 청혼하다
还 hái(하이): 아직
允许 yǔnxǔ(윈쉬): 허락하다
事 shì(스): 일
告诉 gàosu(까오수): 알려주다
所以 suǒyǐ(숴이): 그래서
能 néng(넝): ~할 수 있다

05 결 혼

'我感到~'는 '나는 ~라고 생각하다(느끼다)'라는 뜻을 갖습니다.

'나는 기쁘게 생각합니다'는 '我感到很高兴'으로 표현합니다.

A: 我打算今年秋天结婚。
Wǒ dǎ suan jīn nián qiū tiān jié hūn.

B: 真没想到妈妈允许你。
Zhēn méi xiǎng dào māma yǔn xǔ nǐ.

你感到高兴吗?
Nǐ gǎn dào gāo xìng ma?

A: 我感到很意外。
Wǒ gǎn dào hěn yì wài.

A: 나는 올 가을에 결혼할 생각이야.
B: 엄마가 허락하실 줄은 정말 생각도 못했다. 좋으니?
A: 뜻밖이라는 생각이 들어.

단어정리

打算 dǎsuan(따수완): ~할 예정이다
秋天 qiūtiān(치우티엔): 가을
想 xiǎng(샹): 생각하다
允许 yǔnxǔ(윈쉬): 허락하다
感到 gǎndào(간따오): ~라고 느끼다
今年 jīnnián(찐니엔): 올해
结婚 jiéhūn(지에훈): 결혼하다
妈妈 māma(마마): 엄마
高兴 gāoxìng(까오싱): 기쁘다
意外 yìwài(이와이): 의외이다

결혼 준비 06

'该~'는 '마땅히 ~해야 한다'라는 뜻으로 '당신은 며칠 쉬어야 합니다'는 '你该休息(xiūxi: 휴식하다)几天(jǐtiān: 며칠)'과 같이 표현합니다.

A: 父母亲也允许了,
Fù mǔ qīn yě yǔn xǔ le,

结婚就没问题了。
jié hūn jiù méi wèn tí le.

B: 现在开始慢慢准备了。
Xiàn zài kāi shǐ màn mān zhǔn bèi le.

要该怎么准备呢?
Yào gāi zěn me zhǔn bèi ne?

A: 부모님이 승낙하셔서 결혼하는 것은 문제없겠네.
B: 지금부터 천천히 준비를 해야지.
어떻게 준비를 해야 하는 거야?

단어정리

父母亲 fùmǔqīn(푸무친): 부모님
结婚 jiéhūn(지에훈): 결혼하다
现在 xiànzài(씨엔짜이): 지금
慢 màn(만): 천천히
该 gāi(까이): 마땅히
允许 yǔnxǔ(윈쉬): 허락하다
问题 wèntí(원티): 문제
开始 kāishǐ(카이스): 시작하다
准备 zhǔnbèi(쥔뻬이): 준비하다
怎么 zěnme(쩐머): 어떻게

07 헤어지다

'跟+사람+分手了'는 '~와 헤어졌음'을 말합니다.

또 본문에 '俩'은 '两个人(liǎnggerén)'의 줄임말로 '두 사람'이라는 뜻을 갖습니다.

A: 我跟男朋友分手了。
Wǒ gēn nán péng you fēn shǒu le.

B: 你说什么?
Nǐ shuō shén me?

你们俩不是挺好的吗?
Nǐ men liǎ bú shì tǐng hǎo de ma?

怎么回事?
Zěn me huí shì?

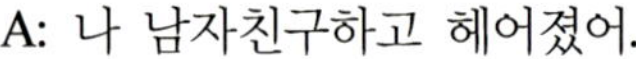

A: 나 남자친구하고 헤어졌어.

B: 뭐라고? 너희 두 사람 잘 지냈었잖아? 어떻게 된 일이야?

단어정리

跟 gēn(껀): ~와
朋友 péngyou(펑여우): 친구
说 shuō(쉬): 말하다
挺 tǐng(팅): 매우
回 huí(회이): 회, 번, 차례
男 nán(난): 남자
分手 fēnshǒu(펀서우): 헤어지다
俩 liǎ(랴): 두 사람
怎么 zěnme(쩐머): 어째서, 어떻게
事 shì(스): 일

반대 08

'~的时候(de shíhou)'는 '~할 때'라는 뜻으로 본문의 '以前父母亲反对的时候'는 '예전에 부모님이 반대하셨을 때'를 나타냅니다.

A: 你到底犹豫什么?
Nǐ dào dǐ yóu yù shén me?

B: 以前父母亲反对的时候,
Yǐ qián fù mǔ qīn fǎn duì de shí hou,

我就想和他结婚。
wǒ jiù xiǎng hé tā jié hūn.

现在心里负担很重。
Xiàn zài xīn li fù dān hěn zhòng

A: 너는 도대체 뭐가 고민이니?

B: 예전에 부모님이 반대하셨을 때는 그 사람하고 결혼하고 싶었는데, 지금은 마음이 무겁네.

단어정리

到底 dàodǐ(따오디): 도대체

犹豫 yóuyù(여우위): 망설이다

以前 yǐqián(이치엔): 예전에

父母亲 fùmǔqīn(푸무친): 부모님

反对 fǎnduì(판뛔이): 반대하다

结婚 jiéhūn(지에훈): 결혼하다

现在 xiànzài(씨엔짜이): 지금

心里 xīnli(신리): 마음속으로

负担 fùdān(푸딴): 부담

重 zhòng(쭝): 무겁다

09 망설이다

'別再~了'는 '더 이상 ~하지 마라'라는 뜻으로 본문의 '別再犹豫了'는 '더 이상 망설이지 마라'의 뜻을 갖습니다.

A: 结婚真不简单。
Jié hūn zhēn bù jiǎn dān.

B: 我真不明白, 你犹豫什么?
Wǒ zhēn bù míng bai, nǐ yóu yù shén me?

你想的太多了。
Nǐ xiǎng de tài duō le.

别再犹豫了。
Bié zài yóu yù le.

A: 결혼하는 게 정말 쉽지가 않네.
B: 나는 정말 이해가 안 된다. 넌 뭘 그렇게 고민을 하니?
네가 생각이 너무 많아서 그래. 더 이상 망설이지 마라.

단어정리

结婚 jiéhūn(지에훈): 결혼하다
简单 jiǎndān(지엔딴): 간단하다
犹豫 yóuyù(여우위): 망설이다
太 tài(타이): 너무
别 bié(삐에): ~하지 마라
真 zhēn(쩐): 정말로
明白 míngbai(밍빠이): 이해하다
什么 shénme(선머): 무엇
多 duō(뚸): 많다
再 zài(짜이): 또

약혼녀 10

'동사+一下'는 '~을 좀 하다'로 '介绍一下'는 '소개를 좀 하다'입니다.

또 '想到'는 '생각에 미치다'이고 '没想到'는 '생각하지 못했음'을 말합니다.

A: 我来介绍一下,
Wǒ lái jiè shào yí xià,
她是我的未婚妻。
tā shì wǒ de wèi hūn qī.

B: 你不是说不想结婚吗?
Nǐ bú shì shuō bù xiǎng jié hūn ma?
我还真没想到。
Wǒ hái zhēn méi xiǎng dào.

A: 내가 소개할게. 이쪽은 내 약혼녀야.

B: 너 결혼하고 싶지 않다고 말하지 않았니?
정말 생각지도 못했네.

단어정리

来 lái(라이): 오다
一下 yíxià(이샤): 한번
说 shuō(숴): 말하다
结婚 jiéhūn(지에훈): 결혼하다
真 zhēn(쩐): 정말로
介绍 jièshào(찌에샤오): 소개하다
未婚妻 wèihūnqī(웨이훈치): 약혼녀
想 xiǎng(샹): ~하고 싶다
还 hái(하이): 의외의 어감을 강조함
没 méi(메이): ~하지 않다

11 우거지상

본문의 '跟女朋友分手'는 '여자친구와 헤어지다'라는 말이고 '对+사람+不忠'은 '~에게 충실하지 못하다'라는 뜻을 갖습니다.

A: 你怎么愁眉苦脸的?
Nǐ zěn me chóu méi kǔ liǎn de?

B: 我跟我女朋友分手了。
Wǒ gēn wǒ nǚ péng you fēn shǒu le.

A: 你们年底不是要订婚的吗?
Nǐ men nián dǐ bú shì yào dìng hūn de ma?

B: 但是她对我不忠。
Dàn shì tā duì wǒ bù zhōng.

A: 너 왜 이렇게 우거지상이야?
B: 나 여자친구랑 헤어졌어.
A: 너희 연말에 약혼하기로 했잖아?
B: 여자친구가 나를 배신했어.

단어정리

怎么 zěnme(쩐머): 어째서
朋友 péngyou(펑여우): 친구
年底 niándǐ(니엔디): 연말
订婚 dìnghūn(띵훈): 약혼하다
对 duì(뚸이): ~에 대해
不忠 bùzhōng(뿌쫑): 충실하지 않다
愁眉苦脸 chóuméikǔliǎn(처우메이쿠리엔): 수심에 찬 얼굴
分手 fēnshǒu(펀서우): 헤어지다
要 yào(야): ~할 것이다
但是 dànshì(딴스): 그러나

한숨 쉬다 12

'叫'는 '~하도록 시키다'로 '叫+사람+동사'는 '~에게 …하도록 시키는 것'을 말합니다.

본문의 '叫我结婚'은 '나보고 결혼하라고 했음'을 말합니다.

A: 你为什么叹气?
Nǐ wèi shén me tàn qì?

B: 家里叫我结婚。
Jiā li jiào wǒ jié hūn.

A: 结婚就结婚还怕什么?
Jié hūn jiù jié hūn hái pà shén me?

有什么可叹气的?
Yǒu shén me kě tàn qì de?

A: 너 왜 한숨을 쉬니?

B: 집에서 결혼을 하라셔.

A: 결혼을 하면 되지 뭘 겁내나? 한숨 쉴 게 뭐가 있다고?

단어정리

为什么 wèishénme(웨이선머): 왜
家里 jiāli(자리): 집
结婚 jiéhūn(지에훈): 결혼하다
怕 pà(파): 겁내다
有 yǒu(여우): 있다
叹气 tànqì(탄치): 한숨 쉬다
叫 jiào(쟈오): ~하도록 하다
还 hái(하이): 아직도
什么 shénme(선머): 무엇
可 kě(크어): ~할 만하다

13 진심이에요?

'怎么~?'는 이유나 원인을 묻는 말로 본문의 '怎么不说话呢?'는 '왜 말하지 않는지'를 묻는 표현입니다.

또 '~吧'는 제의의 뜻을 갖습니다.

A: 你怎么不说话呢?
Nǐ zěn me bù shuō huà ne?

B: 刚才你说什么?
Gāng cái nǐ shuō shén me?

A: 我们结婚吧, 明年。
Wǒ men jié hūn ba, míng nián.

B: 你是说真的吗?
Nǐ shì shuō zhēn de ma?

A: 왜 아무 말도 안 해?
B: 방금 뭐라고 했어요?
A: 결혼하자고 내년에.
B: 진심이에요?

단어정리

怎么 zěnme(쩐머): 어째서
话 huà(화): 말
什么 shénme(선머): 무엇
结婚 jiéhūn(지에훈): 결혼하다
真的 zhēnde(쩐떠): 정말로
说 shuō(쉬): 말하다
刚才 gāngcái(깡차이): 방금
我们 wǒmen(워먼): 우리들
明年 míngnián(밍니엔): 내년

배우자 14

'没有+명사'는 '~이 없다'로 본문의 '没有对象'은 '결혼할 상대가 없음'을 말합니다.

A: 我今年一定结婚。
Wǒ jīn nián yí dìng jié hūn.

B: 你跟谁结婚?
Nǐ gēn shéi jié hūn?

你不是没有女朋友吗?
Nǐ bú shì méi yǒu nǚ péng you ma?

A: 谁说我没有对象?
Shéi shuō wǒ méi yǒu duì xiàng?

A: 나 올해에는 꼭 결혼할 거야.
B: 누구랑 하는데? 여자친구도 없잖아.
A: 결혼할 상대가 없다고 누가 그래?

단어정리

今年 jīnnián(찐니엔): 올해
结婚 jiéhūn(지에훈): 결혼하다
谁 shéi(세이): 누구
女 nǚ(뉘): 여자
说 shuō(숴): 말하다
一定 yídìng(이띵): 반드시
跟 gēn(껀): ~과
没有 méiyǒu(메이여우): 없다
朋友 péngyou(펑여우): 친구
对象 duìxiàng(뛔이샹): 배우자, 상대

15 신혼여행

'就~了'는 '곧 ~하다'라는 뜻으로 본문의 '下个月就结婚了'는 '다음 달에 결혼을 앞두고 있음'을 말합니다.

A: 你们蜜月去哪儿?
Nǐ men mì yuè qù nǎr?

B: 还没决定去哪儿。
Hái méi jué dìng qù nǎr.

A: 下个月就结婚了,
Xià ge yuè jiù jié hūn le,

怎么到现在还没决定呢?
zěn me dào xiàn zài hái méi jué dìng ne?

A: 신혼여행은 어디로 가요?
B: 아직 어디 갈지 결정 못 했어요.
A: 다음 달이 결혼인데 왜 아직까지도 결정을 못 했어요?

단어정리

你们 nǐmen(니먼): 너희들
去 qù(취): 가다
决定 juédìng(쥐에띵): 결정하다
结婚 jiéhūn(지에훈): 결혼하다
到 dào(따오): 도착하다, ~까지

蜜月 mìyuè(미위에): 신혼여행
哪儿 nǎr(나알): 어디
下个月 xiàgeyuè(샤꺼위에): 다음 달
怎么 zěnme(쩐머): 어째서
现在 xiànzài(씨엔짜이): 지금

사랑하다 16

'从不~'은 '한번도 ~하지 않다'로 '从不说爱我'는 '나를 사랑한다는 말을 한 번도 한 적이 없음'을 나타냅니다.

A: 我真心地爱你。
Wǒ zhēn xīn de ài nǐ.

B: 谢谢你。
Xiè xie nǐ.

A: 你为什么从不说爱我?
Nǐ wèi shén me cóng bù shuō ài wǒ?

B: 我害羞不敢说。
Wǒ hài xiū bù gǎn shuō.

A: 진심으로 당신을 사랑해요.
B: 고마워요.
A: 당신은 왜 한 번도 나를 사랑한다고 말하지 않는 거죠?
B: 부끄러워서 말을 못 하겠어요.

단어정리

真心 zhēnxīn(쩐신): 진심
你 nǐ(니): 당신
为什么 wèishénme(웨이선머): 왜
说 shuō(숴): 말하다
敢 gǎn(깐): 감히 ~하다
爱 ài(아이): 사랑하다
谢谢 xièxie(시에시에): 감사합니다
从 cóng(총): 여태껏
害羞 hàixiū(하이셔우): 부끄럽다

17 관 계

'老样子'는 '아직도 여전한 상태'임을 나타내는 말로 본문에서는 '여전히 잘 지내고 있음'을 표현합니다.

A: 你最近过得怎么样?
Nǐ zuì jìn guò de zěn me yàng?

B: 还是老样子。
Hái shì lǎo yàng zi.

A: 你男朋友还好吧?
Nǐ nán péng you hái hǎo ba?

B: 我跟他又吵架了。
Wǒ gēn tā yòu chǎo jià le.

A: 요즘 어떻게 지내?
B: 여전하지 뭐.
A: 남자친구도 잘 있지?
B: 나 남자친구랑 또 싸웠잖아.

단어정리

最近 zuìjìn(쮀이찐): 최근
过 guò(꿔): 보내다
男 nán(난): 남자
好 hǎo(하오): 좋다
又 yòu(여우): 또
怎么样 zěnmeyàng(쩐머양): 어떻게
还是 háishì(하이스): 여전히
朋友 péngyou(펑여우): 친구
跟 gēn(껀): ~와
吵架 chǎojià(차오쨔): 싸우다

축하 18

'终于~了'는 '드디어 ~하다'로 본문의 '终于结婚了'는 '드디어 결혼함'을 말하고 '下个月'은 '다음 달'입니다.

A: 恭喜你。
Gōng xǐ nǐ.

终于结婚了。
Zhōng yú jié hūn le.

B: 记住，下个月七号，
Jì zhù, xià ge yuè qī hào,

结婚那天你一定要来。
jié hūn nà tiān nǐ yí dìng yào lái.

A: 축하해. 드디어 결혼을 하는구나.

B: 기억해 다음 달 7일이야. 결혼식 날 너 꼭 와야 해.

단어정리

恭喜 gōngxǐ(꽁시): 축하하다
结婚 jiéhūn(지에휜): 결혼하다
下 xià(샤): 다음, 아래
月 yuè(위에): 월, 달
那天 nàtiān(나티엔): 그날
要 yào(야오): ~해야 하다
终于 zhōngyú(쭝위): 드디어
记住 jìzhù(찌쭈): 기억하다
个 ge(끄어): 개
号 hào(하오): 일
一定 yídìng(이띵): 반드시
来 lái(라이): 오다

19 밀월

본문의 '渡蜜月'은 '신혼여행을 가다'입니다.
또 '才不是呢'는 '절대 아님'을 강조해 표현한 말입니다.

A: 你们去哪儿渡蜜月?
Nǐ men qù nǎr dù mì yuè?

你们出国旅游吗?
Nǐ men chū guó lǚ yóu ma?

A: 才不是呢。
Cái bú shì ne.

我们在国内渡蜜月。
Wǒ men zài guó nèi dù mì yuè.

A: 신혼여행은 어디로 가요? 외국으로 나가세요?
B: 절대 아니에요. 국내로 신혼여행을 가요.

단어정리

去 qù(취): 가다
渡 dù(뚜): 보내다
旅游 lǚyóu(뤼여우): 여행하다
才 cái(차이): 강조의 뜻, 비로소
在 zài(짜이): ~에 있다
哪儿 nǎr(나알): 어디
出国 chūguó(추궈): 외국으로 나가다
蜜月 mìyuè(미위에): 신혼여행
我们 wǒmen(워먼): 우리들
国内 guónèi(궈네이): 국내

청첩장 20

청첩장에 관한 이야기입니다.

'受到~没有?'는 '~을 받았나요?'이고 '什么时候'는 '언제'입니다.

A: 你受到喜帖没有?
Nǐ shōu dào xǐ tiē méi yǒu?

B: 我没受到。
Wǒ méi shōu dào.

是什么时候寄的?
Shì shén me shí hou jì de?

A: 我是上个星期寄的。
Wǒ shì shàng ge xīng qī jì de.

A: 청첩장 받았니?
B: 못 받았어. 언제 부쳤는데?
A: 지난주에 부쳤지.

단어정리

受 shōu(서우): 받다
到 dào(따오): 도달하다
喜帖 xǐtiē(시티에): 청첩장
没有 méiyǒu(메이여유): 없다
什么 shénme(선머): 무엇
时候 shíhou(스허우): 때
寄 jì(찌): [편지를] 부치다
上 shàng(상): 위, 지난
个 ge(끄어): 개
星期 xīngqī(싱치): 요일

21 축의금

축의금 전달에 관한 이야기입니다. 본문의 '包(个)红包'는 '축의금을 내다'입니다.

A: 替我包个红包给他。
Tì wǒ bāo ge hóng bāo gěi tā.

B: 你不能去吗?
Nǐ bù néng qù ma?

A: 那天我去中国出差。
Nà tiān wǒ qù Zhōng guó chūchāi.

B: 你要包多少红包?
Nǐ yào bāo duō shao hóng bāo?

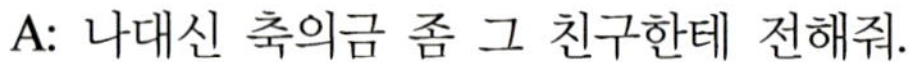

A: 나대신 축의금 좀 그 친구한테 전해줘.
B: 못 가세요?
A: 그날 나 중국으로 출장가거든.
B: 얼마 할까요?

단어정리

替 tì(티): 대신하다
红包 hóngbāo(홍빠오): 축의금
能 néng(넝): ~할 수 있다
那天 nàtiān(나티엔): 그날
出差 chūchāi(추차이): 출장가다
包 bāo(빠오): 싸매다
给 gěi(게이): 주다
去 qù(취): 가다
中国 Zhōngguó(쭝궈): 중국
多少 duōshao(뛰사오): 얼마

결혼선물 22

결혼 2주년 기념일을 내일로 착각한 남편의 이야기입니다. '有没有~?'는 '~했습니까?'입니다.

A: 今天是结婚两周年纪念日。
Jīn tiān shì jié hūn liǎng zhōu nián jì niàn rì.

你有没有准备礼物?
Nǐ yǒu méi yǒu zhǔn bèi lǐ wù?

B: 你怎么不早说?
Nǐ zěn me bù zǎo shuō?

我以为是明天呢。
Wǒ yǐ wéi shì míng tiān ne.

A: 오늘이 결혼 2주년 기념일이잖아요. 선물은 준비했어요?
B: 왜 진작 말하지 않았어요? 나는 내일인 줄 알았는데.

단어정리

今天 jīntiān(찐티엔): 오늘
周年 zhōunián(쩌우니엔): 주년
准备 zhǔnbèi(쥔뻬이): 준비하다
怎么 zěnme(쩐머): 어째서
说 shuō(숴): 말하다
明天 míngtiān(밍티엔): 내일
结婚 jiéhūn(지에훈): 결혼
纪念日 jìniànrì(찌니엔을): 기념일
礼物 lǐwù(리우): 선물
早 zǎo(짜오): 일찍, 진작
以为 yǐwéi(이웨이): 여기다

23 독 촉

가족들의 결혼 성화로 명절에 고향집에도 가지 못하는 노총각의 이야기입니다.

A: 我有苦衷不能回家呀。
Wǒ yǒu kǔ zhōng bù néng huí jiā ya.

B: 到底是什么事?
Dào dǐ shì shén me shì?

A: 家人团圆总是
Jiā rén tuán yuán zǒng shì

逼我赶快结婚。
bī wǒ gǎn kuài jié hūn.

A: 집에 가지 못하는 고충이 있어요.
B: 도대체 무슨 일인데요?
A: 식구들이 모이면 늘 저보고 빨리 결혼하라고 성화예요.

단어정리

有 yǒu(여우): 가지고 있다
能 néng(넝): ~할 수 있다
到底 dàodǐ(따오디): 도대체
团圆 tuányuán(투안위엔): 모이다
逼 bī(삐): 강박하다
结婚 jiéhūn(지에훈): 결혼하다
苦衷 kǔzhōng(쿠종): 고충
回家 huíjiā(회이쨔): 집에 가다
家人 jiārén(쨔런): 식구
总是 zǒngshì(종스): 늘
赶快 gǎnkuài(간콰이): 어서

맞선 24

맞선을 본 남자의 전화를 기다리는 한 여성의 이야기입니다.
'大前天'은 '그 그저께'입니다.

A: 怎么不来电话呢?
Zěn me bù lái diàn huà ne?

B: 你在等谁的电话?
Nǐ zài děng shéi de diàn huà?

A: 大前天相亲的那个人。
Dà qián tiān xiāng qīn de nà ge rén.

B: 难道你看上他了?
Nán dào nǐ kàn shàng tā le?

A: 왜 전화가 안 오지?
B: 누구 전화 기다려?
A: 그 그저께 선 본 그 사람.
B: 그 사람이 마음에 들었나 봐?

단어정리

怎么 zěnme(쩐머): 어째서
电话 diànhuà(띠엔화): 전화
等 děng(떵): 기다리다
大 dà(따): 크다
相亲 xiāngqīn(샹친): 선보다
看上 kànshàng(칸샹): 반하다
来 lái(라이): 오다
在 zài(짜이): ~하는 중이다
谁 shéi(세이): 누구
前天 qiántiān(치엔티엔): 그저께
难道 nándào(난따오): 설마

25 결혼기념일

결혼 1주년 기념일을 맞은 부부의 이야기를 들어봅니다.
'收到'는 '받았다'는 뜻입니다.

A: 结婚多长时间了?
Jié hūn duō cháng shí jiān le?

B: 前天就是一周年的日子。
Qián tiān jiù shì yì zhōu nián de rì zi.

A: 收到很多礼物吗?
Shōu dào hěn duō lǐ wù ma?

B: 我收到了我最想要的礼物。
Wǒ shōu dào le wǒ zuì xiǎng yào de lǐ wù.

A: 결혼한 지 얼마나 됐어요?
B: 그저께가 1주년 되는 날이었어요.
A: 선물 많이 받았어요?
B: 제일 갖고 싶었던 걸 선물로 받았어요.

단어정리

结婚 jiéhūn(지에훈): 결혼
时间 shíjiān(스찌엔): 시간
日子 rìzi(을쯔): 날
礼物 lǐwù(리우): 선물
想 xiǎng(샹): ~하고 싶다
长 cháng(창): 길다
前天 qiántiān(치엔티엔): 그저께
多 duō(뚸): 많다
最 zuì(쮀이): 가장
要 yào(야오): 원하다

결혼식 26

친구의 결혼식에 갈 것인지 묻는 대화 내용입니다.
'结婚典礼'는 '결혼식'을 뜻합니다.

A: 你去参加她的结婚典礼吗?
Nǐ qù cān jiā tā de jié hūn diǎn lǐ ma?

B: 收到了喜帖当然要去。
Shōu dào le xǐ tiē dāng rán yào qù.

A: 但是路好远。
Dàn shì lù hǎo yuǎn.

B: 那也没办法。
Nà yě méi bàn fa.

A: 걔 결혼식에 갈 거니?
B: 청첩장 받았으니 당연히 가야지.
A: 근데 가는 길이 멀어.
B: 그래도 할 수 없지 뭐.

단어정리

去 qù(취): 가다
参加 cānjiā(찬쟈): 참가하다
结婚 jiéhūn(지에훈): 결혼
典礼 diǎnlǐ(띠엔리): 식, 행사
收到 shōudào(서우따오): 받다
喜帖 xǐtiē(시티에): 청첩장
但是 dànshì(딴스): 그러나
远 yuǎn(위엔): 멀다
那 nà(나): 그, 저
办法 bànfa(빤파): 방법

27 신 랑

결혼식장에 온 두 사람의 대화 내용입니다.

'挺~的'은 '매우 ~하다'이고 본문의 '可是'는 '그러나'를 뜻합니다.

A: 新郎挺帅的。
Xīn láng tǐng shuài de.

对新娘子可是有点失望。
Duì xīn niáng zi kě shì yǒu diǎn shī wàng.

B: 我觉得新娘子也不错啊。
Wǒ jué de xīn niáng zi yě bú cuò a.

A: 看起来显老。
Kàn qǐ lái xiǎn lǎo.

A: 신랑 멋지다. 신부는 근데 좀 실망스럽다.

B: 신부도 괜찮은데 뭘.

A: 나이 들어 보이잖아.

단어정리

新郎 xīnláng(신랑): 신랑
新娘子 xīnniángzi(신냥즈): 신부
失望 shīwàng(스왕): 실망하다
也 yě(예): ~도
不错 búcuò(부춰): 괜찮다
对 duì(뛔이): ~에 대해
有点 yǒudiǎn(여우띠엔): 조금
觉得 juéde(쥐에떠): ~라고 느끼다
看起来 kànqǐlái(칸치라이): 보기에
显老 xiǎnlǎo(시엔라오): 늙어 보이다

원망 28

애인 있는 여자를 사랑하게 된 남자의 이야기입니다.
'只怪~'는 '단지 ~을 원망할 뿐이다'라는 뜻입니다.

A: 你爱她吗?
Nǐ ài tā ma?

爱了就不要放弃。
Ài le jiù bú yào fàng qì.

B: 但是人家有男朋友了,
Dàn shì rén jia yǒu nán péng you le,

只怪我们相遇太晚。
zhǐ guài wǒ men xiāng yù tài wǎn.

A: 그 여자를 사랑해? 사랑하면 포기하지 마.
B: 하지만 남자친구가 있는 걸. 우리가 늦게 만난 걸 원망할 수밖에.

단어정리

爱 ài(아이): 사랑하다
就 jiù(찌우): ~하면
但是 dànshì(딴스): 그러나
朋友 péngyou(펑여우): 친구
相遇 xiāngyù(샹위): 서로 만나다
晚 wǎn(완): 늦다
不要 búyào(부야오): ~하지 마라
放弃 fàngqì(팡치): 포기하다
人家 rénjia(런쨔): 다른 사람
怪 guài(꽈이): 원망하다
太 tài(타이): 너무

29 삼각관계

양다리를 걸친 남자의 어설픈 변명을 들어봅니다.
본문의 '喜欢的'은 '좋아하는 사람'이라는 뜻입니다.

A: 你听我说好不好?
Nǐ tīng wǒ shuō hǎo bu hǎo?

我是喜欢她,
Wǒ shì xǐ huan tā,

但我更喜欢的是你!
Dàn wǒ gèng xǐ huan de shì nǐ!

B: 我不知道你到底想怎么样?
Wǒ bù zhī dào nǐ dào dǐ xiǎng zěn me yàng?

A: 내 얘기를 좀 들어봐? 그녀를 좋아해. 하지만 네가 더 좋아.
B: 도대체 무슨 심산인지 모르겠네.

단어정리

听 tīng(팅): 듣다
说 shuō(숴): 말하다
好 hǎo(하오): 좋다
是 shì(스): 강조를 나타냄
喜欢 xǐhuan(씨환): 좋아하다
但 dàn(딴): 그러나
的 de(떠): ~한
知道 zhīdào(즈따오): 알다
到底 dàodǐ(따오디): 도대체
想 xiǎng(샹): 생각하다
怎么样 zěnmeyàng(쩐머양): 어떻게 하다

벼락결혼 30

벼락결혼을 하는 커플의 이야기입니다.
'什么时候'는 '언제'이고 '两个星期'는 '2주일'입니다.

A: 他们认识不到两个星期,
Tā men rèn shi bú dào liǎng ge xīng qi,

要拍婚沙照了。
yào pāi hūn shā zhào le.

B: 什么时候结婚啊?
Shén me shí hou jié hūn a?

A: 恋爱一个月就闪电结婚。
liàn'ài yí ge yuè jiù shǎn diàn jié hūn.

A: 저 사람들 안 지 2주도 안 돼 웨딩사진 찍는다고 해요.
B: 언제 결혼하는데?
A: 연애하고 한 달 만에 벼락결혼 하는 거예요.

단어정리

认识 rènshi(런스): 알다
两 liǎng(량): 둘
拍 pāi(파이): 찍다
结婚 jiéhūn(지에훈): 결혼
闪电 shǎndiàn(산띠엔): 번개
到 dào(따오): 도달하다
星期 xīngqi(싱치): 요일
婚沙照 hūnshāzhào(훈사짜오): 웨딩 촬영
恋爱 liàn' ài(리엔아이): 연애하다

31 이별

이별하는 남녀의 이야기입니다.

'本是'는 '본래부터'이고 '不同世界'는 '다른 세상'이라는 뜻입니다.

A: 我对你这么好,
Wǒ duì nǐ zhè me hǎo,

你怎么能离开我?
nǐ zěn me néng lí kāi wǒ

B: 我都不知道该怎么说了,
Wǒ dōu bù zhī dào gāi zěn me shuō le,

我们本是不同世界的人。
wǒ men běn shì bù tóng shì jiè de rén.

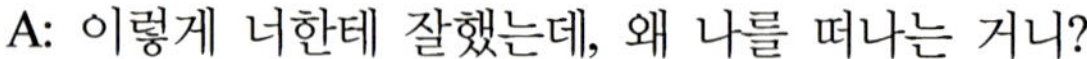
A: 이렇게 너한테 잘했는데, 왜 나를 떠나는 거니?

B: 어떻게 말을 해야 할지 모르겠어.
우린 처음부터 다른 세상 사람이었어.

단어정리

对 duì(뛔이): ~에 대해	这么 zhème(쯔어머): 이토록
好 hǎo(하오): 좋다	怎么 zěnme(쩐머): 어째서
能 néng(넝): 할 수 있다	离开 líkāi(리카이): 떠나다
知道 zhīdào(즈따오): 알다	该 gāi(까이): 마땅히
世界 shìjiè(스찌에): 세계	人 rén(런): 사람

애인 32

소홀해진 애인에 대한 불만을 친구에게 털어놓는 한 여자의 이야기입니다.
'和~不一样'은 '~과 다르다'는 뜻입니다.

A: 你怎么不给他回信呢?
Nǐ zěn me bù gěi tā huí xìn ne?

又吵架了是不是?
Yòu chǎo jià le shì bu shì?

B: 他对我的态度变了。
Tā duì wǒ de tài dù biàn le.

觉得和以前不一样了。
Jué de hé yǐ qián bù yí yàng le.

A: 왜 남자친구한테 문자 답장 안 해? 또 싸웠니?
B: 나를 대하는 태도가 달라졌어. 예전하고 다르다는 생각이 들어.

단어정리

怎么 zěnme(쩐머): 왜
回信 huíxìn(회이씬): 답장하다
对 duì(뛔이): 대하다
变 biàn(삐엔): 변하다
以前 yǐqián(이치엔): 예전
给 gěi(게이): ~에게
吵架 chǎojià(차오쨔): 말다툼하다
态度 tàidù(타이뚜): 태도
觉得 juéde(쥐에떠): 느끼다
一样 yíyàng(이양): 똑같다

33 냉 담

상대방의 마음을 받아주지 못하는 남자의 이야기입니다.
'伤+사람+的心'은 '~의 마음을 아프게 하다'라는 뜻입니다.

A: 你的冷漠会伤她的心。
Nǐ de lěng mò huì shāng tā de xīn.

B: 我不喜欢她,
Wǒ bù xǐ huan tā,

也不能做朋友了,
yě bù néng zuò péng you le,

该怎么办?
gāi zěn me bàn?

A: 당신의 냉정함이 그녀의 마음을 아프게 할 거예요.
B: 난 그녀를 좋아하지 않아요. 그렇다고 친구도 싫은데 어쩌죠?

단어정리

冷漠 lěngmò(렁뭐): 냉담하다
伤 shāng(상): 다치다
喜欢 xǐhuan(씨환): 좋아하다
做 zuò(쭤): 하다
该 gāi(까이): 마땅히
会 huì(회이): ~할 것이다
的 de(떠): ~의
不能 bùnéng(뿌넝): ~할 수 없다
朋友 péngyou(펑여우): 친구
怎么办 zěnmebàn(쩐머빤): 어떻게 하다

동료의 결혼식에 참석하지 못하는 친구의 이야기입니다.
본문의 '去不去?'는 '갈 겁니까?'라는 뜻입니다.

A: 她结婚你去不去?
Tā jié hūn nǐ qù bu qù?

B: 你替我送红包好吗?
Nǐ tì wǒ sòng hóng bāo hǎo ma?

明天我亲戚结婚,
Míng tiān wǒ qīn qī jié hūn,

我要去那里。
wǒ yào qù nà lǐ.

A: 내일 그녀 결혼식에 갈 거야?
B: 나대신 축의금 좀 전해줘.
내일 우리 친척 결혼식이 있어 거기 가야 해.

단어정리

结婚 jiéhūn(지에훈): 결혼하다
替 tì(티): 대신하다
红包 hóngbāo(홍빠오): 축의금
亲戚 qīnqī(친치): 친척
那里 nàlǐ(나리): 그곳
去 qù(취): 가다
送 sòng(쏭): 보내다
明天 míngtiān(밍티엔): 내일
要 yào(야오): ~해야 한다

35 거절

사랑싸움으로 여자친구의 전화를 받지 않는 남자의 이야기입니다.

'接电话'는 '전화를 받다'는 뜻입니다.

A: 他不接你电话,
Tā bù jiē nǐ diàn huà,

你就别打了。
nǐ jiù bié dǎ le.

B: 怎么都关机了?
Zěn me dōu guān jī le?

他一生气就不接我电话。
Tā yì shēng qì jiù bù jiē wǒ diàn huà.

A: 개 전화 안 받으면 그만 좀 걸어.

B: 왜 휴대전화를 껐을까? 얘는 꼭 화만 나면 내 전화를 안 받아.

단어정리

接 jiē(찌에): 전화를 받다
别~了 bié~le(삐에~러): ~하지마라
就 jiù(쪄우): 강조의 용법
生气 shēngqì(성치): 화를 내다
怎么 zěnme(쩐머): 왜, 어째서
都 dōu(떠우): 모두
关机 guānjī(꽌찌): 휴대전화의 전원을 끄다
一~就~ yì~jiù~(이~쪄우~): ~하기만 하면 ~하다

결혼관 36

친구에게 결혼관을 바꾸라고 충고하는 이야기입니다.
'要是'는 '만약에'이고 '十全十美'는 '완벽하다'는 뜻입니다.

A: 要是你真的很想结婚,
Yào shì nǐ zhēn de hěn xiǎng jié hūn,

不要要求太高。
bú yào yāo qiú tài gāo.

世界上没有十全十美的人。
Shì jiè shàng méi yǒu shí quán shí měi de rén.

B: 我知道, 但我做不到。
Wǒ zhī dào, dàn wǒ zuò bu dào.

A: 만약에 네가 정말 결혼하고 싶다면 많은 것을 바라면 안 돼.
세상에는 완벽한 사람이 없어.
B: 알아, 그런데 그게 잘 안되네.

단어정리

真的 zhēnde(쩐더): 정말로
结婚 jiéhūn(지에훈): 결혼하다
太 tài(타이): 너무
世界 shìjiè(스찌에): 세상
做 zuò(쭤): 하다
想 xiǎng(샹): 생각하다
要求 yāoqiú(야오처우): 요구하다
高 gāo(까오): 높다
知道 zhīdào(즈따오): 알다

37 스킨십

부부애에 대해 이야기하는 두 친구의 이야기입니다.
본문의 '还是'는 '뭐니 뭐니 해도'라는 뜻입니다.

A: 我觉得夫妻最重要的
Wǒ jué de fū qī zuì zhòng yào de

还是多接触。
hái shì duō jiē chù.

B: 你说的对。
Nǐ shuō de duì.

微笑眼神也很重要。
Wēi xiào yǎn shén yě hěn zhòng yào.

A: 부부 사이에서 가장 중요한 건 뭐니 뭐니 해도 스킨십인 것 같아.

B: 네 말이 맞아. 미소와 따뜻한 눈빛도 중요하지.

단어정리

觉得 juéde(쥐에떠): 느끼다
最 zuì(쮜이): 가장
接触 jiēchù(찌에추): 접촉하다
微笑 wēixiào(웨이샤오): 미소
也 yě(예): ~도
夫妻 fūqī(푸치): 부부
重要 zhòngyào(쭝야오): 중요하다
对 duì(뛔이): 맞다
眼神 yǎnshén(옌션): 눈빛
很 hěn(헌): 매우

싱글 38

노처녀 친구를 걱정하는 친구의 이야기입니다.

'怎么还不~呢?'는 '왜 아직도 ~할 생각을 안 합니까?'라는 뜻입니다.

A: 一个人生活真好。
Yí ge rén shēng huó zhēn hǎo.

B: 两个人的生活也不错。
Liǎng ge rén de shēng huó yě bú cuò.

你年龄也不小了,
Nǐ nián lng yě bù xiǎo le,

怎么还不想结婚呢?
zěn me hái bù xiǎng jié hūn ne?

A: 혼자 사니까 정말 좋아.

B: 둘이 사는 것도 괜찮아.
이제 나이도 많은데, 왜 결혼할 생각을 안 해?

단어정리

一个人 yígerén(이끄런): 한 사람
生活 shēnghuó(성훠): 생활
真 zhēn(쩐): 정말로
也 yě(예): ~도
不错 búcuò(부춰): 괜찮다
年龄 niánlng(니엔링): 나이
小 xiǎo(샤오): [나이가] 어리다
怎么 zěnme(쩐머): 왜
想 xiǎng(샹): ~하고 싶다
结婚 jiéhūn(지에훈): 결혼하다

39 시집가다

시집 못 갈까 봐 걱정하는 미혼여성의 이야기입니다.
본문의 '到时候'는 '시집갈 때가 되다'라는 의미입니다.

A: 我好担心,
Wǒ hǎo dān xīn,

到时候嫁不出去。
dào shí hòu jià bu chū qù.

B: 你这么能干,
Nǐ zhè me néng gàn,

还担心什么呢?
hái dān xīn shén me ne?

A: 나 시집 못 갈까 봐 걱정이야.
B: 이렇게 유능한데 뭘 걱정을 하고 그래?

단어정리

好 hǎo(하오): 매우, 좋다
时候 shíhòu(스허우): 때[時]
出去 chūqù(추취): 나가다
还 hái(하이): 아직도, 또[還]
什么 shénme(선머): 무엇[麽]
担心 dānxīn(딴씬): 걱정하다[擔]
嫁 jià(쨔): 시집가다
这么 zhème(쯔어머): 이토록[麽]
能干 nénggàn(넝깐): 유능하다[幹]

신혼부부 40

결혼 4개월이 된 신혼부부의 이야기입니다.

'四个月'는 '4개월', '过得很幸福'는 '행복하게 생활하다'라는 뜻입니다.

A: 你结婚才四个月,
Nǐ jié hūn cái sì ge yuè,

一定过得很幸福吧?
yí dìng guò de hěn xìng fú ba?

B: 妻子不给我做早饭吃。
Qīzi bù gěi wǒ zuò zǎo fàn chī.

每天都饿得要命。
Měi tiān dōu è de yào mìng.

A: 결혼한 지 이제 4개월이어서 아주 행복하시겠어요?

B: 와이프가 아침밥을 안 해줘요. 매일 배고파 죽겠어요.

단어정리

结婚 jiéhūn(지에훈): 결혼하다[结]

一定 yídìng(이띵): 틀림없이

妻子 qīzi(치즈): 부인, 아내

做 zuò(쭤): 하다

每天 měitiān(메이티엔): 매일

要命 yàomìng(야오밍): 죽이다

才 cái(차이): 이제

幸福 xìngfú(싱푸): 행복하다

给 gěi(게이): ~에게, 주다[给]

早饭 zǎofàn(자오판): 아침식사[饭]

饿 è(으어): 배고프다[饿]

41 남자친구

동료에 대해 이야기하는 두 친구의 대화 내용입니다.
'没多久'는 '얼마 안 돼서'라는 의미입니다.

A: 她跟男朋友分手没多久,
Tā gēn nán péng you fēn shǒu méi duō jiǔ,

就交了新男友。
jiù jiāo le xīn nán yǒu.

B: 跟前任男友是
Gēn qián rèn nán yǒu shì

她先提出分手的吗?
tā xiān tí chū fēn shǒu de ma?

A: 걔 남자친구랑 헤어진 지 얼마 안돼서 금방 다른 남자 사귀었다.

B: 예전 남자친구와는 걔가 먼저 헤어지자고 말한 거야?

단어정리

跟 gēn(껀): ~와
交 jiāo(쨔오): 사귀다
新 xīn(씬): 새로운
前任 qiánrèn(치엔런): 전임자
提出 tíchū(티추): [말을] 꺼내다
分手 fēnshǒu(펀셔우): 헤어지다
就~了 jiù~le(쪄우~러): 곧 ~하다
男友 nányǒu(난여우): 남자친구
先 xiān(시엔): 우선, 먼저

이 혼 42

동료의 이혼 소문을 들은 사람들의 이야기입니다.
'太不可思议了'는 '도저히 믿어지지 않다'라는 뜻입니다.

A: 听说他在闹离婚。
Tīng shuō tā zài nào lí hūn.

B: 怎么突然提出离婚了?
Zěn me tū rán tí chū lí hūn le?

我觉得太不可思议了。
Wǒ jué de tài bù kě sī yì le.

他们夫妻感情挺好的。
Tā men fū qī gǎn qíng tǐng hǎo de.

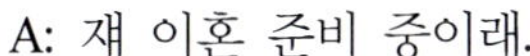

A: 걔 이혼 준비 중이래.

B: 왜 갑자기 이혼이야? 정말 믿어지지 않네.
걔네 부부 사이 좋은데.

단어정리

听说 tīngshuō(팅숴): 듣자하니[聽]
闹 nào(나오): 떠들다[鬧]
突然 tūrán(투란): 갑자기
觉得 juéde(쥐에더): 느끼다[覺]
感情 gǎnqíng(간칭): 느낌

在 zài(짜이): ~하는 중이다
离婚 líhūn(리휜): 이혼[離]
提出 tíchū(티추): 말을 꺼내다
夫妻 fūqī(푸치): 부부
挺 tǐng(팅): 매우

43 남 편

서로 남편에 대해 이야기하는 두 친구의 대화 내용입니다.
'长相平平'은 '평범하게 생겼다'라는 뜻입니다.

A: 我先生是个大帅哥,
Wǒ xiān sheng shì ge dà shuài gē,

但我自己长相平平。
dàn wǒ zì jǐ zhǎng xiàng píng píng.

B: 我和我先生是青梅竹马,
Wǒ hé wǒ xiān sheng shì qīng méi zhú mǎ,

从大学就开始谈了恋爱。
cóng dà xué jiù kāi shǐ tán le liàn'ài.

A: 우리 남편은 아주 잘 생겼어요.
그런데 난 외모가 평범해요.

B: 나랑 남편은 어린 시절 친구예요.
대학교 때부터 연애를 했죠.

단어정리

先生 xiānsheng(시엔성): 남편
帅 shuài(솨이): 멋지다[帅]
自己 zìjǐ(쯔지): 스스로
大学 dàxué(따쉬에): 대학[學]
大 dà(따): 크다
但 dàn(딴): 그러나
从 cóng(총): ~로 부터[從]
青梅竹马 qīngméizhúmǎ(칭메이주마): 어릴 때부터 의좋게 지낸 관계[馬]

교제 44

연애 사실을 인정하는 동료의 이야기입니다.
본문의 '在交往'은 '교제 중'이라는 뜻입니다.

A: 你们在交往吗?
Nǐ men zài jiāo wǎng ma?

B: 是的。
Shì de.

我们一起吃过饭,
Wǒ men yì qǐ chī guo fàn,

关系就拉近了。
guān xi jiù lā jìn le.

A: 두 분이 사귀세요?
B: 네. 같이 식사를 한 적이 있는데 가까워졌어요.

단어정리

在 zài(짜이): ~하는 중이다
是 shì(스): 그렇다
吃 chī(츠): 먹다
饭 fàn(판): 밥[飯]
拉 lā(라): 당기다
交往 jiāowǎng(쨔오왕): 교제하다
一起 yìqǐ(이치): 함께
过 guo(꿔): ~한 적이 있다[過]
关系 guānxi(꽌씨): 관계[關係]
近 jìn(찐): 가깝다

45 사랑싸움

사랑싸움을 하는 연인의 이야기입니다.
본문의 '最爱的人'은 '가장 사랑하는 사람'을 뜻합니다.

A: 你是我最爱的人。
Nǐ shì wǒ zuì ài de rén.

你为什么要骗我?
Nǐ wèi shén me yào piàn wǒ?

快说!
Kuài shuō!

B: 我哪里骗你了?
Wǒ nǎli piàn nǐ le?

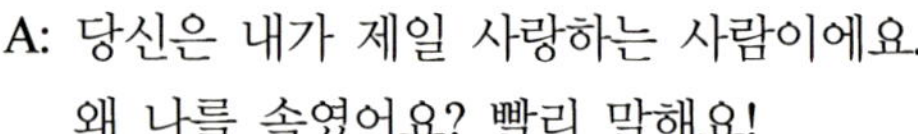

A: 당신은 내가 제일 사랑하는 사람이에요.
왜 나를 속였어요? 빨리 말해요!

B: 내가 뭘 속였다고 그래?

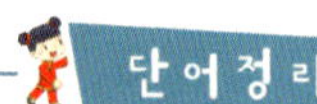

단어정리

是 shì(스): ~이다
爱 ài(아이): 사랑하다[愛]
要 yào(야오): 하려 하다
快 kuài(콰이): 어서, 빨리
哪里 nǎli(나리): 어디[裏]
最 zuì(쮀이): 가장
为什么 wèishénme(웨이선머): 왜, 어째서[爲什麽]
骗 piàn(피엔): 속이다[騙]
说 shuō(숴): 말하다[說]

신 부 46

결혼식에 참석한 두 친구의 이야기입니다.
본문의 '你看!'은 '이(저)것 봐!'라는 뜻입니다.

A: 新郎今天真帅!
Xīn láng jīn tiān zhēn shuài!

B: 他本来就很帅啊!
Tā běn lái jiù hěn shuài a!

A: 你看!
Nǐ kàn!

新娘的名字和我一样!
Xīn niáng de míng zi hé wǒ yí yàng!

A: 신랑 오늘 정말 멋있다!
B: 저 친구 원래 멋있어.
A: 이것 봐! 신부 이름이 나랑 똑같아!

단어정리

新郎 xīnláng(신랑): 신랑
今天 jīntiān(찐티엔): 오늘
真 zhēn(쩐): 정말로
帅 shuài(쏴이): 멋지다[帥]
本来 běnlái(뻔라이): 원래
看 kàn(칸): 보다
新娘 xīnniáng(신냥): 신부
名字 míngzi(밍쯔): 이름
一样 yíyàng(이양): 똑같다[様]

47 결혼소식

뒤늦게 결혼소식을 접한 친구의 이야기입니다.
'好~!'는 '매우 ~하다'입니다.

A: 恭喜你结婚了!
Gōng xǐ nǐ jié hūn le!

B: 谢谢!
Xiè xie!

A: 毕业这么多年才结婚。
Bì yè zhè me duō nián cái jié hūn.

知道你结婚真是好惊讶!
Zhī dào nǐ jié hūn zhēn shì hǎo jīng yà!

A: 결혼한 거 축하해!
B: 고마워!
A: 졸업하고 한참 있다가 결혼했네.
네 결혼소식을 듣고 깜짝 놀랐어!

단어정리

恭喜 gōngxǐ(꽁시): 축하하다
多 duō(뚸): 많다
年 nián(니엔): 해
知道 zhīdào(즈따오): 알다
惊讶 jīngyà(찡야): 놀라다[驚訝]
毕业 bìyè(삐예): 졸업하다[畢業]
这么 zhème(쯔어머): 이토록[這麽]
结婚 jiéhūn(지예훈): 결혼하다
真是 zhēnshì(쩐스): 정말로

첫눈에 반하다 48

어린 신부와 결혼하는 동료에게 축하인사를 하는 친구의 이야기입니다.

본문의 '我俩'는 '우리 두 사람'이라는 뜻입니다.

A: 恭喜你啊!
Gōng xǐ nǐ a!

你真厉害,
Nǐ zhēn lì hai,

找了个小十岁的!
zhǎo le ge xiǎo shí suì de!

B: 我俩第一次,就看对了眼。
Wǒ liǎ dì yī cì, jiù kàn duì le yǎn.

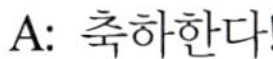

A: 축하한다!
너 정말 대단하다, 열 살 어린 사람이랑 결혼하다니 말이야!

B: 우리는 첫눈에 뿅 갔어.

단어정리

恭喜 gōngxǐ(꽁시): 축하하다
厉害 lìhai(리하이): 대단하다[厉]
岁 suì(쒜이): 살, 세[歲]
看 kàn(칸): 보다
真 zhēn(쩐): 정말로
找 zhǎo(자오): 찾다
第一次 dìyīcì(띠이츠): 처음
对眼 duìyǎn(뚸이옌): 마음에 들다[對]

49 중매결혼

모처럼 만에 애인이 생긴 노총각과 친구의 대화 내용입니다. '有女朋友了'는 '여자 친구가 생겼다'라는 의미입니다.

A: 恭喜你啊!
Gōng xǐ nǐ a!

你终于有女朋友了。
Nǐ zhōng yú yǒu nǚ péng you le.

你们是怎么认识的?
Nǐ men shì zěn me rèn shi de?

B: 亲戚帮着介绍相亲的。
Qīn qi bāng zhe jiè shào xiāng qīn de.

A: 축하한다! 너에게도 드디어 여자친구가 생겼구나!
둘이 어떻게 만났어?

B: 친척이 중매를 했어.

단어정리

恭喜 gōngxǐ(꽁시): 축하하다
有 yǒu(여우): 있다
亲戚 qīnqī(친치): 친척[親]
介绍 jièshào(찌에사오): 소개하다
终于 zhōngyú(쭝위): 드디어[於]
认识 rènshi(런스): 알다[認識]
帮 bāng(빵): 돕다[幇]
相亲 xiāngqīn(샹친): 선보다[親]

부부애 50

부부사이의 사랑에 대해 조언하는 인생선배의 이야기입니다.
'夫妻之间'은 '부부 사이'를 의미합니다.

A: 夫妻之间多一点谦让
Fū qī zhī jiān duō yì diǎn qiān ràng

相信你的婚姻
xiāng xìn nǐ de hūn yīn

一定会幸福美满。
yí dìng huì xìng fú měi mǎn.

B: 我知道了。
Wǒ zhī dào le.

A: 부부사이에 양보만 좀 한다면,
네 결혼생활은 틀림없이 행복할거야.

B: 알겠습니다.

단어정리

多 duō(뚸): 많다
相信 xiāngxìn(샹씬): 믿다
一定 yídìng(이띵): 틀림없이
美满 měimǎn(메이만): 원만하다
谦让 qiānràng(치엔랑): 양보하다[謙讓]
婚姻 hūnyīn(훈인): 결혼
幸福 xìngfú(씽푸): 행복하다
知道 zhīdào(즈따오): 알다

Chinese

中國語會話

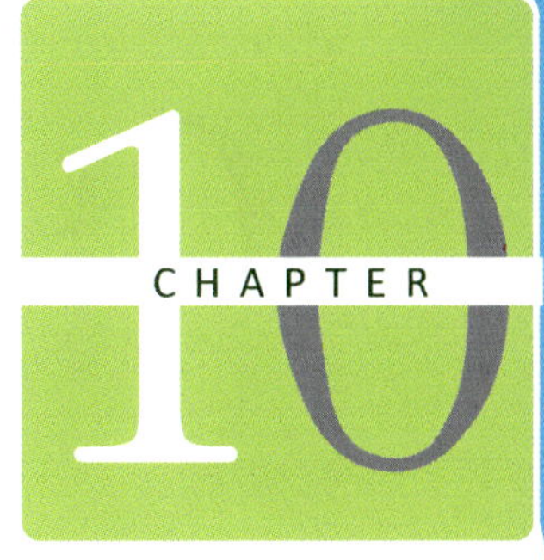

쇼핑 / 선물

01 생일축하

‘(祝你)+명절이나 특별한 날+快乐’는 ‘그날을 즐겁게 보내라’는 기원의 의미를 나타냅니다.

‘(祝你)生日快乐’는 생일축하 인사입니다.

A: 祝你生日快乐。
Zhù nǐ shēng rì kuài lè.

B: 谢谢你。
Xiè xie nǐ.

A: 这是我给你的生日礼物。
Zhè shì wǒ gěi nǐ de shēng rì lǐ wù.

B: 真的吗? 真感谢你。
Zhēn de ma? Zhēn gǎn xiè nǐ.

A: 생일 축하해요.
B: 감사합니다.
A: 당신께 드리는 선물입니다.
B: 정말이요? 정말 감사드려요.

단어정리

祝 zhù(쭈): 축하하다
快乐 kuàilè(콰이러): 기쁘다
这 zhè(쯔어): 이
给 gěi(게이): 주다
真 zhēn(쩐): 정말로
生日 shēngrì(성을): 생일
谢谢 xièxie(시에시에): 고맙다
是 shì(스): ~은 …이다
礼物 lǐwù(리우): 선물
感谢 gǎnxiè(간시에): 감사하다

생일 02

'동사+给+사람'은 '~에게 …해주다'라는 뜻입니다.
본문의 '送给你'는 '당신에게 주다'라는 말입니다.
또 '见个面'은 '만나는 것'을 의미합니다.

A: 见个面怎么这么难啊?
Jiàn ge miàn zěn me zhè me nán a?

上星期一是不是你的生日?
Shàng xīng qī yī shì bu shì nǐ de shēng rì?

B: 对! 你是怎么知道的?

Duì! Nǐ shì zěn me zhī dào de?

A: 这是我送给你的礼物。
Zhè shì wǒ sòng gěi nǐ de lǐ wù.

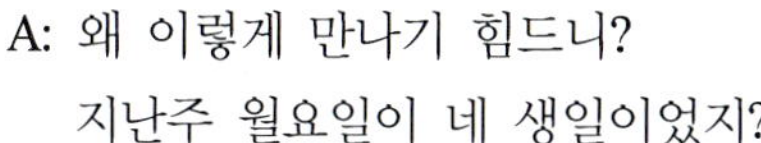
A: 왜 이렇게 만나기 힘드니?
지난주 월요일이 네 생일이었지?
B: 맞아! 너 어떻게 알았어?
A: 너한테 주는 선물이야.

단어정리

见 jiàn(찌엔): 만나다
面 miàn(미엔): 얼굴
这么 zhème(쯔어머): 이토록
生日 shēngrì(성을): 생일
知道 zhīdào(즈따오): 알다
给 gěi(게이): 주다
个 ge(끄어): 개
怎么 zěnme(쩐머): 어째서
难 nán(난): 어렵다
上星期 shàngxīngqī(상싱치): 지난주
送 sòng(쏭): 보내다

03 생일선물

'동사+好了'는 동작을 잘 완성했음을 나타내는 말입니다.

본문의 '礼物我已经买好了'는 화자가 선물을 이미 구입해 두었다는 의미입니다.

A: 我忘了准备你的生日礼物。
Wǒ wàng le zhǔn bèi nǐ de shēng rì lǐ wù.

B: 没有礼物也无所谓。
Méi yǒu lǐ wù yě wú suǒ wèi.

A: 礼物我已经买好了,
Lǐ wù wǒ yǐ jīng mǎi hǎo le,

就是忘了带来。
jiù shì wàng le dài lái.

A: 네 생일선물 준비하는 것을 깜빡했어.
B: 선물 없어도 괜찮아.
A: 선물은 내가 벌써 사뒀는데 갖고 오는 걸 깜빡했어.

단어정리

忘 wàng(왕): 잊다
生日 shēngrì(성을): 생일
已经 yǐjīng(이찡): 이미, 벌써
买 mǎi(마이): 사다
带来 dàilái(따이라이): 가져오다
准备 zhǔnbèi(쥔뻬이): 준비하다
礼物 lǐwù(리우): 선물
无所谓 wúsuǒwèi(우쉬웨이): 괜찮다
好 hǎo(하오): 좋다

당연하지! 04

'什么时候~?'는 '언제 ~합니까?'라는 뜻입니다.

'나한테 선물 언제 줄 겁니까?'는 '你什么时候给我礼物?'로 표현합니다.

A: 我们什么时候见面呢?
Wǒ men shén me shí hou jiàn miàn ne?

星期一怎么样?
Xīng qī yī zěn me yàng?

B: 你要给我礼物是不是?
Nǐ yào gěi wǒ lǐ wù shì bu shì?

A: 当然啦!
Dāng rán la!

A: 우리 언제 만나지? 월요일 어때?
B: 너 나한테 선물 주려고 그러지?
A: 당연하지!

단어정리

我们 wǒmen(워먼): 우리들
时候 shíhou(스허우): 때
星期 xīngqī(싱치): 요일
要 yào(야오): ~하려 하다
礼物 lǐwù(리우): 선물
当然 dāngrán(땅란): 당연하다
什么 shénme(선머): 무엇
见面 jiànmiàn(찌엔미엔): 만나다
一 yī(이): 숫자 1
给 gěi(게이): 주다
怎么样 zěnmeyàng(쩐머양): 어때

05 목걸이

'给 gěi(게이: ~에게)+사람+送礼物'는 '~에게 선물을 주다'라는 뜻으로 본문의 '给我送礼物来了'는 나에게 선물을 보내 왔음을 나타냅니다.

A: 我男朋友给我送礼物来了。
Wǒ nán péng you gěi wǒ sòng lǐ wù lái le.

B: 看你这么高兴,
Kàn nǐ zhè me gāo xìng,

他送的一定是贵的。
tā sòng de yí dìng shì guì de.

A: 他送我一条项练。
Tā sòng wǒ yì tiáo xiàng liàn.

A: 남자친구가 선물을 보내왔어요.

B: 이렇게 좋아하는 것을 보니 틀림없이 비싼 걸 보내왔나 보군.

A: 목걸이를 선물로 줬어요.

단어정리

朋友 péngyou(펑여우): 친구
给 gěi(게이): 주다
送 sòng(쏭): 보내다
礼物 lǐwù(리우): 선물
来 lái(라이): 오다
这么 zhème(쯔어머): 이토록
高兴 gāoxìng(까오씽): 기쁘다
一定 yídìng(이띵): 틀림없이
贵 guì(꿰이): 비싸다
项练 xiàngliàn(썅리엔): 목걸이

옷 06

'동사+过'는 경험을 나타내어 '见过'는 '만난 적이 있음'을 또 '没见过'는 '만난 적이 없음'을 표현합니다.

A: 你又买新衣服啦?
Nǐ yòu mǎi xīn yī fu la?

这件衣服我没见过。
Zhè jiàn yī fu wǒ méi jiàn guo.

B: 这是去年买的。
Zhè shì qù nián mǎi de.

A: 是吗? 真漂亮。
Shì ma? Zhēn piào liang.

A: 너 또 옷 샀니? 이 옷 내가 본 적이 없는데.
B: 이거 작년에 산 거야.
A: 정말? 예쁘다.

단어정리

又 yòu(여우): 또	买 mǎi(마이): 사다
新 xīn(씬): 새로운	衣服 yīfu(이푸): 옷
件 jiàn(찌엔): 벌	见 jiàn(찌엔): 만나다
这 zhè(쯔어): 이	去年 qùnián(취니엔): 지난해
真 zhēn(쩐): 정말로	漂亮 piàoliang(퍄오량): 예쁘다

07 귀걸이

본문의 '新买的'는 '새로 산 귀걸이'를 나타내는 것으로 '新买的耳环'을 줄여 쓴 표현입니다.

본문의 '新的' 역시 '새 귀걸이'를 가리킵니다.

A: 我这耳环戴坏了。
Wǒ zhè ěr huán dài huài le.

B: 新买的怎么会坏呢?
Xīn mǎi de zěn me huì huài ne?

A: 我也不知道。
Wǒ yě bù zhī dào.

B: 你可以到商店更换新的。
Nǐ kě yǐ dào shāng diàn gēng huàn xīn de.

A: 내 귀걸이 망가졌다.
B: 새로 산 건데 왜 망가져?
A: 나도 몰라.
B: 상점에 가서 새 것으로 바꿀 수 있어.

단어정리

耳环 ěrhuán(얼환): 귀걸이
坏 huài(화이): 고장 나다
买 mǎi(마이): 사다
可以 kěyǐ(크어이): ~할 수 있다
商店 shāngdiàn(상띠엔): 상점
戴 dài(따이): 착용하다
新 xīn(씬): 새로운
知道 zhīdào(즈따오): 알다
到 dào(따오): ~에 이르다
更换 gēnghuàn(껑환): 교환하다

비싼 선물 08

본문의 '贵的'는 '贵的东西'의 줄임말로 '비싼 물건'을 나타내고 '给+사람+사물'은 '~에게 …을 주다'입니다.

A: 我不要太贵的。
Wǒ bú yào tài guì de.

东西不要买太贵的。
Dōng xi bú yào mǎi guì de.

B: 这是我送你的礼物,
Zhè shì wǒ sòng nǐ de lǐ wù,

怎么能给你便宜的呢?
zěn me néng gěi nǐ pián yi de ne?

A: 나는 비싼 것은 싫어요. 너무 비싼 물건을 살 필요가 없어요.
B: 제가 드리는 선물인데, 어떻게 싼 것을 드릴 수가 있겠어요?

단어정리

要 yào(야오): 원하다, 필요하다
贵 guì(꿰이): 비싸다
买 mǎi(마이): 사다
送 sòng(쏭): 보내다
能 néng(넝): ~할 수 있다
便宜 piányi(피엔이): 저렴하다
太 tài(타이): 너무
东西 dōngxi(똥시): 물건
这 zhè(쯔어): 이
礼物 lǐwù(리우): 선물
给 gěi(게이): 주다

09 장보기

'干吗~?'와 같은 형식은 '무슨 이유로 인해 어떤 동작을 하는지'를 묻는 표현으로 본문에서는 '왜 시장을 그렇게 많이 보는지'를 묻는 것입니다.

A: 你干吗买这么多?
Nǐ gàn má mǎi zhè me duō?

B: 今天家里来客人。
Jīn tiān jiā lǐ lái kè rén.

A: 是什么客人?
Shì shén me kè rén?

B: 是我未来的女婿。
Shì wǒ wèi lái de nǚ xù.

A: 왜 이렇게 많이 사세요?
B: 오늘 집에 손님이 와요.
A: 어떤 손님인데요?
B: 우리 미래의 사윗감이요.

단어정리

干吗 gànmá(깐마): 왜
这么 zhème(쯔어머): 이렇게
今天 jīntiān(찐티엔): 오늘
里 lǐ(리): 안, 속
客人 kèrén(크어런): 손님
女婿 nǚxù(뉘쉬): 사위
买 mǎi(마이): 사다
多 duō(뚸): 많다
家 jiā(쨔): 집
来 lái(라이): 오다
未来 wèilái(웨이라이): 미래

계 산 10

'~的时候'는 '~할 때'라는 뜻으로 본문의 '结帐的时候'는 '계산할 때'라는 말입니다.

또 '放在一边'은 '한쪽 편에 놓다'입니다.

A: 这牛奶你要不要?
Zhè niǔ nǎi nǐ yào bu yào?

不要了，放回去吧。
Bú yào le, fàng huí qù ba.

B: 没关系。结帐的时候
Méi guān xi. Jié zhàng de shí hou

放在一边就可以了。
fàng zài yì biān jiù kě yǐ le.

A: 이 우유 사실 거예요?

B: 아니, 다시 갖다 놓자.

A: 괜찮아요. 계산할 때 한쪽 편에 두면 돼요.

단어정리

这 zhè(쯔어): 이

要 yào(야오): 원하다

回去 huíqù(회이취): 돌아가다

结帐 jiézhàng(지에짱): 계산하다

一边 yìbiān(이삐엔): 한쪽, 한편

牛奶 niǔnǎi(녀우나이): 우유

放 fàng(팡): 놓다

关系 guānxi(꽌씨): 관계

时候 shíhou(스허우): 때

可以 kěyǐ(크어이): 괜찮다

11 정 성

선물을 줄 때 보통 '작은 성의입니다, 받아주세요'라고 말하죠? 중국어로는 '小意思, 收下吧'입니다.

A: 这是什么?
Zhè shì shén me?

B: 这是我送你的礼物。
Zhè shì wǒ sòng nǐ de lǐ wù.

A: 你干吗买这么贵的东西?
Nǐ gàn má mǎi zhè me guì de dōng xi?

B: 小意思, 收下吧。
Xiǎo yì si, shōu xià ba.

A: 이게 뭐야?
B: 내가 너한테 주는 선물이야.
A: 뭘 이렇게 비싼 걸 샀어?
B: 별것 아니야. 받아줘.

단어정리

这 zhè(쯔어): 이
送 sòng(쏭): 보내다
干吗 gànmá(깐마): 왜
这么 zhème(쯔어머): 이렇게
东西 dōngxi(똥시): 물건
意思 yìsi(이스): 뜻
什么 shénme(선머): 무엇
礼物 lǐwù(리우): 선물
买 mǎi(마이): 사다
贵 guì(꿰이): 비싸다
小 xiǎo(샤오): 작다

핸드백 12

부부간에 나누는 대화를 살펴봅니다. 본문의 '给+사람'은 '~에게'라는 뜻을 갖습니다.

A: 你给我买一个皮包吧。
Nǐ gěi wǒ mǎi yí ge pí bāo ba.

B: 好啊!
Hǎo a!

A: 不过我要买的特别贵。
Bú guò wǒ yào mǎi de tè bié guì.

B: 你要买名牌吗?
Nǐ yào mǎi míng pái ma?

A: 저 핸드백 하나 사줘요.
B: 좋아요.
A: 근데 제가 사려는 거는 굉장히 비싸요.
B: 당신 명품 살 거예요?

단어정리

给 gěi(게이): 주다, ~에게
个 ge(끄어): 개
不过 búguò(부꿔): 그러나
特别 tèbié(트어삐에): 굉장히
名牌 míngpái(밍파이): 명품, 유명브랜드
买 mǎi(마이): 사다
皮包 píbāo(피빠오): 핸드백
要 yào(야오): ~하려 하다
贵 guì(꿰이): 비싸다

13 시 장

'怎么'는 원인을 묻는 말이고 본문에 나온 '买菜'는 '시장을 보다'라는 의미를 갖습니다.

A: 今天怎么你来买菜啊?
Jīn tiān zěn me nǐ lái mǎi cài a?

B: 我太太生病了。
Wǒ tài tai shēng bìng le.

A: 她哪儿不舒服?
Tā nǎr bù shū fu?

B: 感冒了。
Gǎn mào le.

A: 오늘은 왜 직접 장을 보러 나오셨어요?
B: 아내가 아파서요.
A: 어디가 편찮으신데요?
B: 감기에 걸렸어요.

단어정리

今天 jīntiān(찐티엔): 오늘
怎么 zěnme(쩐머): 어째서
买 mǎi(마이): 사다
菜 cài(차이): 반찬
太太 tàitai(타이타이): 부인
生病 shēngbìng(성삥): 병이 나다
哪儿 nǎr(나얼): 어디
舒服 shūfu(수푸): 편안하다
感冒 gǎnmào(간마오): 감기 걸리다

물건 14

'인칭대명사+这儿'은 누군가의 집이나 회사 등 그 사람이 있는 장소를 말합니다.

A: 我为你买了些东西。
Wǒ wèi nǐ mǎi le xiē dōng xi.

现在可以到我这儿来一下吗?
Xiàn zài kě yǐ dào wǒ zhèr lái yí xià ma?

B: 我马上过去。
Wǒ mǎ shàng guò qù.

你等我三十分钟。
Nǐ děng wǒ sān shí fēn zhōng.

A: 내가 너 줄라고 뭘 좀 샀는데 지금 잠깐 여기로 올 수 있니?
B: 금방 갈게요. 삼십 분만 기다려주세요.

단어정리

买 mǎi(마이): 사다
东西 dōngxi(똥시): 물건
可以 kěyǐ(크어이): ~할 수 있다
一下 yíxià(이샤): 잠시, 잠깐
过去 guòqù(꿔취): 건너가다
分钟 fēnzhōng(펀쭝): 분
些 xiē(씨에): 조금, 약간
现在 xiànzài(씨엔짜이): 지금
到 dào(따오): 도착하다
马上 mǎshàng(마상): 금방
等 děng(떵): 기다리다

15 슈퍼마켓

‘在+장소’는 ‘~에서’로 본문의 ‘在哪儿’는 ‘어디에서’를 뜻하고, ‘在对面的超市’는 ‘맞은편의 슈퍼마켓’을 말합니다.

A: 快来吃草莓。
Kuài lái chī cǎo méi.

B: 这草莓好新鲜。
Zhè cǎo méi hǎo xīn xiān.

是在哪儿买的?
Shì zài nǎr mǎi de?

A: 在对面的超市买的。
Zài duì miàn de chāo shì mǎi de.

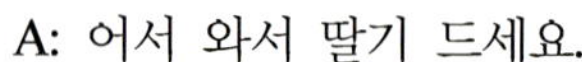

A: 어서 와서 딸기 드세요.
B: 이 딸기 굉장히 신선하네. 어디서 샀어요?
A: 맞은편 슈퍼마켓에서 샀어요.

단어정리

快 kuài(콰이): 어서, 빨리
吃 chī(츠): 먹다
好 hǎo(하오): 좋다
在 zài(짜이): ~에서
买 mǎi(마이): 사다
超市 chāoshì(차오스): 슈퍼마켓
来 lái(라이): 오다
草莓 cǎoméi(차오메이): 딸기
新鲜 xīnxiān(신시엔): 신선하다
哪儿 nǎr(나얼): 어디
对面 duìmiàn(뛔이미엔): 맞은편

옷가게 16

옷가게에서 옷을 사는 한 사람의 이야기를 들어봅니다. '多少钱?'은 가격을 묻는 말입니다.

A: 我喜欢这一件。
Wǒ xǐ huan zhè yí jiàn.

这件衣服多少钱?
Zhè jiàn yī fu duō shao qián?

B: 这儿还有别的颜色。
Zhèr hái yǒu bié de yán sè.

A: 可以算便宜一点儿吗?
Kě yǐ suàn pián yi yì diǎnr ma?

A: 저는 이 옷이 마음에 들어요. 이 옷은 얼마죠?
B: 여기 다른 색깔도 있습니다.
A: 좀 싸게 해줄 수 있어요?

단어정리

喜欢 xǐhuan(씨환): 좋아하다
衣服 yīfu(이푸): 옷
别的 biéde(삐에떠): 다른
颜色 yánsè(이엔쓰어): 색깔
算 suàn(쑤안): 계산하다
一点儿 yìdiǎnr(이띠얼): 조금
件 jiàn(찌엔): 벌
这儿 zhèr(쯔얼): 이곳
还有 háiyǒu(하이여우): ~도 있다
可以 kěyǐ(크어이): ~할 수 있다
便宜 piányi(피엔이): 싸다

17 에어컨

에어컨을 살 건지 말 건지를 놓고 의견 충돌을 보이는 부부의 이야기를 들어봅니다.

A: 我们买一台空调吧。
Wǒ men mǎi yì tái kōng tiáo ba.

B: 空调浪费电，别买了。
Kōng tiáo làng fèi diàn, bié mǎi le.

A: 天气这么热，买一台吧。
Tiān qì zhè me rè, mǎi yìtái ba.

B: 以后再说吧。
Yǐ hòu zài shuō ba.

A: 우리 에어컨 한 대 사요.
B: 에어컨은 전기 낭비가 심해요. 사지 맙시다.
A: 날도 더운데 한 대 사요.
B: 나중에 다시 얘기합시다.

단어정리

买 mǎi(마이): 사다	空调 kōngtiáo(콩탸오): 에어컨
浪费 làngfèi(랑페이): 낭비하다	电 diàn(띠엔): 전기
别 bié(삐에): ~하지 마라	天气 tiānqì(티엔치): 날씨
这么 zhème(쯔어머): 이토록	热 rè(르어): 덥다
以后 yǐhòu(이허우): 나중에	再 zài(짜이): 또, 다시

매번 이런 식이야!

쇼핑을 가자는 애인과 딴청을 피우는 남자의 이야기입니다. '每次都这样'은 '매번 이런 식임'을 말합니다.

A: 我们去逛街吧。
Wǒ men qù guàng jiē ba.

B: 改天再去好吗?
Gǎi tiān zài qù hǎo ma?

我今天有点事情。
Wǒ jīn tiān yǒu diǎn shì qing.

A: 你每次都这样。
Nǐ měi cì dōu zhè yàng.

A: 우리 오늘 쇼핑가자.
B: 다음에 가면 안 돼? 내가 오늘 일이 좀 있어서.
A: 자긴 만날 이런 식이더라.

단어정리

去 qù(취): 가다
街 jiē(찌에): 거리
再 zài(짜이): 또
事情 shìqing(스칭): 일
每次 měicì(메이츠): 매번
这样 zhèyàng(쯔어양): 이러하다
逛 guàng(꽝): 구경하다
改天 gǎitiān(가이티엔): 딴 날
今天 jīntiān(찐티엔): 오늘
有点 yǒudiǎn(여우띠엔): 좀, 약간
都 dōu(떠우): 모두

19 재 고

제품을 구입하려는 고객과 점원의 이야기를 들어봅니다. '什么时候'는 '언제'입니다.

A: 很抱歉!
Hěn bào qiàn!

我们现在没有存货。
Wǒ men xiàn zài méi yǒu cún huò.

B: 什么时候进货呢?
Shén me shí hou jìn huò ne?

A: 目前还不太确定。
Mù qián hái bú tài què dìng.

A: 죄송합니다. 지금은 재고가 없습니다.
B: 언제쯤 제품이 들어오나요?
A: 아직까지 정해지지 않았습니다.

단어정리

很 hěn(헌): 매우
现在 xiànzài(씨엔짜이): 지금
存货 cúnhuò(춘훠): 재고
目前 mùqián(무치엔): 지금까지
还 hái(하이): 아직도
确定 quèdìng(취애띵): 확정되다
抱歉 bàoqiàn(빠오치엔): 미안하다
没有 méiyǒu(메이여우): 없다
时候 shíhou(스허우): 때
进货 jìnhuò(찐훠): 물품을 들이다
太 tài(타이): 매우

수영복 20

수영복을 사기 위해 상점에 가는 친구들의 이야기입니다.
'逛商场'은 '상점에서 쇼핑하는 것'을 의미합니다.

A: 我们去逛商场。
Wǒ men qù guàng shāng chǎng.

B: 你要买什么?
Nǐ yào mǎi shén me?

A: 我想买件泳装。
Wǒ xiǎng mǎi jiàn yǒng zhuāng.

B: 你要学游泳吗?
Nǐ yào xué yóu yǒng ma?

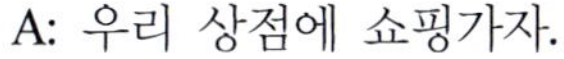

A: 우리 상점에 쇼핑가자.
B: 뭘 살 건데?
A: 수영복을 살까 해서.
B: 수영 배우려고?

단어정리

我们 wǒmen(워먼): 우리들	去 qù(취): 가다
要 yào(야오): ~하려 하다	买 mǎi(마이): 사다
什么 shénme(선머): 무엇	想 xiǎng(샹): ~하고 싶다
件 jiàn(찌엔): 옷을 세는 단위	泳装 yǒngzhuāng(용쭈왕): 수영복
学 xué(쉬에): 배우다	游泳 yóuyǒng(여우용): 수영하다

21 인터넷쇼핑

인터넷쇼핑을 즐기는 사람의 이야기입니다.
'上网购物'는 '인터넷쇼핑'을 의미합니다.

A: 你在干什么?
Nǐ zài gàn shén me?

B: 我在上网购物。
Wǒ zài shàng wǎng gòu wù.

今天我发现了一个网站,
Jīn tiān wǒ fā xiàn le yí ge wǎng zhàn,

那购物网的衣服真漂亮。
nà gòu wù wǎng de yī fu zhēn piào liang.

A: 너 지금 뭐해?
B: 나 인터넷쇼핑 하고 있어. 오늘 내가 사이트를 하나 발견했는데, 그 쇼핑몰의 옷 정말 예쁘더라.

단어정리

在 zài(짜이): ~하는 중이다
什么 shénme(선머): 무엇
购物 gòuwù(꺼우우): 물건 사다
发现 fāxiàn(파씨엔): 발견하다
衣服 yīfu(이푸): 옷
漂亮 piàoliang(퍄오량): 예쁘다
干 gàn(깐): 하다
上网 shàngwǎng(상왕): 접속하다
今天 jīntiān(찐티엔): 오늘
网站 wǎngzhàn(왕짠): 사이트
真 zhēn(쩐): 정말로

김치냉장고 22

김치냉장고를 사기로 한 부부의 이야기를 들어봅니다.
'不一样'은 '다르다'는 뜻입니다.

A: 我们买冰箱吧。
Wǒ men mǎi bīng xiāng ba.

B: 家里有还买什么呀?
Jiā li yǒu hái mǎi shén me ya?

A: 用途不一样,
Yòng tú bù yí yàng,

我要买个泡菜冰箱。
wǒ yào mǎi ge pào cài bīng xiāng.

A: 우리 냉장고 사요.
B: 집에 있는데 뭘 사?
A: 용도가 달라요. 내가 사려는 건 김치냉장고예요.

단어정리

我们 wǒmen(워먼): 우리들
冰箱 bīngxiāng(삥샹): 냉장고
里 li(리): 안
什么 shénme(선머): 무엇
一样 yíyàng(이양): 똑같다
泡菜 pàocài(파오차이): 김치
买 mǎi(마이): 사다
家 jiā(쨔): 집
还 hái(하이): 아직도
用途 yòngtú(용투): 용도
个 ge(끄어): 개

23 좋아하다

여자친구의 생일선물로 뭘 살까 고민하는 친구의 이야기입니다.

'会~的'는 '틀림없이 ~할 것이다'는 뜻입니다.

A: 你说买什么礼物好呢?
Nǐ shuō mǎi shén me lǐ wù hǎo ne?

买什么生日礼物给她呢?
Mǎi shén me shēng rì lǐ wù gěi tā ne?

B: 你送给她的礼物,
Nǐ sòng gěi tā de lǐ wù,

她一定会很喜欢的。
tā yí dìng huì hěn xǐ huan de.

A: 선물로 뭘 사지? 무슨 선물을 사주지?

B: 네가 주는 선물이라면 네 여자친구도 틀림없이 좋아할 거야.

단어정리

说 shuō(숴): 말하다
什么 shénme(선머): 무엇
生日 shēngrì(성을): 생일
呢 ne(너): 어감을 부드럽게 함
一定 yídìng(이띵): 틀림없이
买 mǎi(마이): 사다
礼物 lǐwù(리우): 선물
给 gěi(게이): 주다
送给 sònggěi(쏭게이): 주다
喜欢 xǐhuan(씨환): 좋아하다

옷장 24

잔뜩 쇼핑을 하고 온 아내와 그 남편의 이야기입니다.
'穿不完'은 '다 입지 못하다'라는 뜻입니다.

A: 这是什么?
Zhè shì shén me?

B: 衣服挺漂亮的就买了几件。
Yī fu tǐng piào liang de jiù mǎi le jǐ jiàn.

A: 衣柜里的衣服多得穿不完,
Yī guì li de yī fu duō de chuān bù wán,

以后别再买衣服了。
yǐ hòu bié zài mǎi yī fu le.

A: 이게 뭐야?
B: 옷이 예뻐서 몇 벌 샀어.
A: 옷장에 옷이 다 입지 못할 정도로 많은데,
다음에는 옷 사지 마.

단어정리

这 zhè(쯔어): 이
什么 shénme(선머): 무엇
挺 tǐng(팅): 매우
衣柜 yīguì(이꿰이): 옷장
以后 yǐhòu(이허우): 앞으로
再 zài(짜이): 다시
是 shì(스): ~이다
衣服 yīfu(이푸): 옷
漂亮 piàoliang(퍄오량): 예쁘다
完 wán(완): 끝나다
别 bié(삐에): ~하지 마라

25 상품권

백화점 상품권을 갖고 뭘 살까 이야기하는 친구들의 대화입니다.

'送给+사람'은 '~에게 선물하다'라는 뜻입니다.

A: 你怎么会有商品券?
Nǐ zěn me huì yǒu shāng pǐn quàn?

B: 过年时朋友送给我的。
Guò nián shí péng you sòng gěi wǒ de.

A: 你要买什么?
Nǐ yào mǎi shén me?

B: 打算去买一条牛仔裤。
Dǎ suàn qù mǎi yì tiáo niǔ zǎi kù.

A: 웬 상품권이야?
B: 지난 설에 친구가 준 거야.
A: 뭐 살 건데?
B: 청바지 하나 살까 해.

단어정리

怎么 zěnme(쩐머): 어째서
有 yǒu(여우): 가지고 있다
时 shí(스): 때
买 mǎi(마이): 사다
条 tiáo(탸오): 바지를 세는 양사
会 huì(훼이): ~할 것이다
过年 guònián(꿔니엔): 설을 쇠다
朋友 péngyou(펑여우): 친구
打算 dǎsuàn(따수완): ~할 예정이다
牛仔裤 niǔzǎikù(녀우자이쿠): 청바지

사 탕 26

화이트 데이에 만난 두 여성의 이야기를 들어봅니다.

'收到+사물'은 '~을 받다'이고 '装满'은 '가득 담다'라는 뜻입니다.

A: 那篮子好大喔!
Nà lán zi hǎo dà wo!

里面装满了糖果。
Lǐ mian zhuāng mǎn le táng guǒ.

B: 你没收到糖果吗?
Nǐ méi shōu dào táng guǒ ma?

A: 我把糖果放在提包里了。
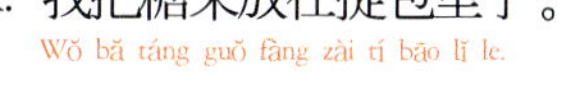
Wǒ bǎ táng guǒ fàng zài tí bāo lǐ le.

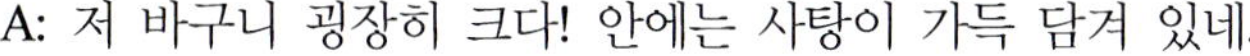
A: 저 바구니 굉장히 크다! 안에는 사탕이 가득 담겨 있네.
B: 사탕 못 받았어?
A: 가방 안에 있어.

단어정리

那 nà(나): 저	篮子 lánzi(란쯔): 바구니
里面 lǐmian(리미엔): 안	糖果 tángguǒ(탕궈): 사탕
收 shōu(서우): 받다	把 bǎ(빠): ~을
放 fàng(팡): 놓다	在 zài(짜이): ~에서
提包 tíbāo(티빠오): 가방	里 lǐ(리): 안, 속

27 우편발송

선물을 보낸 친구와의 전화통화 내용입니다.
'寄给'는 '우편으로 보내다'라는 뜻입니다.

A: 你寄给我的书,
Nǐ jì gěi wǒ de shū,

我今天终于收到了。
wǒ jīn tiān zhōng yú shōu dào le.

B: 收到就好了。
Shōu dào jiù hǎo le.

A: 找一天一起吃饭吧。
Zhǎo yì tiān yìqǐ chī fàn ba.

A: 보내주신 책 오늘에서야 드디어 받았습니다.
B: 받으셨다니 다행입니다.
A: 언제 식사 한번 같이 하시죠.

단어정리

寄 jì(찌): (우편으로) 부치다
今天 jīntiān(찐티엔): 오늘
收到 shōudào(서우따오): 받았다
找 zhǎo(짜오): 찾다
一起 yìqǐ(이치): 함께
书 shū(수): 책
终于 zhōngyú(쭝위): 드디어
好 hǎo(하오): 좋다
一天 yìtiān(이티엔): 하루
吃饭 chīfàn(츠판): 식사를 하다

교 환 28

옷을 선물하는 친구의 이야기입니다.
'~就可以了'는 '~하면 된다'는 뜻입니다.

A: 这件你喜欢吗?
Zhè jiàn nǐ xǐ huan ma?

要是大小不合适,
Yào shì dà xiǎo bù hé shì,

拿去换就可以了。
ná qù huàn jiù kě yǐ le.

B: 我非常喜欢。
Wǒ fēi cháng xǐ huan.

A: 이 옷 마음에 드니? 만약에 크기가 안 맞으면 가져가서 바꾸면 돼.

B: 굉장히 마음에 들어.

단어정리

件 jiàn(찌엔): 벌
要是 yàoshì(야오스): 만약에
合适 héshì(흐어스): 알맞다
换 huàn(환): 바꾸다
非常 fēicháng(페이창): 굉장히
喜欢 xǐhuan(씨환): 좋아하다
大小 dàxiǎo(따샤오): 크기
拿去 náqù(나취): 가져가다
可以 kěyǐ(크어이): ~할 수 있다

29 꽃

애인에게 꽃을 선물하는 남자의 이야기입니다.
'天啊!'는 '세상에나!', '어머나!' 등의 의미입니다.

A: 这是我送你的礼物。
Zhè shì wǒ sòng nǐ de lǐ wù.

B: 是什么?
Shì shén me?

A: 我在路上摘了一朵花。
Wǒ zài lù shang zhāi le yì duǒ huā.

B: 天啊! 你不可以这样做。
Tiān a! Nǐ bù kě yǐ zhè yàng zuò.

A: 당신에게 주는 선물이야.
B: 뭔데요?
A: 오다가 꽃을 꺾었어요.
B: 어머나! 그렇게 하면 안 되지요.

단어정리

送 sòng(쏭): 선물하다
什么 shénme(선머): 무엇
摘 zhāi(자이): 꺾다
天 tiān(티엔): 하늘
这样 zhèyàng(쯔어양): 이토록
礼物 lǐwù(리우): 선물
路 lù(루): 길
朵 duǒ(뚸): 송이
可以 kěyǐ(크어이): ~할 수 있다
做 zuò(쭤): 하다

선 물 30

생일선물로 무엇을 원하는지 묻는 애인의 이야기입니다.
'没关系'는 '괜찮다', '상관없다'라는 뜻입니다.

A: 你要什么礼物?
Nǐ yào shén me lǐ wù?

B: 我想要的东西太贵了,
Wǒ xiǎng yào de dōng xi tài guì le,

不好意思说出来。
bù hǎo yì si shuō chū lái.

A: 尽管说，没关系。
Jǐn guǎn shuō, méi guān xi.

A: 선물로 뭘 갖고 싶어요?
B: 내가 갖고 싶은 물건이 너무 비싸서 말하기 미안하네요.
A: 마음 놓고 말해봐요, 괜찮아요.

단어정리

要 yào(야오): 원하다
想 xiǎng(샹): ~하고 싶다
太 tài(타이): 너무
意思 yìsi(이스): 의미, 뜻
出来 chūlái(추라이): 나오다
礼物 lǐwù(리우): 선물
东西 dōngxi(뚱시): 물건
贵 guì(꿰이): 비싸다
说 shuō(숴): 말하다
尽管 jǐnguǎn(진관): 마음 놓고

31 팔 찌

생일선물을 받는 친구의 이야기입니다.
'送给+사람'은 '~에게 선물을 주다'라는 뜻입니다.

A: 这是我送给你的小礼物。
Zhè shì wǒ sòng gěi nǐ de xiǎo lǐ wù.

B: 真谢谢你。
Zhēn xiè xie nǐ.

这是什么?
Zhè shì shén me?

A: 是银做的手镯。
Shì yín zuò de shǒu zhuó.

A: 내가 너에게 주는 작은 선물이야.
B: 정말 고마워. 이게 뭔데?
A: 은으로 만든 팔찌야.

단어정리

这 zhè(쯔어): 이것
给 gěi(게이): 주다
礼物 lǐwù(리우): 선물
什么 shénme(선머): 무엇
做 zuò(쭤): 만들다
手镯 shǒuzhuó(서우줘): 팔찌
送 sòng(쏭): 선물하다
小 xiǎo(샤오): 작다
真 zhēn(쩐): 정말로
银 yín(인): 은
的 de(떠): ~한

백화점 32

백화점에 가고 싶어 하는 아내와 남편의 이야기입니다.
'下星期三'은 '다음 주 수요일'을 뜻합니다.

A: 我想去百货商店。
Wǒ xiǎng qù bǎi huò shāng diàn.

要买你和我的大衣。
Yào mǎi nǐ hé wǒ de dà yī.

B: 下星期三我陪你去。
Xià xīng qī sān wǒ péi nǐ qù.

A: 真的吗?
Zhēn de ma?

A: 나 백화점 가고 싶어요. 당신거랑 내 외투를 사야 해요.
B: 다음 주 수요일에 같이 가줄게.
A: 정말이요?

단어정리

想 xiǎng(샹): ~하고 싶다
要 yào(야오): ~해야 한다
大衣 dàyī(따이): 외투
陪 péi(페이): 동행하다
去 qù(취): 가다
买 mǎi(마이): 사다
星期 xīngqī(싱치): 요일
百货商店 bǎihuòshāngdiàn(바이훠 상띠엔): 백화점

33 쇼 핑

백화점에서 쇼핑 중인 아내와 남편의 전화통화 내용입니다. 본문의 '好'는 '매우'라는 뜻입니다.

A: 老公! 我能买件大衣吗?
Lǎo gong! Wǒ néng mǎi jiàn dà yī ma?

B: 你又去百货商店啦?
Nǐ yòu qù bǎi huò shāng diàn la?

A: 这件真漂亮,
Zhè jiàn zhēn piào liang,

我好想买。
wǒ hǎo xiǎng mǎi.

A: 여보! 나 코트 하나 사도 돼?
B: 또 백화점에 갔어?
A: 이 옷 정말 예뻐서 진짜 사고 싶어.

단어정리

能 néng(넝): 할 수 있다
大衣 dàyī(따이): 코트
去 qù(취): 가다
漂亮 piàoliang(퍄오량): 예쁘다
百货商店 bǎihuòshāngdiàn(바이훠상띠엔): 백화점
买 mǎi(마이): 사다
又 yòu(여우): 또
件 jiàn(찌엔): 벌
想 xiǎng(샹): ~하고 싶다

코트 34

겨울 코트를 사려고 백화점에 간 여성과 점원의 이야기입니다. 본문의 '好~啊!'는 '굉장히 ~하다'라는 뜻입니다.

A: 这件多少钱?
Zhè jiàn duō shao qián?

B: 十七万。
Shí qī wàn.

A: 好贵啊!
Hǎo guì a!

B: 比别的衣服便宜多了。
Bǐ bié de yī fu pián yi duō le.

A: 이 옷은 얼마예요?
B: 17만 원이요.
A: 굉장히 비싸네요.
B: 다른 옷에 비하면 많이 싼 거죠.

단어정리

件 jiàn(찌엔): 벌
万 wàn(완): 만
比 bǐ(삐): ~보다
衣服 yīfu(이푸): 옷
多 duō(뚜어): 훨씬, 많다
多少 duōshao(뚜어샤오): 얼마
贵 guì(꿰이): 비싸다
别的 biéde(삐에더): 다른
便宜 piányi(피엔이): 싸다

35 꽃바구니

꽃바구니를 선물로 받은 친구의 이야기입니다.
본문의 '有人'은 '누군가'라는 의미입니다.

A: 有人给你送花来了。
Yǒu rén gěi nǐ sòng huā lái le.

B: 是谁送的?
Shì sheí sòng de?

A: 里面有个小卡片,
Lǐ miàn yǒu ge xiǎo kǎ piàn,

打开来看看吧。
dǎ kāi lái kàn kan ba.

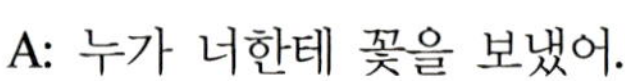

A: 누가 너한테 꽃을 보냈어.
B: 누가 보냈지?
A: 안에 작은 카드가 있네. 열어봐.

단어정리

给 gěi(게이): ~에게
花 huā(화): 꽃
谁 sheí(세이): 누구
小 xiǎo(샤오): 작다
打开 dǎkāi(따카이): 열다
吧 ba(빠): 재촉의 뜻
送 sòng(쏭): 보내다, 선물하다
来 lái(라이): 오다
里面 lǐmiàn(리미엔): 안쪽
卡片 kǎpiàn(카피엔): 카드
看 kàn(칸): 보다

가 격 36

옷가게 주인과 손님이 나누는 대화 내용입니다.
'怎么这么~?'는 '왜 이렇게 ~합니까?'라는 뜻입니다.

A: 衣服怎么这么便宜?
Yīfu zěn me zhè me pián yi?

B: 你们这些人哪,
Nǐ men zhè xiē rén na,

要是价高了, 就说贵,
yào shì jià gāo le, jiù shuō guì,

要价低了, 又说便宜!
yào jià dī le, yòu shuō pián yi!

A: 옷이 왜 이렇게 싸요?
B: 사람들도 참, 가격이 비싸면 비싸다고 뭐라고 하고,
싸면 또 싸다고 난리네.

단어정리

衣服 yīfu(이푸): 옷
便宜 piányi(피엔이): 싸다
价 jià(쨔): 가격[價]
说 shuō(숴): 말하다[說]
低 dī(띠): 낮다
这些 zhèxiē(쯔어시에): 이것들[這]
要是 yàoshì(야오스): 만약에
高 gāo(까오): 높다
贵 guì(꿰이): 비싸다[貴]
又 yòu(여우): 또

37 커피 여과지

커피 전문점에서 커피 여과지를 사는 사람과 점원이 나누는 대화 내용입니다.

본문의 '一次性'은 '일회용'을 의미합니다.

A: 你们这里卖咖啡过滤纸吗?
Nǐ men zhè li mài kā fēi guò lǜ zhǐ ma?

B: 一次性咖啡过滤纸吗?
Yí cì xìng kā fēi guò lǜ zhǐ ma?

我们只有盒装的。
Wǒ men zhǐ yǒu hé zhuāng de.

A: 多少钱一盒?
Duō shǎo qián yì hé?

A: 여기 혹시 커피 여과지 파나요?

B: 일회용 커피 여과지 말씀이세요?

박스 포장된 것밖에 없는데요.

A: 한 박스에 얼마예요?

단어정리

这里 zhèlǐ(쯔어리): 이곳[這裏]

咖啡 kāfēi(카페이): 커피

只 zhǐ(즈): 단지

盒 hé(흐어): 박스, 상자

卖 mài(마이): 팔다[賣]

过滤纸 guòlǜzhǐ(꿔뤼즈): 여과지[過濾紙]

有 yǒu(여우): 있다

盒装 hézhuāng(흐어쫭): 박스에 담긴, 박스에 포장된

심심하다 38

쇼핑을 하고 싶어 하는 친구의 이야기입니다.
'好想~'는 '~을 굉장히 하고 싶다'라는 뜻입니다.

A: 我好想去逛街。
Wǒ hǎo xiǎng qù guàng jiē.

一直呆在家里真无聊。
Yì zhí dāi zài jiā lǐ zhēn wú liáo.

陪我出去玩好不好?
Péi wǒ chū qù wán hǎo bu hǎo?

B: 我没有时间。
Wǒ méi yǒu shí jiān.

A: 나 너무너무 쇼핑이 하고 싶어. 계속 집에 있으니까 너무 심심해. 나랑 같이 놀러 갈래? 응?

B: 시간 없어.

단어정리

逛街 guàngjiē(꽝찌에): 쇼핑하다
呆 dāi(따이): 머무르다
真 zhēn(쩐): 정말로
陪 péi(페이): 동반하다
玩 wán(완): 놀다
一直 yìzhí(이즈): 계속, 줄곧
家 jiā(쨔): 집
无聊 wúliáo(우랴오): 심심하다[無]
出去 chūqù(추취): 나가다
时间 shíjiān(스찌엔): 시간[時間]

39 장바구니

최근 뉴스 보도에 대해 이야기하는 두 사람의 대화 내용입니다.

‘经济不景气’는 ‘경제가 안 좋다’라는 의미입니다.

A: 听说由于经济不景气
Tīng shuō yóu yú jīng jì bù jǐng qì

以前买菜都使用手推车,
yǐ qián mǎi cài dōu shǐ yòng shǒu tuī chē,

现在却使用菜篮子。
xiàn zài què shǐ yòng cài lán zi.

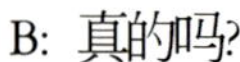

B: 真的吗?
Zhēn de ma?

A: 듣자하니 경기가 안 좋아. 예전에는 (사람들이) 장을 볼 때 쇼핑카트를 사용했는데, 지금은 장바구니를 쓴대요.

B: 정말요?

단어정리

听说 tīngshuō(팅쉬): 듣자하니[聽]
由于 yóuyú(여우위): ~로 인해[於]
以前 yǐqián(이치엔): 예전
买菜 mǎicài(마이차이): 장을 보다[買]
现在 xiànzài(씨엔짜이): 지금[現]
手推车 shǒutuīchē(서우퇴이츠어): 쇼핑 카트[車]
菜篮子 càilánzi(차이란즈): 장바구니[籃]

브랜드 40

백화점에 옷을 사러 나온 두 친구의 대화 내용입니다.
'只要~'는 '~하기만 하다면'이라는 표현입니다.

A: 我买衣服很少注意品牌,
Wǒ mǎi yī fu hěn shǎo zhù yì pǐn pái,

只要我喜欢就买。
zhǐ yào wǒ xǐ huan jiù mǎi.

B: 我最关心的是价格,
Wǒ zuì guān xīn de shì jià gé,

不过质量也很重要。
bú guò zhì liàng yě hěn zhòng yào.

A: 난 옷을 살 때 브랜드는 신경 쓰지 않아.
마음에 들면 그냥 사는 편이야.

B: 난 가격을 제일 신경 써.
하지만 품질도 아주 중요해.

단어정리

衣服 yīfu(이푸): 옷
品牌 pǐnpái(핀파이): 브랜드
价格 jiàgé(쨔거): 가격[價]
不过 búguò(부꿔): 그러나[過]
重要 zhòngyào(쫑야오): 중요하다
注意 zhùyì(쭈이): 주의하다
喜欢 xǐhuan(씨환): 좋아하다[歡]
关心 guānxīn(꽌씬): 관심 갖다[關]
质量 zhìliàng(쯔량): 품질[質]

41 국산제품

가전제품을 사고 싶어 하는 부부의 이야기입니다.
본문의 '国产的'는 '국산제품'을 말합니다.

A: 我想买干湿吸尘器。
Wǒ xiǎng mǎi gān shī xī chén qì.

我要买德国产的。
Wǒ yào mǎi Dé guó chǎn de.

B: 国产质量这么好,
Guó chǎn zhì liàng zhè me hǎo,

买国产的吧。
mǎi guó chǎn de ba.

A: 나 스팀진공청소기 사고 싶어요. 독일산으로 살 거예요.
B: 국산 품질이 이렇게 좋은데 국산으로 사요.

단어정리

想 xiǎng(샹): ~하고 싶다
干 gān(깐): 건조하다[乾]
德国 Déguó(떠궈): 독일[國]
产 chǎn(찬): 생산하다[産]
这么 zhème(쯔어머): 이토록[麽]
买 mǎi(마이): 사다[買]
湿 shī(스): 습하다[濕]
吸尘器 xīchénqì(시천치): 진공 청소기[塵]
质量 zhìliàng(쯔량): 품질[質]

생일케이크 42

처음으로 객지에서 생일을 보내는 친구의 이야기입니다.
'祝你生日快乐'는 '생일축하 인사'입니다.

A: 祝你生日快乐。
Zhù nǐ shēng rì kuài lè.

B: 这是我第一次
Zhè shì wǒ dì yī cì

没在家过生日,
méi zài jiā guò shēng rì,

不过妈妈送来了蛋糕。
bú guò mā ma sòng lái le dàn gāo.

A: 생일 축하해요.
B: 이번이 처음으로 집 밖에서 보내는 생일이에요.
그런데 엄마가 케이크를 보내주셨어요.

단어정리

生日 shēngri(성을): 생일
这 zhè(쯔어): 이[這]
过 guò(꿔): 보내다[過]
妈妈 māma(마마): 엄마[媽]
蛋糕 dàngāo(딴까오): 케이크
快乐 kuàilè(콰이러): 즐겁다[樂]
第一次 dìyīcì(띠이츠): 처음
不过 búguò(부꿔): 그러나[過]
送 sòng(쏭): 보내다

43 칠순잔치

시아버님 칠순잔치에 대해 이야기하는 친구들의 이야기입니다.
'马上~了'는 '곧 ~이다'입니다.

A: 我公公马上70大寿了。
Wǒ gōng gong mǎ shàng qī shí dà shòu le.

应该送什么好？
Yīng gāi sòng shén me hǎo？

B: 在哪里办寿诞?
Zài nǎ li bàn shòu dàn?

A: 在一家餐厅。
Zài yì jiā cān tīng.

A: 우리 시아버님이 곧 칠순이셔. 뭘 선물해 드려야 하지?
B: 어디서 잔치를 하는데?
A: 레스토랑에서.

단어정리

公公 gōnggong(꽁꽁): 시아버지
应该 yīnggāi(잉까이): 마땅히[應該]
在 zài(짜이): ~에서
寿诞 shòudàn(서우딴): 생신[壽誕]
餐厅 cāntīng(찬팅): 식당[廳]
马上 mǎshàng(마상): 곧[馬]
送 sòng(송): 선물하다
哪里 nǎli(나리): 어디[裏]
办 bàn(빤): 처리하다[辦]

중국 속담에 관해 이야기하는 두 친구의 대화 내용입니다. '只要是~'는 '~하기만 하다면'이라는 뜻입니다.

A: "酒香不怕巷子深"
"Jiǔ xiāng bú pà xiàng zi shēn"

是什么意思?
shì shén me yì si?

B: 只要是产品好,
Zhǐ yào shì chǎn pǐn hǎo,

一定不愁卖。
yí dìng bù chóu mài.

A: "술이 향기로우면 깊은 골목이라도 손님이 끊이지 않는다"는 속담이 무슨 뜻이야?

B: 제품만 좋으면 물건 팔 걱정은 할 필요가 없다는 말이야.

단어정리

酒 jiǔ(쪄우): 술
香 xiāng(샹): 향기롭다
怕 pà(파): 겁나다
巷子 xiàngzi(썅즈): 골목
深 shēn(션): 깊다
意思 yìsi(이스): 의미, 뜻
产品 chǎnpǐn(찬핀): 제품[産]
一定 yídìng(이띵): 틀림없이
愁 chóu(처우): 걱정하다
卖 mài(마이): 팔다[賣]

45 명 품

유명 브랜드의 예쁜 옷을 입은 동료의 이야기입니다.
'一定是~的'는 '틀림없이 ~한 것이다'라는 뜻입니다.

A: 她穿的衣服真漂亮。
Tā chuān de yī fu zhēn piào liang.

是什么牌子的呢?
Shì shén me pái zi de ne?

B: 她只穿名牌衣服,
Tā zhǐ chuān míng pái yī fu,

一定是很贵的。
yí dìng shì hěn guì de.

A: 재가 입은 옷 정말 예쁘다. 무슨 브랜드지?
B: 재는 명품 옷만 입어. 틀림없이 아주 비싼 옷일 거야.

단어정리

穿 chuān(촨): 입다
漂亮 piàoliang(파오량): 예쁘다
牌子 páizi(파이쯔): 브랜드
名牌 míngpái(밍파이): 유명상품
贵 guì(꿰이): 비싸다[貴]
衣服 yīfu(이푸): 옷
什么 shénme(선머): 무엇[麽]
只 zhǐ(쯔): 다만
一定 yídìng(이띵): 틀림없이

식기세척기 46

설거지를 아주 싫어하는 주부의 이야기입니다.
'成山一样的'는 '산더미 같은'입니다.

A: 我最讨厌洗碗了。
Wǒ zuì tǎo yàn xǐ wǎn le.

看着堆在那里
Kàn zhe duī zài nà lǐ

成山一样的碗就很烦。
chéng shān yí yàng de wǎn jiù hěn fán.

B: 你买个洗碗机吧。
Nǐ mǎi ge xǐ wǎn jī ba.

A: 난 설거지가 제일 싫어.
산처럼 쌓여 있는 그릇을 보면 신경질이 나.
B: 식기세척기 하나 사.

단어정리

最 zuì(쮜이): 가장
洗碗 xǐwǎn(시완): 설거지하다
堆 duī(뛔이): 쌓다
买 mǎi(마이): 사다[買]
讨厌 tǎoyàn(타오옌): 싫어하다[討厭]
看 kàn(칸): 보다
烦 fán(판): 짜증나다[煩]
洗碗机 xǐwǎnjī(시완찌): 식기 세척기[機]

47 싼 게 비지떡

가전제품을 구입하려는 친구의 대화 내용입니다.
'不如人意'는 '만족스럽지 않다'는 의미입니다.

A: 我想买一台便宜点的。
Wǒ xiǎng mǎi yì tái pián yi diǎn de.

B: 一分钱一分货,
Yì fēn qián yì fēn huò,

这个价格的产品,
Zhè ge jià gé de chǎn pǐn,

会有不如人意的地方。
huì yǒu bù rú rén yì de dì fang.

A: 난 좀 싼 제품으로 사고 싶어.

B: 싼 게 비지떡이라고, 이 가격대 제품은 만족스럽지 않은 데가 생긴다니까.

단어정리

想 xiǎng(샹): ~하고 싶다
价格 jiàgé(쨔거): 가격[價]
会 huì(회이): ~할 것이다[會]
人意 rényì(런이): 사람의 뜻
便宜 piányi(피엔이): 저렴하다
产品 chǎnpǐn(찬핀): 제품[産]
不如 bùrú(뿌루): ~만 못하다
地方 dìfang(띠팡): 장소

정명숙(鄭明淑) mingsu72@naver.com

现) 서울디지털대학교 중국학부 조교수(2010. 3~)
고려대학교 국제어학원, 중어중문학과 강사(2001. 1~, 2008. 9~)
이화여자대학교 외국어교육특수대학원(TeCSOL) 강사(2010. 11~)
KBS 보도본부 동시통역사(1997. 9~)
TBS-DMB 중국어방송 한국어회화 진행자(2010. 4~)
삼성경제연구소, 중앙공무원교육원, 지방행정연수원, 경기도인재개발원 사이버 강의(2004. 8~)
중국어문연구회, 중국어문학연구회, 한국중국어문학회, 중국학연구회, 한중인문학회, 중국어문학회 회원

한성화교학교 유치원, 소학교, 중학교 졸업
경민외국어고등학교 영어과 졸업
국립대만사범대학교 중문과 졸업
한양대학교 사회교육원 수료(보육교사 2급)
고려대학교 대학원 중어중문학과 졸업(중국어학, 문학석・박사)

서울대학교 사범대학 중국어교사양성과정 초빙교수(2003. 7~2005. 1)
서울디지털대학교 초빙교수(2005. 9~2010. 2)
EBS TV중국어회화 교재집필 및 MC(2001. 3~2002. 2)
PBC-FM 니하오중국어 진행자(2003. 8~2005. 7)
EBS-FM 차이나스페셜 MC(2006. 9~2008. 3)
하오 TV, 중화 TV 방송강의(2004)
윈글리쉬, 다락원, 글로벌인터넷교육방송, YBM시사닷컴 사이버강의(2003)
경향신문 (월드컵중국어・생생중국어), 스포츠칸 (싱싱중국어) 회화칼럼 연재(2002. 5~2009. 11)
국제역학학술대회, 왕멍초청 인문학특별강연회 통역(2007) 외 통・번역 다수
고려대학교 중어중문학과 최우수강의상 (원어강의) 수상(2009. 8)

『EBS TV 중국어회화(전 12권)』(2001)
『정명숙의 싱싱중국어 첫걸음』(2004)
『정명숙의 싱싱중국어 초급』(2004)
『정명숙의 싱싱중국어 중급』(2005)
『정명숙의 중국어회화사전』(2006)
「현대중국어 어기조사의 화용론적 의미 분석 - 了, 的, 呢, 吧, 吗, 啊를 중심으로」 (박사논문, 2009)

초판인쇄 | 2011년 10월 8일
초판발행 | 2011년 10월 8일

지 은 이 | 정명숙
펴 낸 이 | 채종준
펴 낸 곳 | 한국학술정보(주)
주 소 | 경기도 파주시 문발동 파주출판문화정보산업단지 513-5
전 화 | 031) 908-3181(대표)
팩 스 | 031) 908-3189
홈페이지 | http://ebook.kstudy.com
E-mail | 출판사업부 publish@kstudy.com
등 록 | 제일산-115호(2000. 6. 19)

ISBN 978-89-268-2639-3 14720 (Paper Book)
978-89-268-2640-9 18720 (e-Book)
978-89-268-2637-9 14720 (Paper Book Set)
978-89-268-2638-6 18720 (e-Book Set)

이담 Books 는 한국학술정보(주)의 지식실용서 브랜드입니다.